探索中国与全球
大宗商品市场的互动新模式
从现货到期货

香港交易所首席中国经济学家　巴曙松◎主编

中国金融出版社

责任编辑：张智慧　王雪珂
责任校对：李俊英
责任印制：张也男

图书在版编目（CIP）数据

探索中国与全球大宗商品市场的互动新模式：从现货到期货/巴曙松主编. —北京：中国金融出版社，2020. 11
ISBN 978－7－5220－0713－7

Ⅰ. ①探…　Ⅱ. ①巴…　Ⅲ. ①商品市场—国际化—研究—中国
Ⅳ. ①F723

中国版本图书馆CIP数据核字（2020）第124886号

探索中国与全球大宗商品市场的互动新模式：从现货到期货
TANSUO ZHONGGUO YU QUANQIU DAZONG SHANGPIN SHICHANG DE HUDONG XINMOSHI：CONG XIANHUO DAO QIHUO

出版
发行　中国金融出版社
社址　北京市丰台区益泽路2号
市场开发部　（010）66024766，63805472，63439533（传真）
网上书店　http：//www.chinafph.com
（010）66024766，63372837（传真）
读者服务部　（010）66070833，62568380
邮编　100071
经销　新华书店
印刷　北京市松源印刷有限公司
尺寸　169毫米×239毫米
印张　18.5
字数　270千
版次　2020年11月第1版
印次　2020年11月第1次印刷
定价　186.00元
ISBN 978－7－5220－0713－7
如出现印装错误本社负责调换　联系电话（010）63263947

风险与免责声明

买卖证券的风险

证券买卖涉及风险。证券价格有时可能会非常波动。证券价格可升可跌，甚至变成毫无价值。买卖证券未必一定能够赚取利润，反而可能会招致损失。

买卖期货及期权的风险

期货及期权涉及高风险，买卖期货及期权所招致的损失有可能超过开仓时缴付的按金，令投资者或须在短时间内缴付额外按金。若未能缴付，投资者的持仓或须平仓，任何亏损概要自行承担。因此，投资者务须清楚明白买卖期货及期权的风险，并衡量是否适合自己。投资者进行交易前，宜根据本身财务状况及投资目标，向券商或财务顾问查询是否适合买卖期货及期权合约。

免责声明

本书所载数据及分析只属资讯性质，概不构成要约、招揽、邀请或推荐买卖任何证券、期货合约或其他产品，也不构成提供任何形式的建议或服务。书中表达的意见不一定代表香港交易及结算所有限公司（以下简称“香港交易所”）或本书其他作者所属的机构（以下简称“有关机构”）的立场。书中内容概不构成也不得被视为投资或专业建议。尽管本书所载资料均取自认为是可靠的来源或按当中内容编备而成，但本书各作者、香港交易所和有关机构及其各自的附属公司、董事及雇员概不就有关资料（就任何特定目的而言）的准确性、适时性或完整性作任何保证。本书各作者、香港交易所和有关机构及其各自的附属公司、董事及雇员对使用或依赖本书所载的任何资料而引致任何损失或损害概不负责。

目 录

动荡的商品市场更需要专业的思考

大宗商品市场在全球经济活动中的地位与影响牵一发而动全身，相互的关系越来越密切。比如2010年后，全球主要经济体发展增速逐步变缓，以铜、铁矿石为首的工业金属矿物价格回落，曾经一度盛行的贸易融资也大幅收缩。不同国家间的军事、贸易摩擦，给农产品、贵金属市场带来了巨大的价格波动。同时，新能源、新材料开启了行业升级，以钴、锂为代表的新能源动力材料，也经历了波澜壮阔的大发展周期。聚焦近期，引人关注的新冠肺炎疫情对社会、经济带来巨大冲击。众多国家为保护人民健康安全，被迫采取严格的隔离防护政策。短暂的经济停摆造成相关大宗商品短期的供需失衡，市场随之剧烈波动。显然，要把握金融市场发展趋势，越来越要重视、研究大宗商品市场。

在过去二十年，国际金融市场、科技领域的发展热潮也间接促进了大宗商品相关交易所的发展。以洲际交易所（Intercontinental Exchange，ICE）为例，这家2000年才成立于美国亚特兰大的小型交易所，在十多年间，通过上市融资和一系列并购，迅速崛起。伦敦国际石油交易所IPE，纽约期货交易所NYBOT，新加坡商品期货交易所SMX，伦敦国际金融期货交易所LIFFE，纷纷成为它的囊中之物。ICE也在20年内，迅速把业务扩展到能源、农产品和金融期货等领域，与同样经历众多兼并购的CME集团在各个大宗商品领域分庭抗礼。交易所之间的并购，一方面使收购方在短时间内能得到迅速的扩张；另一方面，被收购方也将受益于业务板块多元化，管理经营多样化，以及市场差异互补化等积极效应。更重要的是相关行业也可以更好地参与其中，使更多大宗商品交易从场外市场转至交易所的场内市场进行。一方面透过中央结算降低交易对手方风险，另一方面利用交易所的电子交易系统降低交易成本。

同时，在过去二十年，中国也逐渐发展为当今世界第二大经济体，无论是从供给侧还是需求侧，对全球大宗商品市场的影响都举足轻重。相关企业的“价格发现”和“风险管理”需求巨大，也有力推动了内地相关期货和衍生品市场的发展。从趋势看，中国市场在大宗商品和其衍生品市场的影响力和话语权都持续提升，国际化和对外开放程度也稳步提高。“上海金”、“沪铜”、“连铁”等内地品种的价格已经和国际价格联动，也被国际投资者广泛关注。中国内地的大宗商品交易所现在已上市众多大宗商品品种，也在近年逐步允许合格的境外参与者参与买卖。例如，2018年上海国际能源交易中心挂牌了人民币计价的原油期货，同年在大连商品交易所已上市的铁矿石期货也正式引入境外交易者业务。这是中国内地大宗商品期货市场国际化迈出的重要一步。

在如此大背景下，香港交易所作为大宗商品市场的后发者，任重道远。我们认清趋势，于2012年成功收购了伦敦金属交易所（London Metal Exchange，LME）。LME的历史最远可以追溯到1571年成立的伦敦皇家交易所（The Royal Exchange），它也被认为可能是世界上最早的商品交易所。这次收购，不仅为香港交易所的大宗商品市场发展开启了新篇章，也改写了伦敦大宗商品市场的历史，同时在促进中国与全球市场之间的互动提供了新的平台，是我们参与国际大宗商品市场建设的第一步。

但是大宗商品市场的发展最具特色的，是其特殊的现货到期货市场的演变。标准化的期货合约，有着严格规定的商品规格和数量，明确的时间周期和指定的交收地点。它是通过在现货商品属性的基础上，建立并发展远期金融属性。这两种属性虚实转换，远近结合，此消彼长，微妙而灵活地把商品现货市场和期货市场结合在一起。常年耕耘大宗商品市场的人都有共识，“价格发现”和“风险管理”是大宗商品市场最重要的发展初衷。然而在这条发展的道路上，挑战重重。比如与大宗商品相关的期货与现货市场：众所周知，现货市场生机勃勃，运作环节众多；期货市场金融化程度高、流动性好。但是“现货市场虽然庞大，但却非常分散”、“现货市场金融化低，金融市场缺乏现货锚定”等都是明显的问题。如果不参与期货市场，现货市场在下行周期中会面临诸多经营挑战。同样如果缺乏成熟发达的现货市场做保障，期货市场的价格发现功能就会偏离，甚至在极端市场条件下出现严重扭曲。

比如 2020 年以来由于新冠肺炎疫情导致经济活动停滞，传统旺季需求降低。各国的封关政策也形成局部供需和储运中断，这都造成并加剧了全球大宗商品期货和现货市场的割裂。以黄金为例，CME 交易所旗下的黄金期货相比伦敦黄金现货市场的期现价差（EFP）居高不下，超过 2008 年全球金融危机雷曼崩盘时的水平。交易所甚至需要临时新设合约和增加交割品种来缓解期现市场的割裂。由此市场热议多头参与者可能提不到货，空头参与者看到溢价的期货价格又难以运输交货履约。同时相对便宜的现货价格又设置有准入门槛，中小机构难以参与。居间的实体黄金交易商面临巨大的价格波动和运输交割风险，纷纷离场观望。整体黄金市场有价无市，买卖价差变宽，期货市场多空双方均面临很大风险，实体企业也只能耐心等待疫情好转，供需恢复。

同期，由于新冠肺炎疫情带来的世界经济放缓以及石油输出国组织和其他主要原油生产国的能源政策导致原油价格剧烈下跌。按照 CME 旗下 WTI 原油合约规则，交割通过俄克拉荷马州库欣的管道或储油设备进行。金融市场有大量的非交割金融产品挂钩该合约价格，在期货市场形成巨大的多头头寸。在新冠肺炎疫情冲击下，原油需求大幅度萎缩、库存增加、库容减少，但是可供交割的原油依旧源源不断地流入管道。终于在 2020 年 5 月期货合约临近交割时，大量该合约的非交割头寸被迫平仓。恐慌情绪甚至将 WTI 合约价格首次推至负价格，大量国际投资机构遭受“负价格”带来的巨额损失。

这些例子都说明了如果没有合理缜密的期货交割规则和强大的现货交割体系，大宗商品市场的发展或许终将面临定价失调的窘境。这些事件也带给金融市场深远的讨论，比如大量的“纸黄金”、“纸原油”挂钩实物交割的合约，在出现极端事件时，投资者到底是更希望拿到现货还是更希望仅追踪价格？香港交易所一直在思考未来商品市场应该怎样解决这些问题。从历史发展进程看，大宗商品市场发展的路径是欧洲 — 美国 — 中国，我们所拥有的后发优势是越来越标准化、金融化。后发市场也更倾向顶端金融产品而忽略实物属性。但是极端情况下也会导致价格偏离实体的趋势越来越严重，业界怎样解决这个问题？其实就是要解决期货市场不能偏离现货市场，期现市场如何良性互通、形成合理畅顺的价格传导机制、形成合理的定价生态的问题。这也是我们收购 LME，在中国内地建立前海联合交易中心（Qianhai Mercantile Exchange，QME）的初衷和战略考虑。

当前，要把握全球大宗商品市场的发展趋势，需要从历史发展的脉络中去梳理，也需要从全球大格局中去定位，还需要从中国与全球市场的互动中去创新。立足中国香港，把境外市场与内地市场放在一个迅速发展的市场体系中观察，从而以开放的思维来积极发展香港的大宗商品市场，不仅有利于完善香港的金融市场版图，也有利于把香港连接中国与全球市场的独特功能延伸到大宗商品领域，这也正是我们的期待和努力的方向。

李小加

香港交易及结算所有限公司　集团行政总裁

2020 年 5 月

第一篇

全球大宗商品市场的格局

01

货通天下，海纳百川

——为中国架起连接全球大宗商品市场的桥梁

李小加

香港交易所　集团行政总裁

摘要

如何为中国架起一座连接全球大宗商品市场的桥梁，实现“货通天下，海纳百川”这一愿景？

多年来，这个问题一直在我脑海中萦绕不去，时常让我陷入长久的沉思。我相信，不少业内人士也在为同样的问题去思考，去论证，去摸索，甚至去尝试，去实践，孜孜不倦，期望能寻觅出一个最佳的答案，或找到一种最切实有效的方法。

在本文中，我将同大家一起，来大致梳理并概括一下中国内地大宗商品市场的特点，发展的新趋势和未来的成长空间，并以回顾收购伦敦金属交易所前后的一些经历和前海联合交易中心的设立过程为背景。希望在这样的整理与回顾中，我们能从中找出一些隐约的脉络和联系。

中国经济将继续高速地增长和发展，金融市场会趋于更加开放。随着这股浪潮，中国内地商品市场国际化的呼声会越来越高，也显得更加迫切。

在撰写和编辑本文的过程中，我们也更加强烈地意识到香港与内地之间那份紧密相连的纽带关系的重要性，更清晰地看到香港在这一过程中所能发挥的作用，所能做的积极努力和给予的支持。

希望大家众志成城，朝着这个目标继续努力，让梦想实现的一天早日到来！

1. 引言

让我们来看一张时间跨度长约半个世纪的伦敦金属交易所（London Metal Exchange，简称 LME）铜价格[①]历史走势图。乍看之下，这五十年间，金属市场跌宕起伏、变幻莫测，但细心的投资者不难发现，它每一次的高低回转都好像与中国社会经济发展的进程如影随形。

① 这是指 LME 的铜现金结算价格，由 LME 于 2020 年 1 月 23 日提供。

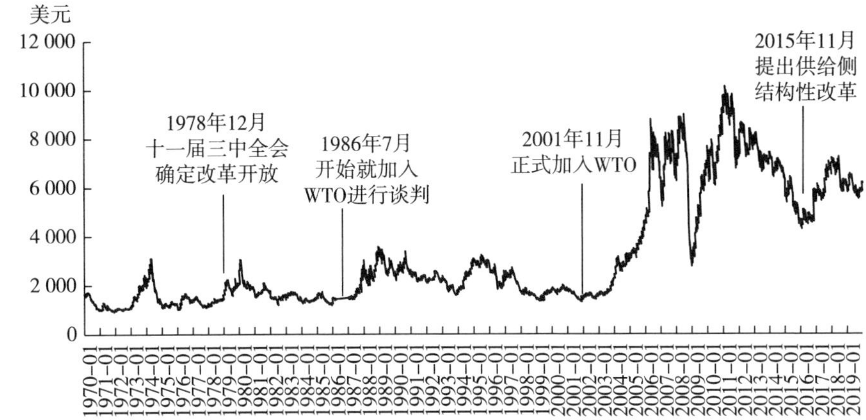

注：WTO 是指世界贸易组织（World Trade Organisation）。

资料来源：LME。

图 1　LME 伦敦铜现金结算价格每日走势（1970 — 2019 年）

然而，这并非是一种巧合。

随着中国 2001 年加入世贸组织，全球经济一体化加速，中国经济也飞速发展，并取得了举世瞩目的成就。2018 年，中国国内生产总值（GDP）高达 919 281 亿元人民币[①]，远超日本和欧洲发达国家，已稳居世界第二大经济体、第一大工业国。我们相信，中国的 GDP 突破 100 万亿元人民币也指日可待。

不难发现，这一组骄人的数字背后折射出的一个事实：过去数十年来，中国一直保持着对来自全球的能源、金属和农产品等一系列大宗商品的强劲需求。

2. 中国内地商品市场的特点、新趋势和巨大的未来发展新空间

中国目前已是全球大宗商品的消费大国，但在国际市场中还是价格接受者。伴随中国经济的崛起，客观上我们需要一个发达、高效、开放的商

① 数据来源：中国国家统计局。

品市场帮助中国提升国际影响力，成为价格制定者。结合中国内地的现实需求与国际市场的发展趋势，我们认为可以从以下几个方面去努力：

（1）突破内地商品价格的区域局限，扩大内地商品价格的国际影响力

目前来看，中国内地的商品市场具有极强的区域属性，指引着本区域内自产和舶来商品的价格，并形成了一个内生的完整生态圈。

这些“本地”价格的跨区域指引性和国际影响力在不断提升，跟与其遥相呼应的国际市场商品价格的互动也在增强。按中国经济发展的现实需求，乘商品市场的不断发展之势，中国内地的商品价格有条件通过多种方式，逐步融入到全球商品贸易的计价和结算机制体系当中。

（2）扩大产业链的覆盖面，促进实体经济与商品市场的密切互动

作为人口大国，中国在工业、农业和能源领域的资源相对较为稀缺，不少重要基本物资，都长期依赖大量的进口。

全球经济一体化的形成，为世界带来了清晰的产业分工格局。中国在过去的几十年中，已发展成为“世界的工厂”，一直扮演着资源生产国和成品消费国之间的来料加工者的角色。在内地的商品市场中，很难找到靠近产业链最两端的众多企业的身影。

从供应链上来看，现有的交割体系还没有覆盖到商品的贸易环节和主要流通节点，例如：覆盖到主要的净消费国或净生产国，以及主要的贸易枢纽国。在实物交割方面，更多原产自其他国家的商品品牌，在内地市场中还有待得到认可。

（3）吸引更广泛的市场主体参与，促进商品市场从业机构业务的多元化和国际化

一个发达的商品市场，需要发达的从业机构体系来支持。内地的期货公司都是中介经纪机构，作为市场参与主体的一个重要组成部分，为客户提供进入市场的渠道，是连接交易所与其他市场参与者的桥梁。据中国期货协会统计，截至 2018 年，内地共有 149 家期货公司，其分支营业机构遍布各大城市和主要省份。

相较而言，成熟市场上国外同行能开展的大宗商品相关业务则更加丰富，服务内容通常涵盖：并购咨询、经纪服务、贸易和结构性融资、基建运营、现货和期货自营交易等。这样的业务布局，除了使业务整体达到规模经济效应，凸显垂直整合的优势，也体现了其对整个行业的深刻理解和深入行业价值链条、全方位服务产业和各参与机构的意愿。随着科技的进步，即便是以非机构为客户主体的经纪商，也大多会选择通过互联网和信息传播技术的应用，把自己打造成数字化的在线经纪商。

从趋势看，内地期货公司以及中资金融机构业务国际化和多元化的进程在不断加快。内地同行本身具有熟悉中国内地市场的优势，如果能从国际化角度取得新的突破，就可以打造一个更有竞争力的从业机构群体，从而支持内地期货市场的新发展。

内地的大宗商品现货交易市场，还是以当日的现货价结算为主，而较少采用与期货市场相结合的方式，实现远期或更多灵活的定价模式。这种把远期灵活定价机制引入到现货交易中的做法在国际市场上则比较普遍。因此，内地期货市场的参与者构成中机构所占的比例还不高，实物的交割量与其成交量和贸易量相比，占比还很小。

以上几点，说明中国内地商品市场仍有巨大的发展潜力，需要通过各方的共同努力，推动中国内地商品市场业务的规范化、多元化和国际化。

3. 中国香港可以在连接内地商品市场与国际市场中发挥什么独特作用

中国香港处于连接中国内地市场与全球市场的独特枢纽地位，在内地商品市场发展的进程中，我们冀望能有条件探索出符合其现况、发挥其优势且满足国家所需的独特的大宗商品发展之路。

因此，香港交易所开始探索一个“两条腿并行”的大宗商品发展战略：“走出去买、走进去建”，与内地交易所“互联互通，互挂互惠”。

“走出去买”即海外兼并收购。2012 年，我们成功收购了具有 140 多年历史的 LME，走出了并购国际金融基础设施的第一步。

“走进去建”就是回到祖国腹地，与内地监管部门和相关机构深度合作，发挥我们的独特优势去搭建一个扎根内地、服务实体、守法合规的大宗商品现货交易平台，希望它能打通金融与实体经济联系的管道，补足市场空缺。因此，设立前海联合交易中心成为了我们大宗商品发展战略中重要的另一步。

“走出去”和“走进去”战略的最终目标是利用香港得天独厚的亚太优势，将“走出去”收购的平台与“走进去”建设的两个不同平台有效地互联互通，利用自己的国际金融基础设施，加快中国大宗商品市场国际化的进程，真正实现国际大宗商品定价的东移。这对于中国发起的“一带一路”倡议有着重要意义，“一带一路”沿线涉及 60 多个国家和地区，预计未来十年中国与沿线国家和地区的贸易额将达 2.5 万亿美元[①]，其中相当比例将是大宗商品资源，发展潜力巨大。对内地而言，如何应对和有效管理商品价格波动所带来的风险也将直接影响到“一带一路”倡议下的许多具体项目的顺利推进。“一带一路”沿线有香港和伦敦两个国际金融中心，如果我们的“两条腿并行”的战略顺利实施，那么，我们就可以把伦敦和香港的国际经验与中国的实体经济需求以前海为节点进行对接。

3.1 LME 的收购

我们一直都不避讳地承认，坐拥世界三大良港之一，且商贸往来繁忙的香港，历来都不是大宗商品交易和结算的中心地。虽享有亚洲金融中心的盛誉，在我们的市场里，却难以寻觅到这类资产的身影。

每当谈论起这个话题，面对如此尴尬的事实，在人们的脸上，总会不经意地掠过一丝无奈和遗憾的表情。虽也曾有过多次尝试和改变的努力，但仍旧是一筹莫展。

时过境迁，我们终于等到了一个千载难逢，能帮助我们破局的机会。

① 数据来源：汇丰银行〈亚洲崛起：全球经济新面貌〉，刊登于《信报》，2017 年 5 月 5 日。

2012 年，香港交易所集团对 LME 发出了正式的收购邀约。参与谈判的双方代表，显得既自信又彷徨，因为每个人的内心都在不断翻腾，他们或许不曾想过：有一天，全球期货市场的历史和格局有可能在自己的手中被改写。

LME 是一家经营超过百年的老店，其市场地位和重要性，好比英女皇皇冠上的明珠。同时，它也是一家私人公司，董事会由持有 LME 股权的各家会员机构的代表组成。朝着董事会成员名单望去，是一长串浸淫全球资本市场的显赫名字，而关于收购意向的投票权，就在这些机构的代表手中。

几经波折，我们最终在多家竞标者参与的激烈竞争中脱颖而出，达成心愿。

在收购意向达成当天的联合声明中，有几处特别引人注意的地方：（1）保留 LME 现有的商业模式；（2）致力为 LME 拓展亚洲和中国市场；（3）寻求与 LME 会员和市场参与者的长期共同发展。

回首这段往事，我们不免感慨，世事无常，精明的 LME 股东们，不仅把手中的一票投给了我们，也投给了香港，更重要的是，他们把自己的信任与期望投给了崛起的中国。

如何为 LME 找到重新定位？如何把它打造成一家更顺应时代变化、科技变革和市场潮流的现代化新型交易所？如何让它更好地继续发挥其独特功能和作用，为亚洲乃至全球市场提供更加优质的服务？这一连串的问题，成了摆在我们面前的当务之急。

为此，我们分不同阶段做了如下所述的一些工作。

（1）第一阶段：全力拓展亚洲业务

2013 年，LME 认证中国台湾的高雄港为指定交割点。这是继分布于新加坡、马来西亚、韩国及日本的其他交割点之后，在亚洲新增的第九个交割点。

2014 年，我们首度与 LME 共同推出“会籍互惠安排计划”（Reciprocal Membership Agreement），在此计划下，若干 LME 会员通过获得香港交易所旗下香港期货交易所的会员资格，进入香港市场，使其能同时服务两个市场，让达成双边交易变得更为简便。

2019年我们也决定继续推行该计划，有关此计划详情将在后续章节中详细说明。

（2）第二阶段：筹建LME结算所（LME Clear），为未来的发展打下坚实基础

经过两年多的筹备，LME自建的交易结算机构LME Clear终于在2014年问世。

对我们而言，LME Clear的成立，不仅为LME收回了交易结算的自主权，大大提高了营收。它也为未来的新产品研发和上线，提供了高效的便利。中央结算的运行机制，也是现代交易所应该具备的必要元素之一。

（3）第三阶段：为摸索出大宗商品业务在香港市场的发展道路，提供借鉴和帮助

这个阶段的工作包括建立跨地域产品相互上市、授权的安排，以及与主要市场参与者和机构建立战略伙伴关系。我们凭借LME带来的启发，从基础金属着手开始尝试，并进一步延伸至其他的大宗商品类别。

因此，我们在香港市场推出了一系列金属期货产品，分别覆盖有色、黑色和贵金属等领域。

3.2 前海联合交易中心（QME）的设立

对LME的成功收购，让我们有机会去近距离地深入了解它 。

是什么力量帮助LME经受住了时间的考验，在两次世界大战、国际锡业协会解散等重大历史事件面前不畏纷扰，依然能保持顽强的生命力，得以不断发展和壮大？

答案不言而喻：LME能拥有今天这般举足轻重的市场地位，或许源自它融入血脉当中的“现货基因”以及其与金属贸易市场长期保持着的一种无法分割的联系。受此影响，不难发现，悉数这家交易所在历次重大演变和转折中所作的每一项关键抉择，都有其必然性。

带着这样的启示，当得知有机会获准筹建一家以中国内地为市场核心的大宗商品交易机构时，我们的团队，势必把从 LME 所获的理念和市场运行方式植入其中，寄望它能落地生根、服务经济、回馈社会。

终于，这颗希望的种子，落地深圳前海，故命名“前海联合交易中心”（QME），它将是一个大宗商品的现货交易平台。

如果深圳被誉为改革开放的前沿城市，那么前海就好比是这个城市甚至整个珠三角区域的一个未来中心、下一个孕育现代服务业和创新行业的“曼哈顿”。如此说来，QME 能成长于这样的一片土壤和氛围中，也是顺应时代发展背景下的产物。

怀着这份感悟，秉持一份传承，我们对筹建中的 QME 有了一些初步构想。作为我们对大宗商品行业深刻理解的具体体现，QME 将具备三个必要元素：（1）实现每日交收；（2）服务产业链条；（3）设定仓储体系。

（1）元素一：实现每日交收

综观全球各大期货交易所，它们大多沿袭或采用了按月报价和交割的交易形式。能在期货市场实现每日结算，并交收实物的交易所，可谓凤毛麟角。毫无疑问，只有每天结算和交收的机制，才能使商品的流通性得以提升，为买卖双方大大节省等待交割、交收货物的时间。

日常生活当中，这是再普通不过的物品买卖与交换模式，好像完全不值得“小题大作”。例如，在楼下的便利店，你可以拿着选购好的货品，去收银台支付，立刻做到钱货两清。

但是，在一个采用中央对手方，集中结算的交易市场里面，要做到每日交收，需要拥有强大的结算能力和保证金管理能力作为支持，这并非易事，可谓“知易行难”！

LME 能实现在滚动的三个月时间内，做到每日结算与交割。正是这样的缘故，在今天看来，它才能独树一帜，坚守着创立之初的一份执念，发挥着特有的市场作用。

这一反映现货市场运行的必要元素，一开始，就被我们为 QME 的设立而吸纳。

（2）元素二：服务产业链条

同样可以追溯的是，当今世界主要的期货交易所大多发源于 19 世纪，它们往往创立于商品贸易的中心集散城市，为农产品种植者或金属生产商，解决生产交付周期中价格波动所带来的烦恼。

由此可见，商品现货市场是期货市场存在的基石，后者依附于一条自上而下，由生产商、加工商、贸易商、消费商和回收商所组成的完整产业链条之上。这些商户们面对商品的价格波动，需要寻找一个避险之处。故此，两者之间形成了一条长期的相生相伴的关系纽带。

源自这样的感悟和认识，未来的 QME，将紧紧地吸附于大宗商品的产业链条，将与现货交易商们逐步建立起一种难以分割的自然联系。

（3）元素三：设立仓储体系

盐，寻常人家里的一种普通调味品，却有着五千年的悠久历史，它曾是历朝历代占据政府主要财政收入的一种重要商品。公元 13 世纪，意大利商人马可波罗东游时有所记载，对古代中国盐业的发达为之震撼。

为了保证贩盐过程的顺利，那时还曾出现了镖局这个行业，这算是今天押运行业的鼻祖吧。可见，在商品贸易环节中，货物和财物的安全是多么至关重要。

人们惊叹于 LME 覆盖全球的交割仓储网络体系时，却往往会忽略这样一个事实：这个体系其实是一个由多家独立运营的仓储机构所组成的联合体。它们之中，有些与 LME 诞生于同一个时代，在长达一个半世纪的时间里，与之携手相伴，风雨同舟。

以史为鉴，在孕育 QME 的构想之初，仓储体系的打造，成为了不可或缺的一环。

这是否让人在 QME 的雏形身上依稀看到了些许 LME 的影子？或许有一天，前海的这颗小幼苗能长成参天大树，能与之情同手足的 LME 遥相呼应，相得益彰。这一天的到来，恰是我们这个构想中的最后一步。

“不积跬步，无以至千里；不积小流，无以成江海”，为了这个构想，我们的团队将夜以继日，一点一滴，用行动去实践它，让时间去证明它。

4. 中国香港积极支持内地商品市场的国际化进程

金融是经济的血液。今天的中国内地金融市场正加速开放，金融行业正成为中国建设现代化经济及全面开放的主力军。期货市场是金融市场中的一个重要组成部分，在新的市场环境下同样被赋予了国际化的历史使命。

现阶段，中国内地期货市场的国际化可沿着四种路径去推进，不同的发展路径有不同的优势与挑战。而在不同的国际化模式中，香港都有条件积极参与，提供各种专业支持与合作。

4.1 路径一：直接布局，稳步推进的海外拓展之路

近年来，内地商品市场“走出去”的尝试和举措频繁。

其中既有选择在海外市场设立办事处，致力于通过这一海外前哨，扩大国际影响力，吸引全球的投资者，也有的冀望通过获得在香港证券及期货事务监察委员会条例下的自动化交易服务（ATS）的注册许可，在香港开展自动化交易服务。

直接进行海外布局的优点是整个过程可以完全由内地机构把控，挑战则是更加深入和艰巨的基础设施搭建工作，例如：境外交割库网络的扩张，全球交割点的增加，国际会员的招募和管理等。尤其是在制定和对接国际通行的法律监管制度和行业规范方面，是很多内地机构在开启国际化进程之前很少涉足的领域。而香港作为内地和全球之间的制度翻译机和转换器，可以在以上领域，为内地机构提供多方面的协助。

4.2 路径二：“引进来”——吸引海外投资者融入内地市场

为推动内地期货市场的国际化，从国务院到中国证券监督管理委员会、

国家外汇管理局，到最高人民法院等，都分别为特定品种期货交易就交易管理、外汇、合同法和期货纠纷等方面制定了一系列的暂行办法和指导性的通知。在这样特别的安排下，境外交易者一是可以通过境内期货公司直接参与交易，二是可以通过境外经纪机构委托内地期货公司参与交易。此类交易可允许保税交割，以人民币为计价和结算货币的同时，允许美元作保证金，还可以通过专用结算账户实现资金收付，汇兑及划转。

这一安排成绩斐然，目前已经成功吸引到多家经纪机构完成委托业务备案；境外投资机构持续增长。

从下一步的发展看，如何继续降低境外投资者和境外经纪机构的准入门槛，境外经纪机构与内地期货公司的关系如何从单纯的单向委托关系，扩大到全面参与交易和资金监管等核心的工作当中；如何完善相关的监管法律法规体系，都还需要付出不少努力。在内地市场完全开放之前，香港市场同样可以提供多方面的支持。

4.3 路径三："有限的联通"—— 中国价格的出海

长久以来，市场一直有这样的期待：有一天，在香港或其他境外市场，会挂牌上市追踪中国某个商品或一篮子商品指数的交易所买卖基金（ETF）产品，该类产品能为境外投资者在海外市场提供接触中国价格的机会，使得国际投资者能在不改变投资市场范围授权和原有的运营条件下"借道"于此，间接参与中国期货市场。为境外投资者提供极大便利的同时，这也为中国价格在国际市场上提供了展示的机会和平台，逐渐提升它在国际市场上的覆盖面和影响力。

ETF 的发行商，基于对冲风险的要求，将按规定进入内地期货市场买卖相应数量的资产标的物。如果该 ETF 被广为接受和青睐，获得大量的认购，这将为内地交易所引入来自境外的相关投资需求，在一定程度上增添了海外投资者的参与度，为内地市场注入新的活力。

中国价格的出海，可以在未来通过中国香港以及香港交易所集团旗下的 LME 实现。

4.4 路径四：“商品通”—— 全面的商品互联互通

如何助力内地期货交易所加快国际化的进程？

香港交易所和内地两家证券交易所 —— 上海证券交易所和深圳证券交易所分别于 2014 年和 2016 年合作推出“沪港通”和“深港通”（以下合称“沪深港通”）。沪深港通自开通以来一直平稳运行，为世界开创了全新的资本市场双向开放模式。继此，2017 年香港交易所与中国外汇交易中心合作推出与中国银行间债券市场联通的“债券通”，深受海外投资者欢迎。

“互联互通”这一概念的实践，创立了共赢的合作模式，并在证券和债券市场上获得了成功。这既体现了国际投资者对于香港作为立足亚洲的国际金融中心地位的肯定，也反映了境外机构对进入内地资本市场并持有相关金融资产的浓厚兴趣。这一合作模式，成功连通了内地和香港两个不同制度体系下的资本市场，在加快内地资本市场开放与国际化的同时，也体现了“一国两制”为香港带来的优势。

以金属期货为例，LME 聚集了全球的从矿山、冶炼、贸易、加工到回收整个行业链条的参与者，并在此基础上汇聚了来自实业或金融背景的不同机构客户群体。而内地相关的期货交易所则拥有庞大的以个人为主体的客户群体。这两个市场，到目前为止，宛如两条没有直接交汇的河流。试想一下，如果这两条大河能有机会连通在一起，那将是多么激动人心的景象？

“互联互通”的实践，如果能推行到商品期货领域，我们将有望见到一幅跨越“内地—香港—伦敦”的世界级大宗商品市场蓝图。这一构想立足于全球商品市场的发展现状与内地商品市场发展的客观需要，对支持内地商品市场的新发展与国际化，对巩固香港国际金融中心的地位等方面都将产生巨大推动力并带来深远的影响。

因此，我衷心希望香港交易所集团旗下的期货交易所及商品交易平台能与内地机构有机会实现融合。在为双方创造共赢的基础上，让这样的融合，为定价、为行业、为市场、为国家作出应有的贡献。

02

全球金属市场
—— 中国市场的崛起和现状

刘小磊
上海有色网信息科技股份有限公司
分析师

摘要

中国金属市场不断扩大，钢、铝等金属产品产量均超过全球总供给的一半以上，中国金属市场成为全球不可忽视的一部分。中国金属相关从业者对期货等金融工具的依赖度提升，越来越多的金属品种加入进期货市场，未来包括氧化铝、镁、钛、锰等金属或将进入期货交易，相关企业在期货市场中的交易规模和交易频率不断提升。

金属相关企业在中国内地市场以及与国际市场交流的过程中，产生了具有中国特色的期现套利、内外套利等交易模式，成为全球大宗商品交易中不可忽视的力量。

具有中国特色的政策，包括“供给侧结构性改革”、“环保政策”等，已然成为供需因素之外影响内地金属市场的重要因素。

在中国市场崛起的过程中，机遇与挑战并存，但我们更应看到未来中国市场的活力。从发展角度看，中国市场的转型过程中，也将产生更加丰富的金融交易手段。

1. 概述

1.1 中国黑色金属占全球市场的份额

传统意义上的黑色金属是指包含铁，锰，铬为主的金属类型，其中应用最多是钢铁，钢铁是以铁碳为主要元素的二元合金，按照化学成分中含碳量可以划分为低碳钢，中碳钢和高碳钢。市场交易活跃的黑色金属品种包括钢铁，锰钢以及铬钢等类型。目前中国内地期货交易中，涉及黑色金属的产品包括螺纹钢、热卷、不锈钢、铁矿、硅铁及硅锰等。根据World Steel Association（以下简称WSA）的数据，2019年全球合计62个国家有粗钢生产，其中中国粗钢产量为9.93亿公吨，占全球粗钢总产量的53.8%。

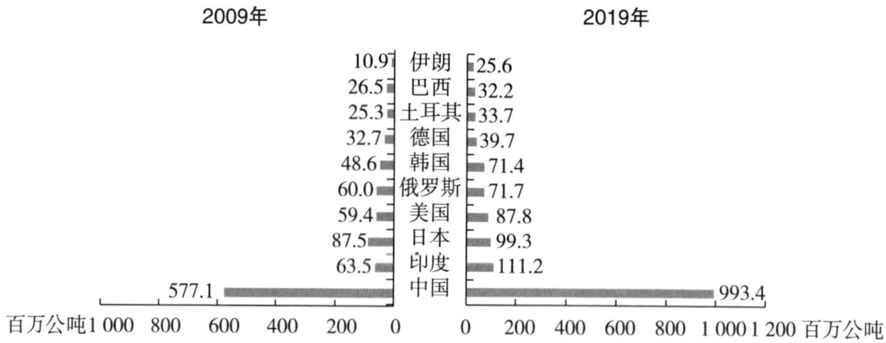

资料来源：WSA。

图 1　中国粗钢产量与其他国家产量的对比（2019 年对比 2009 年）

1.2　中国有色金属占全球市场的份额

有色金属是相对黑色金属之外的金属类型，市场中还可以按有色金属的单位价格划分为基本金属和贵金属，其中贵金属包括金、银、铂、钯等。本文所指的有色金属是以铜、铝、铅、锌、锡、镍等为主的基本金属。以铝为例，根据国际铝业协会（International Aluminium Institute，以下简称 IAI）的数据，2019 年全球电解铝总产量为 6 369 万公吨，其中中国产量为 3 580 万公吨，占全球的 56.2%。

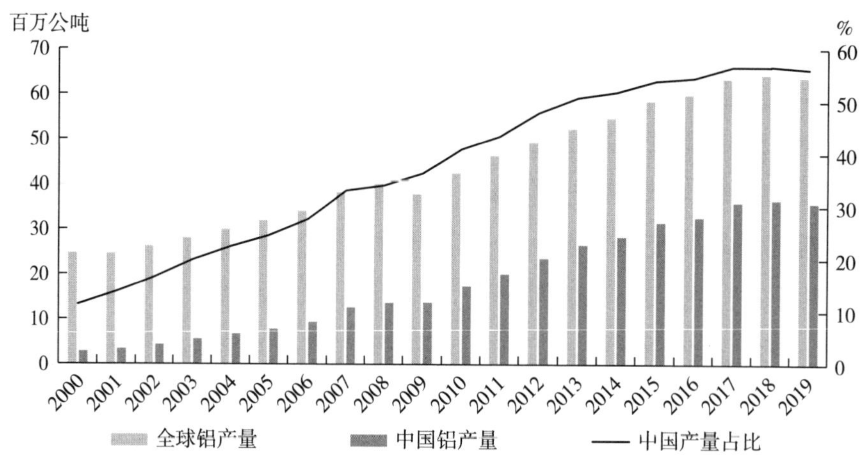

资料来源：IAI。

图 2　中国铝产量占全球比重的走势（2000 年至 2019 年）

1.3 中国有色及黑色金属行业向海外扩张的趋势

1.3.1 中国金属海外扩张步伐加快

随着中国加入世界贸易组织（以下简称“世贸”）之后，中国金属生产和消费企业与海外市场的交流不断深化，其中投资交流，技术交流，金融交流等不断提升。中国从单纯的自给自足型市场，逐渐开放成为全球最大的供应国和消费国。中国市场与海外市场的连接不断深化，涉及的种类越来越多，海外和中国之间的依存度也越来越强。

通过近年来中国企业对海外铜矿投资的项目数量可以发现，中国企业的投资额度和项目数量呈现逐年上升的态势（见表 1）。

表 1　中国企业海外铜矿投资矿山列表

<table>
<tr><th>公司</th><th>矿山项目</th><th>项目地点</th><th>持股比例(%)</th><th>收购年份</th><th>收购金额（亿美元）</th></tr>
<tr><td>洛阳钼业</td><td>Tenke</td><td>刚果金</td><td>56</td><td>2017</td><td>26.50</td></tr>
<tr><td>中国有色</td><td>Gecamines</td><td>刚果金</td><td>—</td><td>2017</td><td>20.00</td></tr>
<tr><td>五矿集团</td><td>Las Bambas</td><td>秘鲁</td><td>63</td><td>2015</td><td>70.05</td></tr>
<tr><td>紫金矿业</td><td>卡莫阿</td><td>刚果金</td><td>47</td><td>2015</td><td>4.12</td></tr>
<tr><td>紫金矿业</td><td>科卢韦齐</td><td>刚果金</td><td>51</td><td>2014</td><td>4.80</td></tr>
<tr><td>洛阳钼业</td><td>Northparkes</td><td>澳大利亚</td><td>80</td><td>2013</td><td>8.20</td></tr>
<tr><td>五矿集团</td><td>Kinsevere</td><td>刚果金</td><td>100</td><td>2012</td><td>13.00</td></tr>
<tr><td>金川集团</td><td>Ruashi</td><td>刚果金</td><td>75</td><td rowspan="6">2012</td><td rowspan="6">13.60</td></tr>
<tr><td>金川集团</td><td>Kinsenda</td><td>刚果金</td><td>85</td></tr>
<tr><td>金川集团</td><td>Musonoi</td><td>刚果金</td><td>77</td></tr>
<tr><td>金川集团</td><td>Lubembe</td><td>刚果金</td><td>75</td></tr>
<tr><td>金川集团</td><td>Chibuluma South</td><td>赞比亚</td><td>77</td></tr>
<tr><td>铜陵集团</td><td>米拉多项目</td><td>厄瓜多尔</td><td>70</td><td>2011</td><td>44.11</td></tr>
</table>

续表

公司	矿山项目	项目地点	持股比例(%)	收购年份	收购金额(亿美元)
五矿集团	Sepon	老挝	90	2010	13.86
五矿集团	Golden Grove	澳大利亚	100	2010	
五矿集团	Rosebery	澳大利亚	100	2010	
中国有色	巴鲁巴铜矿、穆利亚希铜矿	赞比亚	80	2010	0.50
五矿集团	EL Galeno	秘鲁	60	2008	4.50
中冶集团	艾娜克铜矿	阿富汗	75	2008	37.00
中铝公司	特罗莫克	秘鲁	100	2008	8.60
鹏欣国际资源	希图鲁铜矿	刚果金	80	2008	—
中国中铁、中国水利水电建设集团、中冶集团	Cuvette Dima 矿区	刚果金	基建换资源	2008	—
紫金矿业	白河铜钼矿	秘鲁	80	2007	1.60
中冶集团	山达克铜金矿	巴基斯坦	租赁经营	2001	—
中国有色	谦比希铜矿	赞比亚	85	1999	0.20

资料来源：公开资料整理。

1.3.2 中国金属企业海外扩张的挑战与机遇

中国金属企业在海外投资和并购过程中面临相对较多的挑战，主要包括：（1）中国企业对投资地区的法律环境不熟悉，面对关税和政策变动时，缺少相应的法律援助支持；（2）投资所在地区政治环境不稳定，面临战争或政局动荡局面较多；（3）中国企业若对投资地区的人文环境了解不足，文化冲突会造成其后的企业运营成本提升；（4）中国企业在投资地区会面临间接投资成本高、基础设施不足、当地工人文化水平和技术水平落后等问题。

除上述中国企业走出国门所遇到的问题外，中国内地企业的产品外销也面临各种挑战，尤其近年来，针对中国产品的反倾销案例增加，这给中国企业带来相当的经营风险（见图 3 及表 2 关于铝业的例子）。

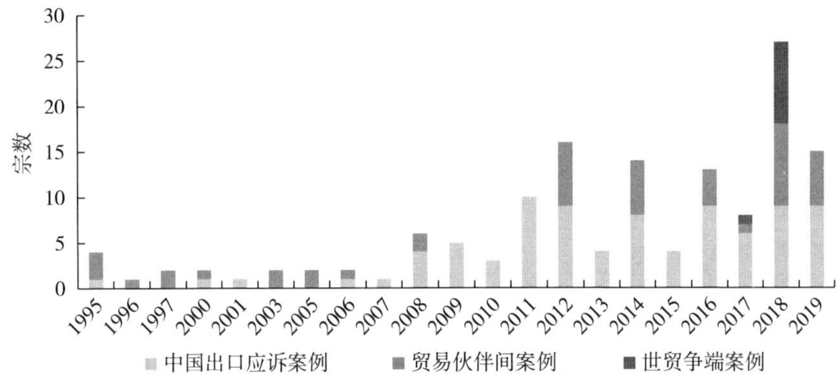

资料来源：China Trade Remedies Information（CTRI）。

图 3 全球对中国铝加工企业反倾销案例的宗数（1995 年至 2019 年）

表 2 中国铝加工企业反倾销案例列表（1995 年至 2020 年 2 月）

反倾销	案件类型	日期
南非对中国铝制餐具反倾销案	出口应诉	1995-09-15
南非对中国香港铝制餐具反倾销案	贸易伙伴间案件	1995-09-15
南非对津巴布韦铝制餐具反倾销案	贸易伙伴间案件	1995-09-15
南非对埃及铝制餐具反倾销案	贸易伙伴间案件	1995-10-27
阿根廷对美国氯化铝反倾销案	贸易伙伴间案件	1996-05-23
欧盟对泰国大功率铝电解电容器反倾销案	贸易伙伴间案件	1997-11-29
欧盟对美国大功率铝电解电容器反倾销案	贸易伙伴间案件	1997-11-29
欧盟对中国铝箔反倾销案	出口应诉	2000-02-18
欧盟对俄罗斯铝箔反倾销案	贸易伙伴间案件	2000-02-18
阿根廷对中国磷化铝杀虫剂反倾销案	出口应诉	2001-08-22
南非对印度架空铝芯电缆反倾销案	贸易伙伴间案件	2003-10-10
美国对南非铝板反倾销案	贸易伙伴间案件	2003-11-12
阿根廷对印度固态磷化铝反倾销案	贸易伙伴间案件	2005-04-15
墨西哥对委内瑞拉铝制软管容器反倾销案	贸易伙伴间案件	2005-11-25
巴西对中国 PS 板（铝制预涂感光平板）反倾销案	出口应诉	2006-04-18
巴西对美国 PS 板（铝制预涂感光平板）反倾销案	贸易伙伴间案件	2006-04-18
南非对中国挤压铝型材反倾销案	出口应诉	2007-08-10
土耳其对中国铝制板模具反倾销案	出口应诉	2008-03-20
欧盟对中国铝箔反倾销案	出口应诉	2008-07-12

续表

反倾销	案件类型	日期
欧盟对亚美尼亚铝箔反倾销案	贸易伙伴间案件	2008-07-12
欧盟对巴西铝箔反倾销案	贸易伙伴间案件	2008-07-12
加拿大对中国铝型材反倾销案	出口应诉	2008-08-18
加拿大对中国铝型材反补贴案	出口应诉	2008-08-18
印度对中国铝板及铝箔特别保障措施案	出口应诉	2009-01-27
印度对进口未锻轧铝、铝废碎料保障措施案	出口应诉	2009-05-22
澳大利亚对中国铝型材反倾销案	出口应诉	2009-06-24
澳大利亚对中国铝型材反补贴案	出口应诉	2009-06-24
欧盟对中国铝合金轮毂反倾销案	出口应诉	2009-08-13
印度尼西亚对进口铝箔制食品容器保障措施案	出口应诉	2010-01-19
美国对中国铝型材反倾销案	出口应诉	2010-04-27
美国对中国铝型材反补贴案	出口应诉	2010-04-27
泰国对中国热浸镀锌冷轧钢、热浸板或涂铝锌合金冷轧钢反倾销案	出口应诉	2011-07-08
泰国对中国铝锌合金镀层板反倾销案	出口应诉	2011-07-08
哥伦比亚对中国铝层压板反倾销案	出口应诉	2011-08-03
欧盟对中国铝散热器反倾销案	出口应诉	2011-08-12
澳大利亚对中国铝制车轮反倾销案	出口应诉	2011-11-07
澳大利亚对中国铝制车轮反补贴案	出口应诉	2011-11-07
澳大利亚对中国铝制车轮反倾销案	出口应诉	2011-11-07
澳大利亚对中国铝制车轮反补贴案	出口应诉	2011-11-07
欧盟对中国成卷铝箔反倾销案	出口应诉	2011-12-20
欧盟对中国成卷铝箔反倾销案	出口应诉	2011-12-20
加拿大对中国铝制单元式幕墙反倾销案	出口应诉	2012-07-16
加拿大对中国铝制单元式幕墙反补贴案	出口应诉	2012-07-16
加拿大对中国铝制单元式幕墙反倾销案	出口应诉	2012-07-16
加拿大对中国铝制单元式幕墙反补贴案	出口应诉	2012-07-16
澳大利亚对中国台湾镀铝锌板反倾销案	贸易伙伴间案件	2012-09-05
澳大利亚对中国镀铝锌板反倾销案	出口应诉	2012-09-05
澳大利亚对韩国镀铝锌板反倾销案	贸易伙伴间案件	2012-09-05
澳大利亚对中国台湾镀铝锌板反倾销案	贸易伙伴间案件	2012-09-05

续表

反倾销	案件类型	日期
澳大利亚对中国镀铝锌板反倾销案	出口应诉	2012-09-05
澳大利亚对韩国镀铝锌板反倾销案	贸易伙伴间案件	2012-09-05
澳大利亚对中国镀铝锌板反补贴案	出口应诉	2012-11-26
澳大利亚对中国镀铝锌板反补贴案	出口应诉	2012-11-26
印度对中国铸造铝合金车轮或合金车轮反倾销案	出口应诉	2012-12-10
印度对泰国铸造铝合金车轮或合金车轮反倾销案	贸易伙伴间案件	2012-12-10
印度对韩国铸造铝合金车轮或合金车轮反倾销案	贸易伙伴间案件	2012-12-10
印度对韩国铸造铝合金车轮或合金车轮反倾销案	贸易伙伴间案件	2012-12-10
哥伦比亚对中国铝挤压件反倾销案	出口应诉	2013-02-27
加拿大对中国铝制单元式幕墙反倾销案	出口应诉	2013-03-04
加拿大对中国铝制单元式幕墙反补贴案	出口应诉	2013-03-04
土耳其对中国铝箔反倾销案	出口应诉	2013-12-21
巴西对中国铝制预涂感光平板反倾销案	出口应诉	2014-02-25
巴西对中国铝制预涂感光平板反倾销案	出口应诉	2014-02-25
巴西对中国香港铝制预涂感光平板反倾销案	贸易伙伴间案件	2014-02-25
巴西对台湾地区铝制预涂感光平板反倾销案	贸易伙伴间案件	2014-02-25
巴西对欧盟铝制预涂感光平板反倾销案	贸易伙伴间案件	2014-02-25
巴西对美国铝制预涂感光平板反倾销案	贸易伙伴间案件	2014-02-25
印度对进口非合金未锻轧铝锭保障措施案	出口应诉	2014-04-07
印度对进口非合金未锻轧铝锭保障措施案	出口应诉	2014-04-07
特立尼达和多巴哥对中国铝挤压材反倾销案	出口应诉	2014-08-22
特立尼达和多巴哥对中国铝挤压材反倾销案	出口应诉	2014-08-22
欧盟对俄罗斯铝箔反倾销案	贸易伙伴间案件	2014-10-08
欧盟对俄罗斯铝箔反倾销案	贸易伙伴间案件	2014-10-08
欧盟对中国铝箔反倾销案	出口应诉	2014-12-12
欧盟对中国铝箔反倾销案	出口应诉	2014-12-12
墨西哥对中国铝制炊具反倾销案	出口应诉	2015-04-15
墨西哥对中国铝制炊具反倾销案	出口应诉	2015-04-15
印度对中国铝箔反倾销案	出口应诉	2015-12-15
印度对中国铝箔反倾销案	出口应诉	2015-12-15

续表

反倾销	案件类型	日期
印度对中国铝散热器及其组件和散热器芯反倾销案	出口应诉	2016-01-01
印度对中国铝散热器及其组件和散热器芯反倾销案	出口应诉	2016-01-01
印度对进口未锻压铝保障措施案	出口应诉	2016-04-19
印度对进口未锻压铝保障措施案	出口应诉	2016-04-19
阿根廷对中国铝合金轮毂反倾销案	出口应诉	2016-07-07
阿根廷对中国铝合金轮毂反倾销案	出口应诉	2016-07-07
约旦对进口铝条、铝杆和铝型材保障措施案	出口应诉	2016-07-24
澳大利亚对越南铝型材反倾销案	贸易伙伴间案件	2016-08-16
澳大利亚对越南铝型材反补贴案	贸易伙伴间案件	2016-08-16
澳大利亚对马来西亚铝型材反倾销案	贸易伙伴间案件	2016-08-16
澳大利亚对马来西亚铝型材反补贴案	贸易伙伴间案件	2016-08-16
韩国对中国铝制预涂感光板反倾销案	出口应诉	2016-09-08
巴拉圭对中国铝挤压材产品反倾销案	出口应诉	2016-09-28
中国原铝补贴措施世贸争端案	世贸争端	2017-01-12
美国对中国铝箔反倾销案	出口应诉	2017-03-28
美国对中国铝箔反补贴案	出口应诉	2017-03-28
墨西哥对中国铝膜气球反倾销案	出口应诉	2017-06-26
澳大利亚对中国铝型材反倾销案	出口应诉	2017-10-19
澳大利亚对泰国铝型材反倾销案	贸易伙伴间案件	2017-10-19
美国对中国铝合金薄板反倾销案	出口应诉	2017-11-28
美国对中国铝合金薄板反补贴案	出口应诉	2017-11-28
欧亚经济委员会（原俄白哈关税同盟）对中国铝轮毂反倾销案	出口应诉	2018-02-26
欧亚经济委员会（原俄白哈关税同盟）对中国铸铝转盘反倾销案	出口应诉	2018-03-02
美国对华钢铁和铝产品的措施世贸争端案	世贸争端	2018-04-05
黎巴嫩对中国特殊型铝材反倾销案	出口应诉	2018-05-11
黎巴嫩对埃及特殊型铝材反倾销案	贸易伙伴间案件	2018-05-11
黎巴嫩对沙特阿拉伯特殊型铝材反倾销案	贸易伙伴间案件	2018-05-11
黎巴嫩对阿联酋特殊型铝材反倾销案	贸易伙伴间案件	2018-05-11
印度诉美国钢铝产品征税和配额世贸争端案	世贸争端	2018-05-18

续表

反倾销	案件类型	日期
欧盟诉美国对钢铝产品的关税措施世贸争端案	世贸争端	2018-06-01
日本诉美国钢铝产品的关税措施世贸争端案	世贸争端	2018-06-05
加拿大诉美国钢铝产品的关税措施世贸争端案	世贸争端	2018-06-06
挪威诉美国钢铝产品的关税措施世贸争端案	世贸争端	2018-06-14
阿根廷对中国家用铝制散热器反倾销案	出口应诉	2018-06-28
阿根廷对意大利家用铝制散热器反倾销案	贸易伙伴间案件	2018-06-28
阿根廷对西班牙家用铝制散热器反倾销案	贸易伙伴间案件	2018-06-28
瑞士诉美国钢铝产品的关税措施世贸争端案	世贸争端	2018-07-09
俄罗斯诉美国钢铝产品的关税措施世贸争端案	世贸争端	2018-07-27
土耳其诉美国对钢铝产品的关税措施世贸争端案	世贸争端	2018-08-20
墨西哥对中国铝箔卷反倾销案	出口应诉	2018-08-28
印度尼西亚对进口铝箔卷保障措施案	出口应诉	2018-10-09
美国对中国铝制电线电缆反倾销案	出口应诉	2018-10-12
美国对中国铝制电线电缆反补贴案	出口应诉	2018-10-12
巴基斯坦对土耳其铝制饮料瓶反倾销案	贸易伙伴间案件	2018-11-01
巴基斯坦对斯里兰卡铝制饮料瓶反倾销案	贸易伙伴间案件	2018-11-01
巴基斯坦对约旦铝制饮料瓶反倾销案	贸易伙伴间案件	2018-11-01
巴基斯坦对阿联酋铝制饮料瓶反倾销案	贸易伙伴间案件	2018-11-01
墨西哥对中国铝制高压锅反倾销案	出口应诉	2018-12-20
越南对中国铝型材反倾销案	出口应诉	2019-01-11
阿根廷对中国铝板反倾销案	出口应诉	2019-02-25
阿根廷对中国铝箔反倾销案	出口应诉	2019-03-08
印度对中国镀铝锌合金扁轧钢产品反倾销案	出口应诉	2019-04-02
印度对越南镀铝锌合金扁轧钢产品反倾销案	贸易伙伴间案件	2019-04-02
印度对韩国镀铝锌合金扁轧钢产品反倾销案	贸易伙伴间案件	2019-04-02
欧亚经济委员会（原俄白哈关税同盟）对中国铝带反倾销案	出口应诉	2019-05-07
欧亚经济委员会（原俄白哈关税同盟）对阿塞拜疆铝带反倾销案	贸易伙伴间案件	2019-05-07
阿根廷对中国铝管反倾销案	出口应诉	2019-05-07
阿根廷对巴西铝管反倾销案	贸易伙伴间案件	2019-05-07

续表

反倾销	案件类型	日期
乌克兰对中国铝轮毂反倾销案	出口应诉	2019-07-19
乌克兰对俄罗斯铝轮毂反倾销案	贸易伙伴间案件	2019-07-19
墨西哥对中国铝盘反倾销案	出口应诉	2019-08-09
印度尼西亚对中国镀铝锌涂层钢反倾销案	出口应诉	2019-08-26
印度尼西亚对越南镀铝锌涂层钢反倾销案	贸易伙伴间案件	2019-08-26
巴西对中国铝合金钢无缝气瓶反倾销案	出口应诉	2020-01-31
欧盟对中国铝型材反倾销案	出口应诉	2020-02-14
澳大利亚对中国铝挤压件反倾销案	出口应诉	2020-02-17

资料来源：CTRI。

值得一提的是，2018年以来美国重拾贸易保护主义大旗，通过提高关税、反倾销等手段，对其他国家（包括中国）的贸易打压，并呼吁制造业回流本土，这是自中国于2001年加入世贸以来中国金属企业遇到的新挑战。

对于应对此等挑战，中国有色和黑色金属企业正在走向成熟。随着中国企业对海外市场的认知越发成熟，以及相应的成功案例经验的传导，越来越多的中国企业选择走向国外。同时，中国内地的发展模式也正在转换，从资源与能源消耗以及人口密集型发展转向科技、环保与可持续方向发展。这种趋势既有挑战同时更多的是机遇，凭借多年来的制造业经验，中国正向侧重市场的经济模式转变。

2. 中国金属市场的重要性

2.1 中国金属市场定价权的内生需求

伦敦金属交易所（London Metal Exchange，简称LME）已经发展了超过140年，在这段期间不断涌现新的交易所和交易品种。自期货和期权等金融衍生品推出市场后，投机、套利、套期保值等活动不断深化，使现今的商品定价不单取决于供需层面。

越来越多的金融理念在这个市场中出现和褪去，而期货最原始的功

能 —— 定价功能仍然是全球大宗商品市场参与者不变的需求之一。截至目前，全球金属市场仍然依赖期货这种金融工具作为价格发现和套期保值的重要金融工具之一。

2.2 中国金属市场中金融渗透率不断提高

中国金属期货市场发展至今已经有 10 多种金属期货品种，上海期货交易所（以下简称“上期所”）、大连商品交易所（以下简称“大商所”）在中国市场扮演着越来越重要的角色。其中如内地钢铁企业以及相关的投资机构对上期所和 LME 的依赖度高，且中国市场中，尤其对外投资和贸易的金属厂商，对 LME 的依存度更强。分市场看，对于专注中国本土市场的冶炼及贸易企业而言，对上期所的依赖度更高。

随着中国经济发展，全球金属市场中，中国占比不断提升，其定价话语权不断提高。在金属期货市场中，中国生产企业和投资企业不断向海外市场学习、进化，并形成其相对独立、且不断演进的期货和现货市场。

2.3 中国金属期货和现货市场给予海外市场的机遇与挑战

随着中国内地市场开放从实体转向金融领域，在大宗商品领域，中国资本成为全球市场最具活力的群体之一。在这之中，中国金属市场也成为全球市场关注的重点领域之一。随着内地市场的不断开放，中外资本在金属市场中的对决也越加清晰和明显。

一方面中国金属市场对国际金属市场的冲击可见一斑，以铝为例，中国产能的不断放大，以其低成本的优势，从而令全球的原铝供给趋于过剩，倒逼原有高成本产能退出市场，铝产业供需格局变化。随着中国加入世贸以后，中国铝制品在海外的占比也不断增加，2000 年中国电解铝产量占全球总产量约 11.3%，经历 20 年的发展，这一比例提升至约 56.2%，累计提升 44.9 个百分点，这显示中国在向海外提供低成本的原材料的同时，对海外原有的贸易模式及定价模式等都产生深远影响。

在贸易模式方面，以中国金属冶炼业为例，企业可以通过进口铝土矿、氧化铝、煤炭等原料，然后加工为电解铝，再出口至海外市场。中国出口企业通过较为低廉的能源成本和规模、技术等优势，将海外综合成本较高的企业挤出市场。此外，随着铝加工领域中中国生产技术和规模的提升，部分日本、俄罗斯等铝企业选择在中国进行来料加工贸易，以降低中间产品的生产成本。

在交易模式方面，内地越来越多的冶炼企业、贸易企业、下游加工企业加入到期货套期保值和常规现货贸易之中。相关金属市场参与者既可以选择利用上期所的期货合约作套期保值，锁定冶炼利润并规避价格风险，也可以利用 LME 的期货合约进行套期保值和锁定远期价格，这都提升了交易所的整体交易量和活跃度。

在定价模式方面，随着生产规模和贸易规模扩大，内地企业积极参与依赖 LME 金属交易的定价功能，但随着中国出口金属和加工产品的数量和种类越来越多，原有的原料产品定价也开始出现变化。例如内地铝加工企业会向海外消费者推荐用独立第三方机构（如 SMM）公布的金属现货价格或指数价格作为结算基准。这显示内地企业对大宗商品定价，尤其是金属相关产品的定价权越来越重视。

当然，我们也可以看到中国既是原材料的主要供应国，同时也是全球最具活力的消费市场。中国金属与金融市场以其内生动力，提供了更广阔的现货交易市场和期货投资市场。海外投资者既可以在原有的伦敦金属交易所等海外交易所进行交易，同时也可以进入中国这个最大的大宗商品供应和消费市场进行交易，其承载投资资金的能力不断提高。当然，在某些品种中，中国内地和海外市场之间的金属商品价差也经常创造出新的套利模型。这可从上期所和 LME 铝价之间的长期比值观察得出。中国铝材的出口过程让中国和海外市场的供需得以平衡，而中国与海外市场之间通过进出口而达致平衡的时间，长于上期所与 LME 的期货价格的反馈时间，这就给内外期货市场带来套利机会——当 LME 市场由于电解铝短缺，带动 LME 铝价抬升，且 LME 铝价上升速率快于上期所铝价，上期所铝价与 LME 铝价比值会下降。当此一比值下跌到 6.5 以下，可以考虑抛售 LME 铝同时买入上期所铝作为套利。当中国铝材出口增加后，可以弥补海外电解铝的缺口，LME 铝价会因而回落，同时上期所铝价会获得支持（见图4和图5）。

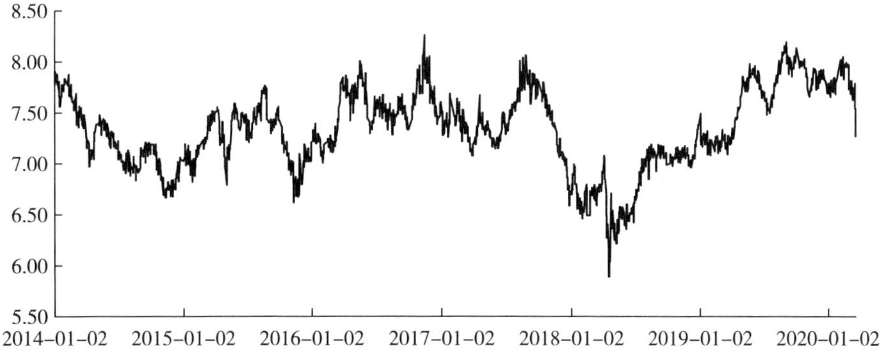

资料来源：LME、上期所。

图4　上期所与LME 3个月铝期货的价格比率

（2014年1月2日至2020年3月19日）

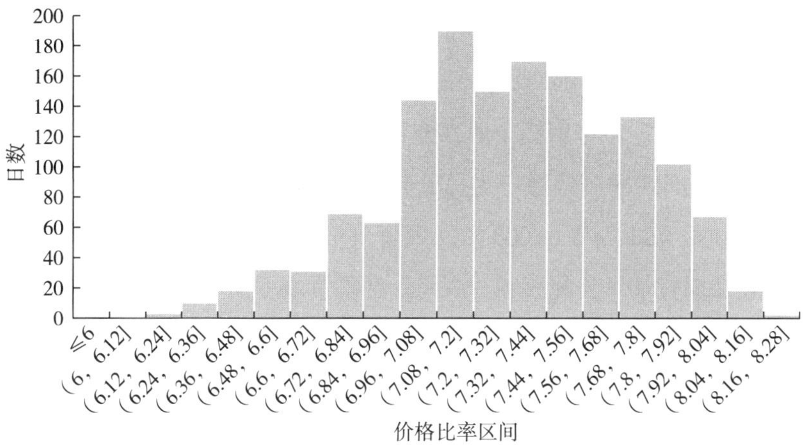

资料来源：LME、上期所。

图5　上期所与LME 3个月铝期货价格比率的分布

（2014年1月2日至2020年3月19日）

3. 中国内地的金属现货与期货市场

3.1 市场现状

改革开放40年以来，中国金属行业蓬勃发展，从供给和需求两方面，一方面中国经济发展过程中，需要庞大的原材料作为补充；另一方面，中国企业在供给方面抓住庞大市场扩张的时机，不断加大投资扩大供给。这个过程中逐渐形成期货和现货两个市场，这两个市场的运作主要受上期所和 LME 等交易所中可交割的品牌所限制，其他非场内交易的金属品种需要进行场外交易。除此之外，即使是场内可交易的品种，仍有非常多的品牌不能并入交割流程。与交易所期货品种相比，场外的现货交易市场仍然非常庞大，这也给未来与金属相关的期货市场的发展带来非常广阔的空间。

3.2 套期保值及期现套利实例

在现货套期保值方面，以电解铝生产企业为例：3 月某电解铝生产企业电解铝生产成本为每公吨 13 000 元人民币（下同），3 月电解铝现货售价为每公吨 14 000 元，远期 5 月期货价格为每公吨 14 300 元，现货企业如果考虑锁定 5 月现货利润，可以考虑在 5 月卖出相应期货合约进行套期保值，待时间进入 5 月以后，若铝期货价格上涨至每公吨 14 500 元，现货价格上涨至每公吨 14 200 元，则电解铝企业在期货上每公吨亏损 200 元，而现货端获利 200 元，其利润继续保持稳定为每公吨 1 000 元；若进入 5 月以后，期货价格下跌 300 元至每公吨 14 000 元，现货价格下跌至每公吨 13 700 元，则电解铝企业在期货端每公吨获利 300 元，在现货端亏损 300 元，整体期货和现货维持对冲，即电解铝企业的利润继续保持稳定在每公吨 1 000 元。电解铝企业即通过期货端的套期保值行为来规避铝价在未来的波动风险。

在期现套利方面，由于金属期货和现货市场的价格形成机制不同，令现货和期货市场产生一定的套利空间。首先，现货市场价格是参考如上海有色网等第三方机构现货日度报价为主，国内冶炼企业、矿山企业、加工企业、贸易企业等为参与主体，其结算基准参考第三方机构报价。其次，第三方报价的标的多为非可交割金属产品，报价基础是完全依赖现货市场当日的买卖成交情况，这与当日库存，买卖强度等因素相关。最后，期货价格产生于期货市场交易者，包括冶炼企业、贸易商企业、下游加工企业为主，以可交割的标准仓单为标的物。

以电解铝为例，现货市场中参考 SMM A00 现货铝锭每日报价为基准，

SMM A00 现货铝锭与上期所相关期货当月合约之间每日会有升贴水，这个升贴水的产生来自每日现货市场中买卖集中的时间和总量基础上（见图6）。当 SMM A00 现货铝锭价格低于期货价格时，即当日现货对期货呈现贴水格局时，参与贸易的企业可以选择买入现货同时在期货上卖空，待持有时间临近交割日期，SMM A00 现货铝锭价格对期货当月合约贴水收窄，贸易商可以选择在此时卖出现货并买入期货合约上平仓，从而获得无风险套利空间。

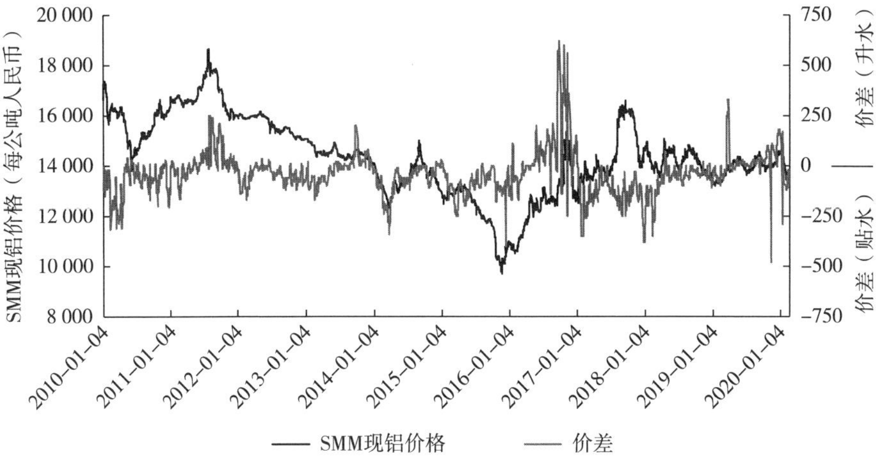

资料来源：SMM。

图 6 SMM A00 铝现货与期货价差（升贴水）的走势（2010 年 1 月 4 日至 2020 年 2 月 21 日）

除铝锭的期现套利机会外，铜、锌、镍、锡、铅等金属品种也可以在期货市场中运用这种价差结构进行套利交易。

3.3 内地金属市场生产周期中不同阶段对金融衍生品的不同需求

处于产业链不同位置的市场参与者对期货市场的需求也不完全相同。相对来说，由于对应的期货品种数量有限，仍然有非常多的金属品种没有期货交易，也就没有相应的对冲价格波动风险的工具，如金属硅，金属镁，金属钛等。除了品种间的差异外，单一品种中的产业链上中下游的产品，由于其定价方式不同，也缺乏相应的价格波动风险对冲工具，如铝产业链中上游的铝土矿，氧化铝等产品。铝产业链中的原材料成本（电解铝）可以通过原铝的期货品种进行对冲价格风险，但对下游中的加工产品而言，其价格风险目前并没有相应的期货产品进行对冲（见图 7）。

总的来说，产业链中不同阶段的产品都有对其价格波动风险的厌恶情绪，故也有非常强的避险需求。

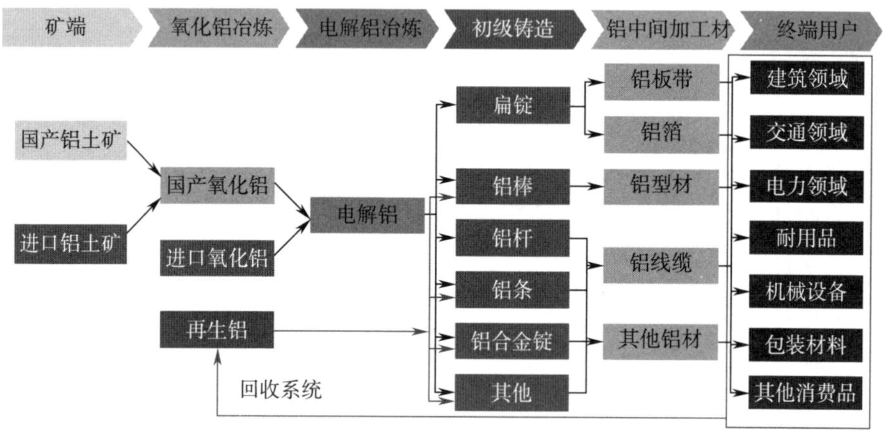

资料来源：SMM。

图 7　中国铝业的产业链

综合来看，与原铝有强的原材料关系的下游企业使用期货作为保值工具明显强于上游的矿和氧化铝。同理，我们可以看到钢铁行业中上游的铁矿可以作为单一期货品种，另外也有当前上期所正在筹备的独立的氧化铝期货品种。可以预期，随着中国金属商品市场的发展，未来将有越来越多的金属品种有望成为期货交易品种，而期货也将为相关企业提供这些产品的价格风险对冲工具。

此外，不同生产阶段的产品定价模式相差巨大，因此其对期货的需求也有不同。

对于原材料生产方面如电解铝企业，其对期货的依赖主要是以其作为产品定价基础和用于套期保值交易；而下游的消费企业，对期货的依赖主要源自原料的定价和套期保值功能。电解铝消费企业和电解铝生产企业使用期货的买卖保值出现差异，在于生产企业主要是期货的卖方保值，而消费企业主要是期货的买方保值为主。与此同时，随着现货市场逐渐扩大，作为中间商的贸易企业加入，造成套期保值的需求增加，而中间商的套期保值需求也出现分化。从事电解铝贸易的企业，在期货上既可以卖出保值，也可以买入保值，主要根据现货和期货的价差结构，即现货对期货的升贴水而定。

4. 中国金属市场的展望

4.1 中国金属期货市场的中长期展望

中国内地金属市场中有色金属和黑色金属交易品种的交易额和交易量均不断提升。以上期所为例，该所于 2000 年只有铜、铝两个金属交易品种，到 2010 年其交易金属品种增加至铜、铝、锌、黄金、螺纹钢、线材 6 个品种，到 2019 年上期所与金属相关的交易品种增加至 12 个，包括铜、铝、铅、锌、锡、镍、黄金、白银、螺纹钢、线材、热轧卷板以及不锈钢。

上期所金属相关期货的交易额增长至 2019 年的 81.15 万亿元，2000 年至 2019 年的复合年均增长率为 6.4%，金属相关交易量增长至 2019 年的 103 712 万手，2000 年至 2019 年的复合年均增长率为 7.7%（见图 8 和图 9）。

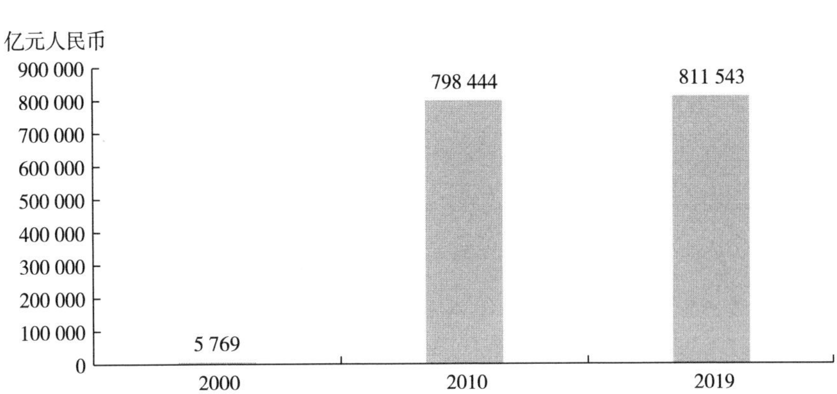

资料来源：中国期货业协会。

图 8 上期所金属期货的交易额（2000 年、2010 年和 2019 年）

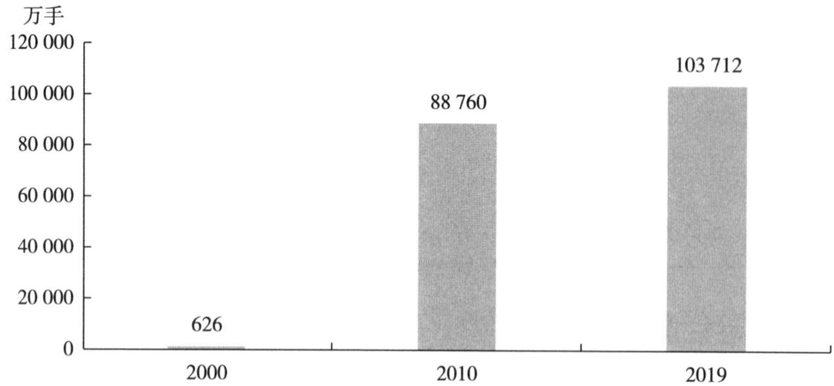

资料来源：中国期货业协会。

图 9　上期所金属期货的交易量（2000 年、2010 年和 2019 年）

未来，随着内地金融市场不断开放，会有更多的海外投资者、冶炼企业、贸易企业，以及下游加工企业进入内地商品交易市场，此外，由于中国企业对外的出口和进口贸易仍处于扩展阶段，相关企业在海外金属商品中的交易量也有非常大的提升空间。

至于内地的金属期货市场，相关的上市品种将有望继续增加，包括氧化铝、钛、镁、电解锰等都有望在未来成为新的交易品种。与此同时，全球对有色和黑色金属仍然有非常旺盛的需求，会令全球相应产量保持上升趋势，以及愈加扩大对期货等金融避险工具的需求。

4.2　政策因素对中国内地金属市场的影响

未来中国将继续保持巨大的供给和需求活力，既是全球最大的金属原材料供应国，也是巨大的消费国。但是，随着中国高耗能、高污染等传统重工业转型升级，从单纯求量发展逐渐正转向可持续、智能化和科技化方向转移。中国金属企业对期货等金融工具的诉求也在逐渐加深。若单纯从原有的供需层面去考量和研究金属市场动态，将不得不探讨如环保政策、关税政策以及行业政策等多方面因素对期货价格和现货价格的影响。

4.2.1　供给侧结构性改革政策的长远影响

2016 年至 2017 年，中国政府先后对煤炭、钢铁、电解铝等行业推出供给侧结构性改革政策，一方面从行业准入方面加强监管；另一方面，从违法违规方面对现有和新增产能方面形成制约。从时间维度看，供给侧结构性改革政策是长期政策，对中国整体金属原料的增长形成长远的影响。从品种维度看，以煤炭、钢铁、电解铝等为主导，逐渐延伸至电力、化工及其他大宗商品行业，短期对铜、锌、镍等相对供给偏短缺的金属品种影响有限。不排除随着供给侧结构性改革的深入实施，势必向产能过剩和发展趋于不平衡的行业推进。

供给侧结构性改革实施之后，原有如电解铝等多年以来“先建设再申请备案”的粗犷式产能增长方式得以遏制，同时对原有的退出成本高、重复建设等产能形成良好的置换机制。这既满足当前市场需求下的产能供给；也为未来一段时期内的产能增长形成有效供给；从而令整体行业的运行和发展，尤其对原有的资源不均、无序增长等行为提供了强而有力的规范作用。

4.2.2 环保政策升级的影响

改革开放40年以来，中国内地的发展模式从过去的“先污染、后治理”逐渐过渡到“准入制”。

人民生活水平的提高，使对环境保护的需求提升，而对有色和黑色金属行业而言，其环保的投入也不断提升，同时环保政策在未来一定时期内，对内地金属市场的影响也越发扩大。从产业链分布看，对于上游的冶炼和矿山开发而言，其环保成本的增加势必增加其开发和生产成本；而对本已受较为严格的环保政策规管的下游产业而言，当前的政策力度将会进一步增加其原料成本。而从经济角度看，环保政策趋严，将加大企业的资金投入，令生产成本上升，这对当前中国内地从外向型经济向内向型经济转型的过程也有很大影响，毕竟中国金属企业仍然面对海外企业的竞争，相应生产成本的增加会削弱中国商品与海外同质产品的竞争力。

5. 结论

中国金属市场在近30年的发展过程中，一方面满足中国国内经济发展的需求，另一方面支撑全球经济的扩张。在发展过程中，中国金属相关从业者对期货等金融工具的认知和使用愈加深刻和频繁。除了期货的定价和套期保值之外，相关从业者从内地与海外两个市场之间不断探索新的交易模式和套利机会。我们有理由相信，随着中国内地经济不断开放，以及内地与海外市场的交流不断深化，更多的交易品种和模式将继续出现，在这个过程中，整体市场的活力将越发巨大。

03

全球农产品市场及中国市场的国际化战略

焦健

中粮期货有限公司

副总经理、研究院院长

摘要

农产品期货市场是农产品市场的重要衍生和组成部分。自 1848 年芝加哥期货交易所（简称 CBOT）成立以来，国际农产品期货市场取得了长足的发展，各主要农业国家和地区均设立了农产品期货交易所，覆盖了主要类别的农产品期货，CBOT 和 ICE 成为全球主要农产品的定价中心。中国内地期货市场自 1988 年起步，经历了起步探索、清理整顿、规范发展、全面发展四个发展阶段。2000 年以来，内地农产品期货市场经历了脱虚向实的过程，期货市场的功能日益完善，价格发现、套期保值深入应用，“期货 + 保险”、期权结合期货套保等探索创新也在农产品领域中取得积极进展，国际化进程也日益加快。在当前全球农产品市场一体化的变局下，内地农产品期货市场机遇与挑战并存，应在新品种开发、品种退出及修改机制、立法监管、工具创新、国际化等方面深化改革。

1. 全球农产品市场发展趋势

1.1 全球农产品市场的基本格局

1.1.1 农产品的种植、贸易与消费

全球主要的耕作农产品可分为粮、油、糖、棉四大类。由于气候条件和生产资料（土地、种质、技术）的差异，主要农产品的产出分布不均匀，但产量占比较为稳定。2019 年，全球农产品产出集中在北美、东亚、南亚、南美和欧洲地区，该等地区的产出占比分别为 19%、19%、13%、13% 和 11%（见图 2）。以谷物为代表的粮食类作物主要分布在亚洲、南美、北美和欧盟地区；以大豆、菜籽等油籽为代表的油料类作物主要分布在南美、北美和东亚地区；糖料作物主要分布在南美、欧盟和南亚地区；棉花主要分布在北美和亚洲地区。

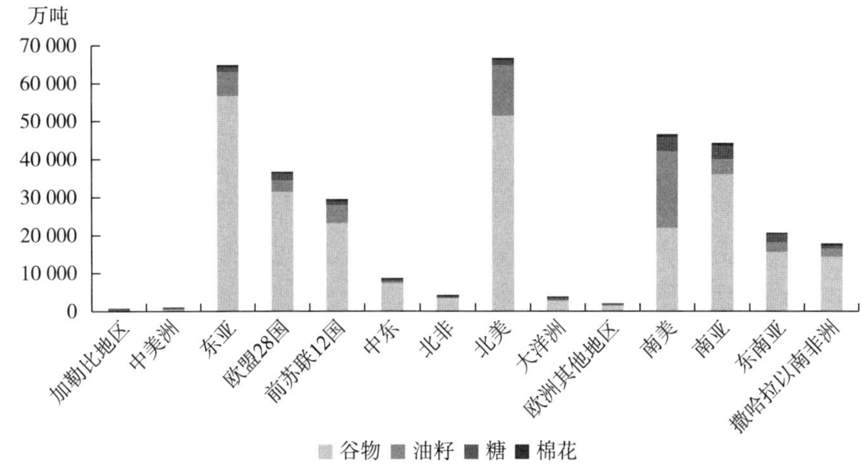

资料来源：美国农业部、Wind、中粮期货研究院。

图 1　全球农产品产出量（2019 年）

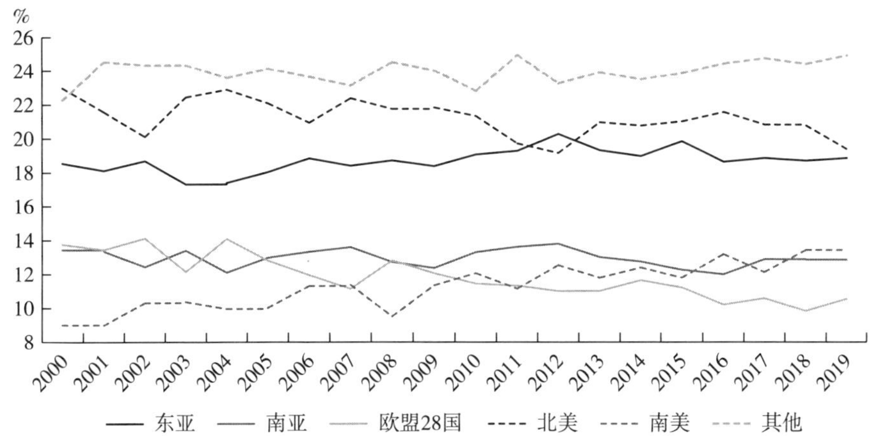

资料来源：美国农业部、Wind、中粮期货研究院。

图 2　全球农产品产出的地区分布（2000 年至 2019 年）

农业资源和生产效率的比较优势既是农业产出不均的重要原因，也是驱动全球农产品贸易的内在动力，各个国家利用全球农产品贸易调剂余缺，平衡本国农产品供需，满足不同的农业发展诉求。经过长期的贸易流动和发展，目前全球农产品贸易呈现出从美洲和大洋洲地区流向亚欧大陆的格局，主要的农产品贸易流有以下五个：

（1）北美至以中国为主要目的地的东亚地区的农产品贸易流；

（2）南美至以中国为主要目的地的东亚地区农产品贸易流；

（3）欧盟成员国之间的农产品贸易流；

（4）北美与中美洲、南美洲之间的农产品贸易流；以及

（5）澳大利亚至以中国为重要目的地的亚洲地区的农产品贸易流。

通过长期的国际现货贸易演化，全球农产品市场主要具备以下几个特征：（1）以中国为核心的亚洲地区是重要的农产品产出、消费和输入地区；（2）以美国为核心的北美地区和南美地区是全球重要的农产品产出和输出地区；以及（3）欧盟地区农产品消费基本做到自给自足。

与贸易流相一致的全球农产品主要消费区域有三个地区：（1）以中国为核心的人口聚集的亚洲地区；（2）以美国为核心的人均农产品资源消耗巨大的北美地区；（3）人口聚集和经济发达的欧洲地区。

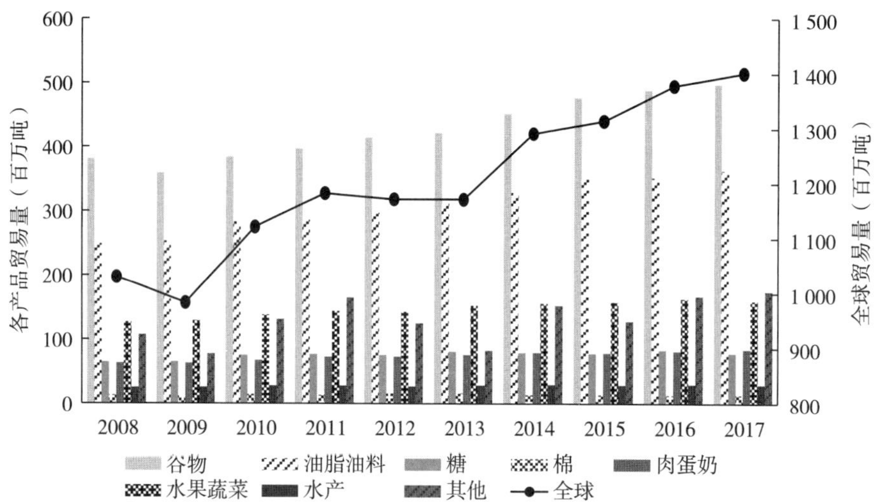

资料来源：美国农业部、Wind、中粮期货研究院。

图 3　全球农产品贸易量（2008 年至 2017 年）

谷物和油籽是全球贸易量最大的农产品，北美、南美则是全球最重要的国际粮油输出地，北美以美国为主要的粮油输出地，南美以巴西和阿根廷为主要粮油输出地，目前世界粮油贸易主要以原产品形式进行，即产品

生产和加工环节相隔离，产品加工环节主要在消费国，但油籽贸易中阿根廷则以输出油籽压制产品为主，主要是充分利用本国的农产品加工比较优势，获取更多的农产品加工链利润。

1.1.2 国际农产品期货市场的概况

农产品期货市场是农产品市场的重要衍生和组成部分。自 1848 年芝加哥期货交易所（Chicago Board of Trade，简称 CBOT）成立以来，国际农产品期货市场立足于庞大的农产品现货市场取得了长足的发展，时至今日，各主要农业国家和地区均设立了农产品期货交易所，覆盖了主要类别的农产品期货，具体明细见表 1。在主要农产品期货交易所中，以 CME 集团旗下的 CBOT 和美国洲际交易所（ICE）最有影响力，目前国际市场粮、油、糖、棉的贸易均以 CBOT 和 ICE 相关商品期货价格为定价基准。

CBOT 上市的农产品期货主要分为谷物类和油籽类，其中谷物类期货品种包括玉米、小麦、燕麦和稻谷，油籽类期货包括大豆、豆粕和豆油；ICE 上市的农产品期货主要为软商品期货，包括棉花、糖、可可和咖啡。CBOT 和 ICE 上市农产品期货品种持仓量呈现缓慢上升趋势，且成交量远超现货产量，市场流动性十分充裕。

表 1 全球主要农产品期货交易所

交易所	所在国家	上市产品种类	期货品种数量
CBOT	美国	谷物、油脂油料	7
ICE	美国	软商品、果汁	5
芝加哥商品交易所 Chicago Mercantile Exchange （CME）	美国	畜产品、林产品	4
大连商品交易所	中国	谷物、油脂油料、鸡蛋	9
郑州商品交易所	中国	谷物、油脂油料、软商品	13
马来西亚期货交易所 Bursa Malaysia Derivatives Exchange （BMD）	马来西亚	棕榈油	1

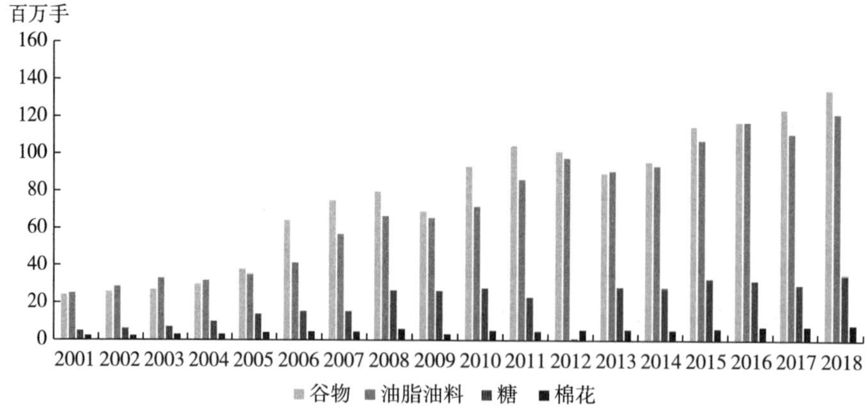

资料来源：彭博、Wind、中粮期货研究院。

图 4　CBOT 与 ICE 的期货成交量（2001 年至 2018 年）

资料来源：美国农业部、Wind、中粮期货研究院。

图 5　CBOT 谷物及油脂油料期货月底持仓量（2009 年 12 月至 2019 年 11 月）

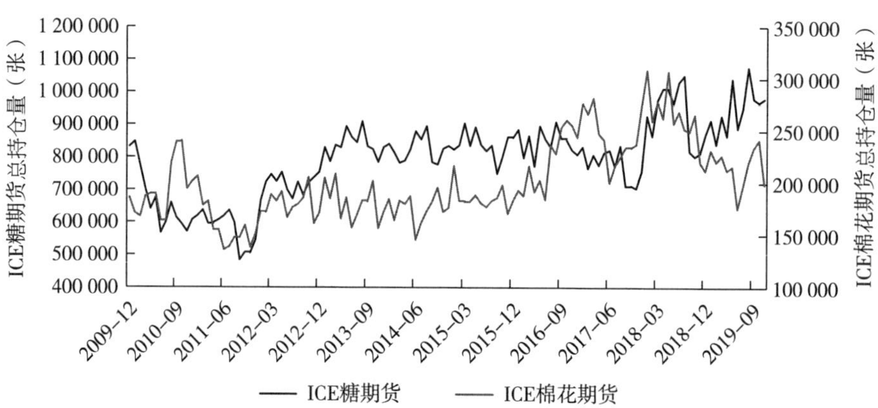

资料来源：美国农业部、Wind、中粮期货研究院。

图 6　ICE 棉花与白糖期货月底持仓量（2009 年 12 月至 2019 年 11 月）

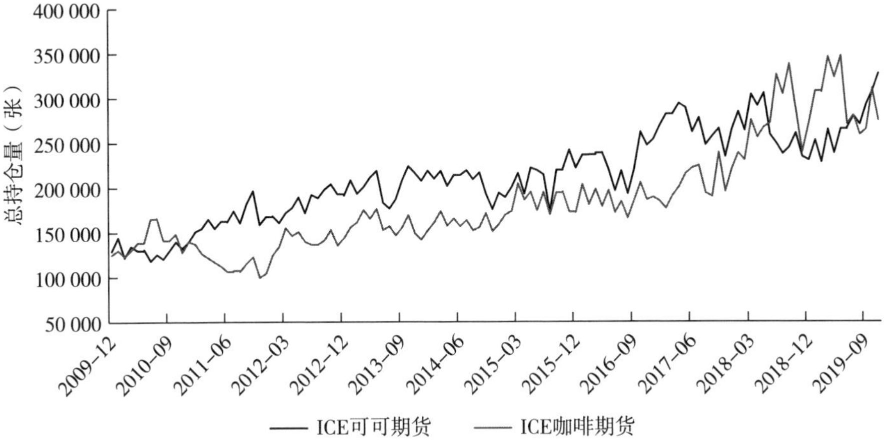

资料来源：美国农业部、Wind、中粮期货研究院。

图 7　ICE 可可与咖啡期货月底持仓量（2009 年 12 月至 2019 年 11 月）

CBOT 和 ICE 之所以能够成为有关农产品的定价中心，原因主要有三方面：

- 一是历史沿革，CBOT 市场是最早的农产品期货市场，也是目前全球最大的农产品期货交易市场；
- 二是地域性优势，美国是目前全球最主要的农产品产区之一，在现货贸易上拥有天然的地域优势；
- 三是价格形成效率和制度保障，交易量和流动性在价格形成过程中发挥着重要的作用，CBOT 和 ICE 上市的农产品期货品种成交量始终保持在全球前列，为产业和资金提供了充裕的流动性。同时，美国政府及相关机构还设立了各种法律和政策来保证期货市场的效率，美国政府通过设立期货管理法、限制投机法、商品交易法等法律为期货市场提供法律保障[①]；美国商品期货管理委员会还通过设置一系列监管规则来规范期货市场，及时分析会员公司的数据信息，并辅以大户报告制度、对冲交易制度、持仓限制等方法来保证市场的公开公正。虽然监管严格，但是交易环境较为宽松，在价格波动

① 见杨霞（2014）〈中美农产品期货市场比较研究〉，大连海事大学。

幅度、交割制度、期转现制度等方面较为灵活，减少对投资者的限制，促进了交易的流畅。

1.2 全球化的粮食集团

全球化的粮食集团在全球农产品贸易中扮演着极其重要的角色，以ADM、邦基（Bunge）、嘉吉（Cargill）、中粮（COFCO）、路易达孚（Louis Dreyfus）和益海嘉里（Yihai Kerry）（统称ABCCDE）为代表的跨国粮食集团将粮食和原料从产地运往销区，控制了全球粮食谷物贸易份额的八成以上，推动全球粮食贸易形成“哑铃形”格局[①]，哑铃的两端分别是庞大的农产品生产者和消费者，哑铃的中间则是以ABCCDE为核心的跨国粮食集团[②]。

在国际粮商长期的竞争和角逐中，国际农产品市场全产业链格局已经形成，而主要的跨国粮食集团也逐渐从粮食的仓储贸易发展成为多元化的跨国集团，分别建立了以各自的核心业务为中心的农业全产业链条，以老牌的“ABCD”四大粮商为例，ADM的业务重心在生物燃料上，邦基的业务重心在南美的产业链构建上，嘉吉拥有发达的物流体系，而路易达孚则更加注重风险管理。但是它们均在农业全产业链的纵向发展上做出了巨大的努力，从生产、储存、运输到加工销售环节均有涉足[③]。

大型的国际粮商在上游扮演着农产品的生产者和农资供应者；中游则扮演着农产品加工者；下游则利用各自的物流优势控制流通和销售环节，合理分配资源，减少中间成本[④]。除此之外，为了应对农产品价格波动风险，国际粮商利用自身在农业领域的优势和经验，为自己和客户提供风险对冲

① 资料来源：杨传丽（2015）〈大型跨国粮食企业发展模式对中国粮食企业发展的启示与借鉴〉，云南大学。

② 见张秀青（2014）〈国际四大粮商运作模式研究〉，载于《国际经济合作》，2014年第9期，40-44页。

③ 见梁静丽（2015）〈国内外粮食期货市场对比分析〉，河南师范大学。

④ 见李雪竹（2014）〈全球农产品贸易与中国农产品国际竞争力研究〉，载于《农业经济》，2014年第8期，108–109页。

和资金管理，保证企业能够在高风险业态下稳健经营[①]。

大型国际粮商虽然在产业发展和布局中颇具优势，但是其模式也并非不可复制，近年来，许多其他行业的跨国公司也开始积极布局全球农产品贸易，例如嘉能可（Glencore）、丸红（Marubeni）、住友（Sumitomo）、拜耳（Bayer）等已经发展成为新型的粮食贸易商。面对新生力量的竞争，老牌国际粮商在业务归核化的同时，进一步发掘全产业链布局的优势，借助长期发展积累的经验来应对挑战[②]。

2. 中国内地农产品期货市场的发展

2.1 内地农产品期货市场发展的四个阶段

中国内地期货市场自 1988 年起步探索，经过三十多年的发展，期货市场取得了巨大成就，不仅为实体企业发挥规避市场价格风险的功能，也逐步成为内地当代新兴资本市场的重要构成，成为投资者实现资产配置的重要工具市场。回顾内地期货市场的发展历程，可分为四个阶段：起步探索、清理整顿、规范发展、全面发展。

表 2　内地期货市场发展的四个阶段

阶段	时间	重大标识事件
起步探索	1988 — 1994 年	1990 年 10 月郑州粮食批发市场引入期货交易，成为首个商品期货市场
		1992 年 10 月第一家期货经纪公司成立
清理整顿	1994 — 2000 年	1993 年、1998 年两轮整顿，至 1999 年内地期货交易所精简为三家
		1999 年《期货交易管理条例》等系列法律法规相继颁布
		2000 年 12 月中国期货业协会成立，行业自律组织诞生

① 见杨晓东（2018）〈世界粮食贸易的新发展及其对中国粮食安全的影响〉，吉林大学。

② 见张利庠、张喜才（2011）〈外部冲击对我国农产品价格波动的影响研究 —— 基于农业产业链视角〉，载于《管理世界》，2011 年第 1 期，79-89 页。

续表

阶段	时间	重大标识事件
规范发展	2000—2010 年	2006 年 5 月中国期货保证金监控中心成立
		2007 年 3 月国务院颁布《期货交易管理条例》
全面发展	2010 年至今	2010 年 4 月沪深 300 股指期货上市
		2017 年 3 月首个商品期权上市
		2018 年 3 月首个国际化品种原油期货上市
		2019 年 10 月前内地衍生品品种达到 70 个

资料来源：中粮期货研究院。

在内地期货市场三十多年的发展历程中，农产品期货市场也同样历经四个阶段，农产品期货市场从无到有，从新兴发展到规范创新，不断地进步完善[①]。

（1）起步探索阶段（1988 年至 1994 年）

1988 年 6 月，国务院开始选取期货市场品种试点，1990 年底郑州粮食批发市场获批引入期货交易试点，成立内地首个商品期货市场。1993 年 6 月郑州粮食批发市场标准化的期货合约的推出，标志着向期货市场过渡正式完成。郑商所试点后，多家交易所开始出现，同时经营农产品期货业务，截至 1993 年底，内地运行的期货交易所总共达到了 38 个。这一阶段，内地期货市场发展过于快速，各类投机事件、炒作以及逼仓的事件较多。例如内地基本不产咖啡，且居民消费量和贸易额也极低，但某些交易所竟然上市了咖啡期货。另外，各个交易所为吸引客户资源，相互竞争激烈，上市的粮油期货品种存在交叉重叠问题。1993 年 5 月上海粮油商品交易所上市粳米期货品种，到了 8 月内地出现灾情，粮食价格不断上涨，多头占据上风，给当时的居民生活带来了一定困难。至此，国务院于 1993 年 10 月 12 日颁布《国务院关于有效化解期货市场盲目发展的通知》，该通知的出台有效抑制了内地期货市场的泛滥发展。

① 见常清〈中国期货史上的关键抉择〉，载于《金融业发展》，2016 年 6 月 8 日。

（2）清理整顿阶段（1994 年至 2000 年）

前期期货市场的泛滥发展，衍生出一系列负面突发事件，如 1994 年粳米和咖啡的“9609 期货合约”事件、1995 年的 C513 玉米期货价格暴涨事件、1996 年天津红小豆期货事件。1994 年 3 月内地暂停于海外市场进行的衍生品交易，同时国务院对粳米、菜籽油、食糖进行了暂停期货事务处理。1995 年“327 国债期货”事件，进一步促成国务院于 1996 年对期货市场进行第二次整顿，该时期整顿的效果非常显著，这也是农产品期货品种数量、交易量和交易额大幅下滑的主要原因。至 1999 年内地期货交易所精简为三家 —— 上海期货交易所（以下简称“上期所”）、郑州商品交易所（以下简称“郑商所”）和大连商品交易所（以下简称“大商所”）。2000 年 11 月中国期货业协会成立，它的出现影响了整个期货行业监管体系。

（3）规范发展阶段（2000 年至 2010 年）

2001 年，郑商所交易的农产品只有绿豆和小麦，大商所仅有豆粕和大豆两个品种，全国的农产品期货品种一共四个。随着市场秩序平稳发展，农产品期货品种每年都在增加。规范发展的十年时间，农产品期货市场无论是在交易规模还是在交易金额上均在迅速上涨。1992 年，中国证券监督管理委员会（以下简称“中国证监会”）成立，内地期货市场也实现三级监管制度。2006 年 6 月 24 日，中国期货保证金监控中心批准设立，在保障资金安全维护投资主体利益方面的意义深远。

（4）全面发展阶段（2010 年至今）

随着内地期货交易市场的体系逐渐形成之后，内地期货市场推出的期货品种逐渐多样化、结构也更加合理。2010 年以来，内地农产品期货的上市品种也日益增多，截至 2019 年底，共有 22 个农产品期货品种，其中郑商所 13 个，大商所 9 个。此外，2017 年证监会批准郑商所和大商所开展白糖、豆粕期权交易 —— 内地首个场内农产品期权正式落地，内地衍生品市场正式开启期权时代。2019 年 1 月玉米和棉花期权上市。

在期货品种的基础上，进一步发展农产品期权交易，能够更好地满足农业企业精细化、多样化的风险管理需求，对完善农产品价格形成机制、提高农业产业化水平、加快转变农业发展方式无疑具有积极的作用。上市品种的推陈出新，为管理应对期货风险发展内地市场、掌握农产品的国际定价权打下了坚实的基础[①]。期货市场的规范化和法制化程度也逐年提升，各种监管体系以及法律体系进一步完善。2014 年 5 月国务院颁布新的“国九条”文件[②]，此次颁布的文件作为内地深化金融市场改革的纲领性文件有着深远的意义。2016 年中国证监会颁布了《证券期货投资者适当性管理办法》，这是内地出台的首部证券期货方面保护投资者利益的文件。

表 3　内地农产品期货品种的变动（2001 年至 2019 年）

年份	郑商所新增农产品期货品种	大商所新增农产品期货品种	品种总数	注释
2001	普麦、绿豆	大豆、豆粕	4	原期货
2002		黄大豆一号	4	更改名称
2003	强麦		5	
2004	棉花	黄大豆二号、玉米	8	
2006	白糖	豆油	10	
2007	菜籽油	棕榈油	12	
2009	早籼稻		12	绿豆自郑商所退市
2012	菜籽粕、油菜籽		14	
2013	粳稻	鸡蛋	16	
2014	晚籼稻	玉米淀粉	18	
2017	棉纱、苹果		20	
2019	红枣	粳米	22	

资料来源：中粮期货研究院。

2.2　内地农产品期货市场的脱虚向实

内地期货市场自 2001 年恢复发展以来，期货交易所和期货经纪公司

① 见常清〈创新期货交易方式　精准服务实体产业〉，载于《中国证券报》，2016 年 8 月 8 日。

② 〈国务院关于进一步促进资本市场健康发展的若干意见〉，2014 年 5 月 8 日。

都在不断地探索如何更好地发挥期货市场的功能、服务实体经济。内地期货市场已经在套期保值功能的基础上，结合实际考虑，向新的结构性产品方面迈进[①]。

第一，在期货市场成立初期，利用其价格发现的功能，来解决价格双轨制问题，实现大宗商品价格统一由市场形成的目标，完成了商品价格改革的历史任务。

第二，随着期货市场功能的完善和实体企业对期货工具的深入应用，市场参与者日益成熟、市场制度日益完善，期货市场避险的功能和作用也得到进一步发挥，多种创新模式有了施展的空间。

第三，在实体企业取得保值效果后，期货业内就如何更好地服务实体经济的问题展开新的探索和研究，例如期货点价方式在油脂油料、棉花、玉米行业的应用和发展。此外"期货 + 保险"在农产品领域大放异彩，2016—2019 年"中央一号文件"[②]中均有明确提出稳步扩大"期货 + 保险"试点；在 2019 年多部委联合下发的《关于金融服务乡村振兴的指导意见》中也提出：稳步扩大"保险 + 期货"试点，探索"订单农业 + 保险 + 期货（权）"试点。2016—2018 年，期货市场累计开展"期货 + 保险"试点项目 249 个，其中上期所 53 个、郑商所 66 个、大商所 130 个，涉及玉米、大豆、棉花、白糖、苹果和天然橡胶 6 个期货品种，承保现货数量 395 万吨，涉及面积 1 072 万亩，为 39 万农户提供了价格和收入保障[③]。

第四，期权结合期货套保可以优化资金效率，含权贸易针对各种交易风险而采取不同应对策略可以优化贸易模式，将场外期权以贸易条款的方式体现。把期权嵌套进普通的贸易形成"含权贸易"形成了豆粕基差点价

① 见申盼盼、胡一波与李彦蓉（2019）〈我国农产品期货市场现状及发展路径〉，载于《农业工程》，2019 年第 9（8）期，150–152 页。

② 2016 — 2019 年中央一号文件：《关于落实发展新理念加快农业现代化实现全面小康目标的若干意见》、《关于深入推进农业供给侧结构性改革加快培育农业农村发展新动能的若干意见》、《关于实施乡村振兴战略的意见》、《关于坚持农业农村优先发展做好"三农"工作的若干意见》。

③ 资料来源：中国期货业协会。

的新模式、新热点。越来越多的风险管理公司将期现业务和场外期权业务结合，寻找业务突破点，目前应用得比较广泛的有保底价、封顶价以及二次点价等。

2.3 内地农产品期货市场的国际化路径

内地期货市场国际化历程是不断“引进来”加“走出去”的进程。探索起步阶段，内地期货公司和投资者“走出去”开展外盘交易，以境外代理业务为主的期货交易日渐活跃，但因境外代理链冗长、成本高企，导致冲突和风险事件不断发生。1994 年 3 月国务院发文明令禁止境外期货代理业务。清理整顿阶段，内地期货市场国际化进程基本发展滞缓。随着中国加入世界贸易组织（简称 WTO），内地期货市场国际化的进程重启，境内投资者再次“走出去”获得境外套期保值业务参与权限，期货公司也加大“走出去”步伐，在香港和海外设立分支代理机构，同时期货交易所也迈开国际化步伐、谋求突破。

期货品种的国际化是整个期货市场国际化的核心，2018 年是中国内地期货市场品种国际化的元年，当年原油期货上市并同时引入境外投资者、铁矿石和 PTA 期货也引入境外投资者，标志着内地期货市场品种国际化迈出第一步。2019 年天然橡胶“20 号胶”上市，成为内地第四个国际化品种。不过，在农产品市场领域，仍需进一步提速对境外开放的步伐①。

为适应中国在世界日益重要的经济地位转变，内地的农产品期货市场应从单纯地建设内地大宗商品定价中心转向成为具有国际定价权的国际化期货市场，让“中国价格”也成为世界农产品市场定价的重要组成部分。市场的发展应结合内地资本对外开放的新形势，以积极对外推出在国际贸易市场占有巨大份额的农产品的期货为突破口，探索对外开放的思路和策略；同时应不断完善对外开放的相关政策与法规，减少境外投资者入场交易的不必要限制，积极引入境外投资者。

① 见胡俞越（2016）〈我国期货市场国际化的路径选择〉，载于《期货日报》，2016 年 9 月 9 日。

此外，内地农产品期货市场的开放也应加快，扩大合格境外机构投资者范围，使更多的境外投资者参与到内地农产品期货市场交易之中，加强内地与境外期货市场投资主体的流通性；另外须增加市场投资主体的数量并丰富市场主体的类型，同时可以加强内地与境外投资主体交流合作，促进内地市场投资主体的发展。

3. 全球农产品市场及其衍生品的发展前景

3.1 农产品市场全球一体化的变局

农产品市场的全球一体化使得农业生产要素和资本产生了巨大的流动。随着贸易规模的不断加大，国家间的依存度越来越高，但是随着近年中美贸易摩擦的出现，全球农业一体化格局必然会出现变化。

农产品贸易是基础性贸易，不同农产品贸易竞争手段主要通过价格高低、地理优势和附加值等来实现。同时，农产品还具有产品和地理的可替代性，农业贸易竞争随之而来，市场化调节和政府行政干预之间存在长期博弈，农业贸易壁垒也随之产生。

近年中美贸易摩擦的发生有助于打破旧有的全球农业贸易的阻碍，促使各国政府再次审视国家粮食安全，主动减少农业贸易壁垒，减少国际农业贸易的单边依赖，构建多元化的农业贸易信道和方式。

多元化农业贸易通道和方式的搭建会导致国家间农业发展政策和导向的改变，老牌国际粮商的产业布局和产业链优势也可能因此被削弱，新的竞争性企业可能因此获得发展或者拓展机遇。它们可能会借助某些环节或领域的比较优势加入到国际农产品贸易的队伍之中，而这也正是以ABCD为代表的老牌国际粮商的发展之路，老牌的国际粮商在上百年的发展历程中，均经历了数次的时代变革和战争的冲击，但它们每次都将变革和冲击当成发展机遇，或是纵深产业布局，或是开辟贸易路线，不断增强自身的生存和竞争力。中美贸易摩擦对全球农产业一体化的扰动对分布于农业产业链不同环节的企业来说，既是挑战也是机遇。

3.2 中国农产品市场的机遇与挑战

目前内地农产品期货市场的发展在全球市场中的地位越来越重要，但品种数量少、缺乏定价权。在内地经济新常态发展的背景下，农产品市场化加快、价格波动频繁，而且自 2018 年以来的中美经贸摩擦进一步加剧了内地农产品期货的波动和风险，农产品期货的价格发现和套期保值功能仍有待提升。三十多年的发展，内地的郑商所和大商所的国际竞争力不断提高，但是仍然未能取得像欧美发达市场如 CME 与 ICE 的期货定价影响力，在核心竞争力方面仍然有许多需要改善的空间[①]。

面对百年未有的大变局，在新常态、新时代的发展背景下，内地期货行业都亟待变革，农产品期货市场迎来了前所未有的机遇和挑战。

第一，扩展农产品期货新品种。内地的农产品交易品种单一，交易结构也不尽合理。建议内地将合规的农产品期货合约尽快发展上市，例如生猪、大蒜期货等新品种的上市开发。

第二，改进品种结构、退出及修改机制。内地上市的农产品期货品种，只有豆粕、棉花、白糖、豆油、棕榈油、玉米等品种的持仓比例较高，其他品种所占份额较小，存在结构不合理、失衡的现象。部分品种上市后因为合约设计，资金流向，标的物市场认知度，交割制度设计等原因导致参与者少，甚至成为“僵尸品种”，这些品种不论成交量还是成交金额都非常小，很难起到价格发现、套期保值、资源分配功能，大部分价格与现货价格相关度也不高，很难对相关产业起到价格指引作用。

第三，完善立法工作，健全监管体系。要保证期货市场交易秩序平稳，就需要健全的法律法规体系保驾护航，来真正实现“公开、公平、公正”的交易原则。建议尽快推出《期货法》，法律规范才是期货市场健康稳定发展的基石，建立和健全法律法规体系以及监管体制机制。

第四，探索完善期权、指数工具创新。至 2019 年底内地场内期权仅

① 见张国胜与王文举（2019）〈中国期货业发展的阶段性特征及未来展望〉，载于《经济管理研究》，2019 年第 40（11）期，41–55 页。

有 4 个农产品品种，应该加快探索其他农产品期权的上市，探索活跃场内期权市场，为投资者提供更多价格对冲工具、为实体企业套保需求。农产品指数期货能够反映整个农产品市场的价格走势情况，是农产品现货市场的晴雨表，具有许多单一农产品期货所不具备的优点，不仅能够满足套期保值者需求，也能为投资者提供一种新的投资工具。

第五，加快“走出去”步伐，加强内地与香港机构的合作。在“一带一路”倡议及“粤港澳大湾区”发展策略下，内地期货公司应加快“走出去”步伐，推动国际化业务、谋求突破。内地与香港机构应加强合作，积极推动内地期货公司在香港设立国际期货业务平台，促进内地期货市场的国际化转型，为内地与国际投资者提供多元化投资渠道。

04

实践中的大宗商品交易与套期保值

袁恩赐博士

花旗环球金融亚洲有限公司董事总经理

花旗研究部大宗商品亚太主管

Edward L. MORSE，Ph.D.

花旗环球金融有限公司董事总经理

花旗研究部大宗商品全球主管

廖忺

花旗环球金融亚洲有限公司

花旗亚太研究部大宗商品分析师、副总裁

苏筱琳

花旗环球金融亚洲有限公司

花旗亚太研究部大宗商品助理副总裁

摘要

本文就以下各议题展开讨论：（1）大宗商品定价；（2）大宗商品生产者与消费者的套期保值行为；（3）金融市场参与者的大宗商品投资和交易行为；（4）银行和贸易公司等促进大宗商品交易的行为。在综合讨论后，文章重点指出选择正确的基准价格的重要性、分析基准价格得以成功的内在原因，以及其在中国的应用。

1. 大宗商品的实用性及定价

1.1 基本概念

大宗商品的供应和需求通常带有季节性且波动较大，这些特性对大宗商品的消费模式有一定影响。鉴于供应和需求不一定同时发生，商品需要被储存起来以供未来的消费。这种时间上的不吻合可以是常规性及季节性的，这在农产品和能源产品中尤其突出。几千年以来，人们认识到商品的储存有其价值也涉及成本。当市场预期某种商品于未来的使用价值较现在高时，会激励人们对仓储的投资。在现代社会，期货合约中的远期价格可以显示储存某种商品的净现值（net present value）于何时大于即期消费的净现值，例如在期货的“正向市场”（contango）中，远期价格可能会高于购买原材料的费用与仓储成本的总和。当某种商品（例如石油）的储存空间所剩无几时，投资者会基于对该商品仓储的净现值（即仓储行为的价值）的评估来抬高远期价格，并从中获利。

大宗商品一般也高度政治化。全世界超过一半的大宗商品属于农产品和能源类别，即通俗意义上的食品和燃料。一方面民众消费者认为自己有权利购买廉价的商品，另一方面生产者期待高价出售，且希望把提价的“重任”交给第三方机构，例如石油输出国组织（OPEC）。在这样一个“零和世界”中，该类组织被建立以承担价格调整的责任。

1.2 大宗商品的定价

短期来看，供应、需求和库存三个要素最为重要。显然，其中一个要素相对于其他要素的强弱会决定价格下跌还是上涨。但是，季节性因素也很可能直接影响市场平衡。库存是重要的，它可以在绝对量上增加或减少，然而它也会反映出远期需求价值的变化。因此，仅仅因为供应表面上大于需求，并不一定意味着市场疲软。重要的是库存绝对量的变化可以满足未来需求的能力（即可以提供多少天的消费）是增加还是减少。如果需求快速增长，就算库存的绝对水平上升，但能够满足需求的天数可能会减少，这就会使市场看涨而非看跌。当需求增量达到某一水平，使在当前价格下所能向市场提供的最便宜的石油或其他商品都已经被抽空的时候，额外的需求增量就会促使商品价格上涨。比如多一吨铜的增量需求，就可能需要更高成本地开采铜，从而触发铜的价格全面上涨。

长期来看，大宗商品的投资周期也会影响其定价。每种大宗商品都受到周期性趋势的影响，导致生产者前赴后继投入资本响应高价，会对新供应投资过度。这会促使价格猛然下跌而又致使生产者在一段时间内不愿投资新产能，导致了下一段时期的投资不足。农产品的投资周期较短，当前的价格信号可能会诱使农民为此一周期里表现好的产品增加明年产出的播种面积，并减少此一周期表现不佳的农作物的播种面积。从一年到下一年，播种面积的这种变化会相当大地影响产量。干散货（bulk commodities）的周期比农产品要长，而基本金属和贵金属（特别是能源产品）的周期会更长。

市场中也会出现超级周期，但在很大程度上却不可预测。当成本处于很长的稳定期时，价格会向平均价靠拢（均值回归），远期曲线也会较稳定。当然也有成本通胀和通缩的时期。一般来说，科技和技术变革会降低商品生产的长期成本。纵使如此，不同商品的周期很少会重叠。当然商品生产通常都是高耗能的，因此能源价格的变动会使不同商品的周期产生联动性。

多年来，市场有过不少努力，拟通过竞投与发展可交易大宗商品的交易所来把大宗商品金融化，但是总体来说，这些都是只包括少部分大宗商品生产者和消费者的小市场。

金融衍生品和其他金融工具，不管是于交易所场内交易或于场外交易，均有利于投资者买卖大宗商品。这些金融工具为大宗商品投资提供便利，使投资者不必担心收货过程中的仓储成本和风险，这些风险包括农产品的疾病侵染、害虫和鼠患、液体质量的下降、金属生锈或其他问题。市场提供了使生产者和消费者可以套期保值的工具，促进了市场参与者在期货曲线的中长端进行套期保值，短期性的套期保值也可行。在2003年至2007年，对新金融工具的投资刚好在所谓“商品超级周期”中快速增长[①]。若我们看看这些市场中的主要参与者，会发现受托管的资金如退休基金通常会持长仓（即主要是商品买入方），形成大宗商品资产管理的基础。这些（投资）一般都会在期货曲线的近端。除此之外，大宗商品市场也有一些“快钱”（例如对冲基金）进行短期投机。这部分的投资主要集中于期货曲线的前端或短期合约。在大宗商品期货市场短端投资的还有商品交易顾问（CTA）和程序交易者。

2. 大宗商品生产者和消费者的套期保值行为

生产者进行套期保值以锁定未来产出所享有的收入，而消费者进行套期保值以锁定未来商品消费的成本，这些都是通用的风险管理策略。本节讨论国家石油公司、勘探和生产公司、能源消费者、金属生产商与消费者以及农业生产商如何进行套期保值。

大宗商品消费者和生产者进行价格保障的主要目的是规避可能危害现金流并影响长期资本计划的市场风险。通常在以下几种情况会有这样的需要来保障产出的收入：（1）生产者通过发债对新的产出进行融资，而该债务需要在未来某确定时间偿还；（2）产出的收入已指定用于特殊项目；

① 2003 — 2007年的“商品超级周期”指的是商品价格不断上涨，对能源和金属的需求（尤其是来自中国的需求）攀升，而供应则因产出未能配合而紧张，导致供需基本面紧张以致价格上涨。

（3）总体生产水平受到威胁，特别是在价格下跌的情况下；（4）需要保证长期资本计划。对于生产者来说，在可以量化风险防范成本的基础上，通常适合进行下行价格风险管理的套期保值（即对冲）计划，从而最大程度地减少价格波动的影响。大宗商品消费者则适合做上行价格风险管理。但是，有时一些市场参与者可能会放弃战略性的套期保值。一方面，由于现货价格和远期价格的上涨，一些生产商会停止对冲，认为没有必要；另一方面，一些消费者会因价格下跌而停止对冲，他们认为价格可能会长期保持低位。可是价格长期上涨或价格长期下跌是不可能同时发生的。此外，有些被采用的策略不一定是最合适的，例如零成本期权[①]，由于其价格上限，并不一定总是最好的选择，对于生产商来说，其在价格波动或上涨的环境中涉及的成本会很高。“认沽期权保障”[②]有时可能是更好的对冲机制。买入认沽期权进行风险管理和价格保障最简单不过，而且可以通过不同的方式来完成。例如通过结算期为一年的年度掉期，也可以通过月度结算来寻求价格保障，当然也有更复杂的操作方式。但是，套期保值也可能会受企业内部政治因素影响，因为有人可能会对套期保值所产生的损失表达不满。

一些国有企业和石油生产国的政府机构还会进行战略对冲。例如有一产油国的财政部进入市场以保障现金流免受石油销售的影响。国家会执行年度计划，购买认沽期权，为其石油销售价格提供保底。2020 年是特别的一年，提供了一个很好的例子。这年许多其他产油国在油价暴跌后遭受严重的收入损失，而墨西哥连续多年进行的年度对冲计划却保障了其现金流和政府收入。

在美国，独立勘探和生产的公司进行生产者套期保值也广为人知。美国商品期货交易委员会发布每周仓位的数据记录，并在掉期数据存储库

① 零成本期权是一种保护性期权策略，可以抵销认沽期权和认购期权中的溢价。投资者 / 交易员买入价外的认沽期权，同时卖出具有相同到期日和相同溢价的价外认购期权，使认购期权和认沽期权的头寸彼此抵销。这种策略可以通过购买对利润和亏损设置上限和下限的认购和认沽期权来对冲相关资产的价格波动。

② “认沽”期权是一种金融工具，允许期权持有人以预定价格和预定时间出售标的金融资产。当相关金融资产的价格低于预定价格时，行使该期权是有利可图的。

（Swap Data Repository）中进行报告，数据反映出该等套期保值的交易量。举例，2016 年 11 月 29 日至 12 月 6 日当周，ICE 布兰特原油商业空头增加，周度增加了 11.9 万手（1.19 亿桶），是该类别商品自 2011 年有记录以来的第二大单周增幅[①]。这主要因为当时预计 OPEC 的产量协议会导致 2016 年末石油生产增加，同时美国以外的其他主要石油生产国也在增产。

除了绝对价格的水平外，期货曲线的形状也会吸引生产者或消费者进行套期保值。一方面，对于消费者而言，随着期限结构的加强（即期货曲线上近期价格上涨幅度高于远期价格），甚至当期货曲线出现倒挂（即近期价格高于远期价格），将远期价格锁定在低于近期价格的位置（即使不考虑仓储成本对价差的影响）都具有吸引力。另一方面，对于生产者来说，若远期价格高于近期价格，特别是如果价差看起来可能进一步扩大，而价格又高于生产成本的话，就会吸引生产者对冲。如上一节所述，仓储成本是期货曲线形状和对冲活动的关键。

中国大宗商品市场参与者也越来越多地使用金融产品来降低价格风险。例如，中国一家主要的铜生产商于 1992 年开始使用期货市场进行套期保值，并且建立其下属的期货经纪公司为其作内部买卖。它的套期保值策略成功地帮助该公司度过了 2008 年铜价暴跌时的艰难时期。中国金融市场（包括期货市场）这些年来进一步发展扩大了可用的金融工具，并提高了中国公司对风险管理重要性的认识。例如从 2016 年 12 月到 2017 年 4 月 26 日，中国有 20 多家有色金属公司披露了其 2017 年大宗商品期货对冲计划[②]。套期保值的大宗商品种类包括金、铝、铜、锌、锡和镍。

农产品市场方面，生产者的套期保值也会受到月差（time spreads）和仓储成本的影响。如同其他大宗商品进行套期保值一样，农产品供货商需要在考虑库存基础上来管理和确保其现金流量。但是播种、收获、装载和交付都存在时滞，故生产者需要于整个过程中管理其成本和仓储需求。例如，假设期货曲线的前端（即近期价格）受到投资者头寸变动和投机性交

① 资料来源：美国商品期货交易委员会。

② 资料来源：新闻报道。

易活动的压制，致使期现价差比仓储成本大（近期价格远低于远期价格）。在这种情况下，生产者应在期货曲线的远程卖出合约以锁定利润。农业生产者还需考虑套期保值的时限，因为农产品保存不易，容易变质。

3. 金融市场参与者的投资和交易活动

大宗商品的实物生产者和消费者的仓位大小与时限通常不会完全吻合，这就会引起风险溢价，为金融参与者提供成为交易对手的机会。就某些合约而言，生产者较消费者更常进行套期保值。这种“错配”不仅显现于（不匹配的）长仓 / 短仓合约的总数，也会显现于期货曲线的不同位置和单个合约中。例如，生产者主要用（卖出）短期和长期合约来对冲，而消费者则主要利用（买入）短期合约来对冲，很少用长期合约来对冲。因此，金融投资者除了可以从基本面角度去做买卖的决定，还可以利用这些错配的机会来获益。当库存容量几乎抽空或满额时，利用仓储套利的空间就会变得有限，从而引发“凸性”（convexity）可以被跨期阿尔法策略投资者（alpha investors）[①] 获取。许多大宗商品也在需求（例如能源产品）或供应（例如农产品）方面表现出强烈的季节性特征，使得避险需求和风险溢价体现出季节性。

以下分节讨论通常按基本面观点而为的主动管理，以及利用各种风险溢价套利的被动管理。

3.1 主动管理

主动管理（又称积极管理）的经典案例是对价格做出单边趋势的判断。

① “跨期阿尔法策略”利用期货曲线的形状和合同价格因从某一个月度合约转仓至另一个月度合约（例如从第二个月转仓至当月的合约）的价格转变趋势来套取利益。例如，当期货曲线向后倾斜或处于逆向时，投资者将获得正的转仓收益。当临近的合约到期时，由于期货曲线逆向倾斜，因此投资者以较高的价格卖出，并以较低的价格购买了较远期的合约。若曲线形状得以持续且市场状况得以维持，则该远期合约在成为近期合约的过程中，价格将上涨，因此产生正向的转仓收益。

如果交易者对某一商品的基本面分析指出其价格很大机会进一步上涨，他们可以买入该商品（持长仓），反之则持空仓。

由于地点、时间和商品质量不同，同一商品的价格在不同地区及时间等会有所不同，从而带来套利机会。交易者可以利用这些套利机会来获益，同时提高市场效率。一些投资者可能较商品生产者和消费者更能获取全面的信息，从而可以预见到一些生产项目或市场发展的进程时间，而让这些投资者较其他人对于商品的期现价差和区域价差有更好的把握。例如在美国的石油和天然气行业中，一些投资者可以通过关注勘探和生产、中游、炼油和公用事业等多个环节，更好地了解生产进度和新管道上线的日期；通过整合这些数据和建立模型，深入分析行业内和跨行业的大量信息，某些投资者会比市场其他参与者更有优势。

美国的瓦哈天然气（Waha Natural Gas）就是一个例子。2018 年初的前几年，位于美国石油资源丰富的二迭纪盆地（Permian Basin）的瓦哈天然气，与美国基准价格的亨利港天然气（Henry Hub）价格的期货基差跟历史瓦哈现货基差没有太大差异。二迭纪盆地的个别勘探和生产公司可能非常了解自己公司的预期产量，但并不了解其他生产者的预期产量。假设投资者可以预测出石油和相关天然气产量大幅增长（通过各种分析和市场信息），同时可以看到天然气管道容量不足以将所有天然气带出该地区，就可以预测出瓦哈天然气价格将可能会暴跌，甚至可能跌至负价。投资者可以根据这种观点进行交易。这个例子说明，生产者和消费者即使对其本身的商品市场有充分认识，也未必能对能源行业中的多个细分环节有足够广泛及 / 或深入的了解。在这情况之下，投资者可以凭借出色的信息和对行业的了解而跑赢大市。

3.2 被动投资

由于研究文献指出投资大宗商品可以提高经风险调整的收益率（risk-adjusted returns），一些相对被动的投资者可能单纯将大宗商品作为一资产类别纳入其资产配置之中。彭博商品指数（BCOM）和标准普尔商品指数（GSCI）等长仓指数是被动投资者对大宗商品作风险投资常用的工具，这些指数涵盖能源，金属和农产品。然而，由于简单的长仓策略在大宗商品超级周期（牛市行情）结束后变得不再具有吸引力，因此投资者已转向采纳可以获得市场平均收益甚至超额收益的策略，例如基于月间价差或季节性溢价的策略。

（1）大宗商品滚动策略的总收益

除了 BCOM 和 GSCI 等长仓指数之外，一些增强型被动大宗商品指数（enhanced passive commodity indices）还试图通过投资最近月的期货合约并以固定期限滚动（即转仓）来模拟大宗商品的理论收益。例如当期货曲线向上倾斜或处于升水时，投资者可能会获得负的滚动收益。当临近的合约“*t*”到期时，由于期货曲线是向上倾斜的，因此投资者以较低的价格卖出此近期合约，并以较高的价格购买较远期的“*t*+1”合约。若曲线形状得以维持（即类似地向上倾斜）并且类似的市场状况也得以维持，则该远期合约（即将成为近期合约）的价格应会下跌，因此产生负滚动收益。投资者可以通过做空这种负的滚动收益来从中获利，反之亦然。

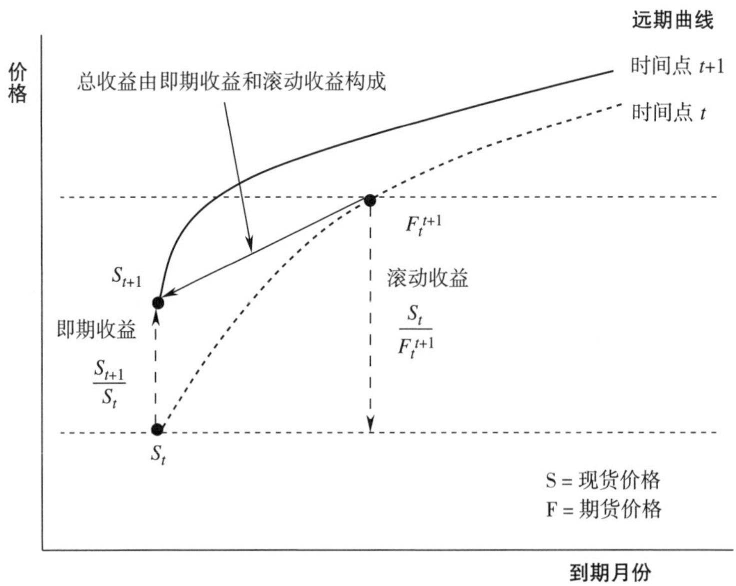

图 1　总收益的构成 —— 即期收益和滚动收益

（2）风险溢价的季节性

季节性波动是大宗商品市场中风险溢价的主要来源之一。与许多金融市场不同，大宗商品期货市场会带有现货市场具有的强烈季节性特征与供需平衡之关系，例如各种能源商品的需求会表现出强烈的季节性变化。较冷的冬季天气会刺激对采暖燃料的需求；炼油厂每年的定期检修和重启会导致其对原油的需求呈现周期性的上升与下降；而夏季则因集中使用空调和冰箱会产生用电量的高峰。同样，由于农作物周期不同，农产品的供应会出现季节性变化，北半球在秋季的收割季节通常会使谷物和其他农作物等软性商品（soft commodities）的供应达到高峰。

此外，需求和供应的极端风险也可能在一年中的特定期间达到顶峰，例如异常寒冷的冬天可能会令对天然气的需求极速增加。其他风险包括美国墨西哥湾沿岸的年度飓风季节，或干旱的夏季会影响美国玉米收获。由于这些季节性因素带来的风险变化，对冲需求自然会集中在一年中的特定月份或期货曲线的特定交割日期附近，风险溢价（不论正或负）亦然。

投资者想要获取季节性带来的额外收益，就必须关注风险溢价的季节性，而这与现货价格的季节性不同，区分这两者很重要。风险溢价定义为期货价格与预期的未来现货价格之间的差额。若期货价格低于预期的未来现货价格，溢价风险会是正数。在这种情况下，投资者购买该期货合约并等到到期日就可能获得额外的回报。但若期货价格高于预期的未来现货价格，风险溢价则为负数。在这种情况下，买入期货合约的投资者预期会亏损。若现货价格的季节性已经在期货曲线中体现出来，那么就再没有季节性的风险溢价可以攫取，投资者也就无法获得额外收益。然而，量化季节性风险溢价是具有挑战性的，因为很难直接观察到预期的未来现货价格，故也无法知道风险溢价。纵使如此，从被动投资的角度来看，生产者和消费者的持续对冲行为可以使投资者捕捉到这样的季节性风险溢价。从更主动的投资角度来看，投资者可以通过对供求基本面及其对价格的影响进行深入了解，从而额外攫取这些季节性风险溢价。

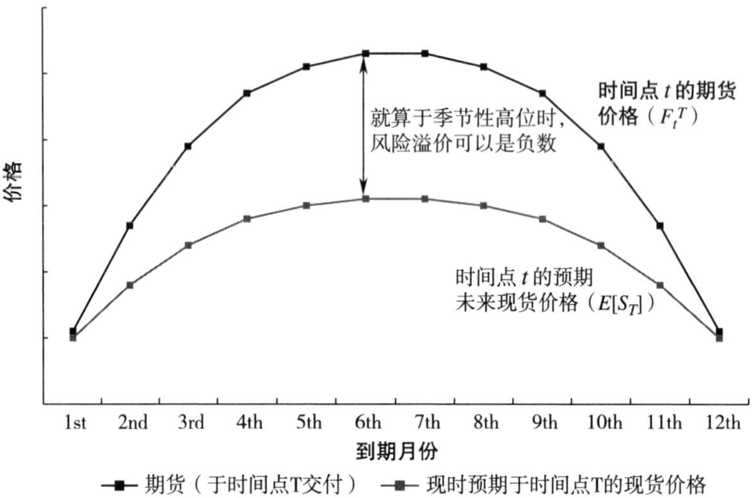

图 2　现货价格季节性高位时的负风险溢价

（3）通胀对冲

投资者经常利用大宗商品和其他实际资产来减少超预期的通货膨胀对投资组合的实际回报所产生的负面影响，其效果会因所涉的资产类别和投资期间而异。当通货膨胀在控制范围内时，一般消费者（同样也是投资者）不会过多担心其购买力的问题。但若通货膨胀较高或投资期延续多年时，投资者所持股票和债券等名义资产的购买力可能会严重受损，而大宗商品（主要是能源和食品）直接或间接构成美国市民大众接近一半的“购物篮”，故会牵动通货膨胀。

区分预期内的通货膨胀和预期外的通货膨胀很重要。预期内的通货膨胀通常已经反映在资产价格中，而预期外的通货膨胀则没有。有关通货膨胀预期水平的调查和一些粗糙的衡量标准通常是短视和回顾性的[①]。但若有既知的固定的投资期间和风险承受能力水平，便

① 参见，例如，Axelrod 与 Sandor 等（2018）“美国家庭对通货膨胀的认识和期望”（“Perceptions and expectations of inflation by U.S. households”），《金融与经济讨论丛刊》（*Finance and Economics Discussion Series*）2018-073，美国联邦储备系统理事会。

能帮助拼凑一个最佳对冲通胀的投资组合。

构建合适的通胀对冲是一个复杂的过程，需要全面了解投资组合与通胀之间的关系。关键步骤如下：

- 评估个别的投资目标及其对非预期通胀的容忍度；
- 决定是转而持有防御通胀的股票 / 债券仓位，还是直接进行通胀对冲；
- 确定有潜力用作通胀对冲的资产类别，例如国债通胀保护证券（TIPS）、房地产投资信托基金（REIT）或大宗商品；
- 确定投资者在直接通胀对冲中的投资期间和风险承受能力； 和
- 根据投资期间内每个潜在通胀对冲的各种风险和通胀对冲特征而优化投资组合。

4. 包括银行和贸易公司在内的中介机构的交易促进者角色

由于商品生产者和消费者通常位于不同的地方，并具有不同的套期保值期限，因此中介机构可以在考虑运输和货运成本的基础上帮助匹配大宗商品生产者和消费者，以达到交易的最佳组合。银行和贸易公司在风险管理方面扮演类似的角色，例如为客户进行套期保值或贸易融资。然而，银行传统上在票据交易、衍生品和定制金融产品方面比较活跃；而贸易公司则更主要涉及实物商品的买卖交付，因为它们拥有更广泛的物流网络以及上下游设施。

银行作为做市商为市场提供流动性，有效促进价格形成，提供风险管理解决方案，以及从事项目融资和贸易融资。作为做市商，银行将买卖双方聚集在市场中，并承担一定的价格风险。一些银行也参与实体（现货）大宗商品市场，但通常只限于帮助生产者和消费者做套期保值。由于大宗商品的运输占用了公司相当部分的营运资金，银行也会提供营运资金解决方案。可是因为监管愈趋严格，尤其是 2008 年全球金融危机之后，使银行对实物资产的持有和在实体市场的参与均受到更大的限制。当银行业成为现代全球金融中不可或缺的组成部分、并且成为金融与实体经济之间的桥梁时，制定法规的目标之一是减少银行可以承担的不必要风险。银行不仅从事贸易融资，而且还参与项目融资，通过信贷扩张来帮助基础设施项目融资。

举一个实例说明银行作为中介的作用。例如，中国的一家空调生产商出于预算目的，可能希望在未来一年内对冲铜价风险，而智利的一家铜矿开采商可能也希望对冲铜价，但其为资本投资作对冲的期限为五年。这里消费者和生产者所需产品（制成的铜产品与铜矿）在时间、期限和地理位置上的错配，催生了对市场中介的需求。这种情况下其他的市场参与者，例如具有长期对冲意愿的企业消费者和看好铜价的投资者，都可以利用中介完成匹配。在这一过程中，银行可帮助促成不同市场参与者的交易活动。

银行密切参与贸易融资和商品交易，皆因商品从卖方 A 到买方 B 的运输通常涉及许多其他参与运输和仓储的交易对手。例如，进口商（即买方）的银行会向出口商（即卖方）的银行签发信用证（Letter of Credit），这是对买方在满足出口商协议条款后的商品付款能力的确认；而出口商则需要出示通常称为提货单（Bill of Lading）的单据，以证明已经将商品装运。

银行还提供其他各类型的融资服务。这些包括在美国页岩油气项目中常见的基于储备的借贷（reserve-based lending）、建筑融资、债务融资（例如银行定期贷款和债券市场私募）、夹层融资（夹层债务和租赁）、集合融资（倒置租赁和资产证券化），以及有限合伙制（master limited partnership）等。融资交易还可能包括衍生品套期保值（利率、外汇、商品、电力），以锁定商品生产的现金流或消费成本。例如，在 Y 国的一个可再生能源项目有一位来自 X 国的外国投资者，这位投资者可能既希望通过债务融资来提供为购买该项目所需的资金，又希望可以进行衍生品对冲来确保未来的现金流。由于这是一次跨境购买，未来的收入可能会从 Y 国汇回 X 国，因此衍生品对冲的类型可能包括融资债务的利率、项目未来现金流的外汇、可再生能源项目的电价，甚至可能使用天然气作为 X 国长期电力价格的替代对冲。

除了以上讨论的交易类型外，所涉及的交易有时也可能产生于投资银行业务部门的并购业务或商业银行部的借贷业务。例如，帮助 A 公司购买 B 公司的银行可以向 A 公司贷款或协助其发行证券融资。但是为了保障其贷款，银行可能会要求 A 公司对 B 公司的国内外生产进行对冲，以确保现金流，这可能涉及对冲利率、外汇和商品生产。

由于在 2008 年全球金融危机之后的监管要求越发趋严，银行通常不再从事自营交易业务（自营业务涉及使用公司自身的资产负债表和资本进行交易），而是主要协助客户进行交易。对于面对监管环境较为宽松的贸易公司而言，自营交易则为其主要业务（见以下的讨论）。

与在商品金融方面较活跃的银行不同，商品贸易公司通常在现货商品世界中更为活跃，充当中介人的角色，将生产者（卖方）和消费者（买方）联系起来。这涉及配对不同地点、不同时区（或期限长短）和不同产品需求（买卖双方的需求错配）的交易。对于贸易公司而言，规模对其运营业务很重要，因为这使得它们可以更好地寻找交易对手、收集市场情报，以及随着利润率下降而须增加收入。在每日大约 1 亿桶规模的全球原油市场中，一些最大的商品交易商每天可单独交易 500 万至 1 000 万桶原油和石油产品，像壳牌和英国石油公司在内的一些大型能源公司自己的贸易部门也像贸易公司一样运作。贸易公司交易量的增长与市场的增长紧密相关。贸易公司也在不断探索新的贸易机会。例如，随着原油业务利润的收窄，液化天然气由于其在不同地区之间的价格差异较大，其贸易自 2018 年以来一直在迅速扩张。实体贸易公司的强项在于他们可以通过自身的资源和网络了解长期分散的区域天然气市场的供求基本面。他们在全球范围内有能力调动油轮及运输其他商品的船只，可以容易地应用于液化天然气的海上运输。

在现货商品市场中，贸易公司可以根据不同地点、时间跨度和产品质量来匹配市场供求。贸易公司还可以通过与原材料生产商的直接关系和承购协议来提供采购服务。贸易公司具有储存能力（例如在运输前将铁矿石储存 6 个月，以配合钢厂所需的时间）。他们可以提供混矿服务（例如将不同种类的巴西矿加以混合以满足买方的品位要求）和物流网络（例如使用铁路车、卡车、驳船和就干散货船将铁矿石从贸易公司的仓库运往客户）。

与银行相比，贸易公司的监管要求宽松得多，因此利用现货市场交易活动和信息操作的自营交易往往是其核心业务。

以下是一例子说明贸易公司如何促进生产者与消费者之间的交易。中国的一家钢厂可能希望在8个月后（生产达到峰值时）购买特定品位的铁矿石用于其钢铁生产，而巴西的一家铁矿石生产商则希望现在将其开采的矿石出售给市场。中国的铁矿石消费者和巴西的生产者不一定彼此认识，也位于不同国家，其购买/销售的时间段略有不同，并且对矿石品位的需求也不同。作为市场中介的贸易公司往往可以位处整个供应链以连接买方和卖方，并将所需的产品交付给买方。在此示例中，他们需要将商品（铁矿石）从巴西运到中国（地点匹配），通过将铁矿石存放在自有仓库中来保证交货时间（时间匹配），并通过混矿来满足中国钢铁厂的需求。

举另一个例子：如果汽车制造商在6个月后需要铝，并且愿意为将来的接货支付溢价，那么具有实物交易能力的市场参与者（即贸易商）可以通过使用现货和期货价差来获利。市场参与者可以以今天的价格（例如每吨1 500美元）购买铝，而在期货市场上以溢价（例如汽车制造商同意以每吨1 600美元）出售，到期日为6个月后。在6个月这期间内，中介商（在本例中为贸易公司）可以以相对较低的成本在自己的仓库中储存铝（假设每吨仓储成本为50美元），从而获利。

5. 选择正确的价格基准

5.1 价格基准得以成功的条件

价格是将金融和现货市场中所有市场参与者联系在一起的关键，因此选择和使用正确的价格基准至关重要。价格基准得以成功需要一些特定的条件。

许多亚洲国家对所谓的大宗商品价格中的“亚洲溢价”，特别是能源价格方面的溢价表示不满。在原油市场里，一些政府和市场参与者认为，建立本地或区域性商品合约可以消除所谓的“亚洲溢价”，并且可以促进更加透明的价格发现，特别是因亚洲地区的大宗商品消费占全球总消费的巨大份额。这些政府和市场参与者认为现在没有可用的合约价格来反映亚洲市场的基本面。比如，能源价格现在主要由北美和欧洲的交易所主导，尽管亚洲的需求和交易活动激增，但是却没有能反映亚洲基本面的价格指数。在一些市场参与者看来，就连中东的阿曼和迪拜原油也不是很好的价格基准，因为中东出口商采用复杂的价格计算方程式，似乎在公平的市场价格上添加溢价。

然而，拥有定价权和使价格更准确地反映区域基本面是两种不同的概念。拥有期货交易所和能源合约（最理想的是它们具有很高的流动性），并不意味着该交易所的主体国家对能源价格有更大的决定权，因为价格反映市场供求关系而非定价权力。具有良好流动性的期货合约应更准确地反映区域基本面，但这不会给东道国带来对基准价格的额外定价能力。

事实上，价格基准得以成功被采纳为全球基准，至少在其初期拥有下述特征。总体而言，要将一大宗商品（例如石油）合约融入到全球市场中，该合约必须证明其价值并体现出比其他品种（例如迪拜作为中等含硫原油的基准）更优胜。就石油而言，以下特征就能让一期货合约确保其标的物原油的流动性、一致性和竞争力，从而使市场参与者对所交付的产品抱有信心，以及确保价格不会受到操纵：

- **高交易量**：有足够的数量进行交易，并且已经有大量的买卖双方可以支持现货销售和非正式的远期市场。
- **产品质量一致**：买家需要确定他们可以使用和定价这种油，而产品的质量经年累月都保持一致。如果质量发生变化，则炼出的成品油的成分会有不同，相对应原有油品的价值也不同。“哑铃化”的混合原油也不甚可取，因为平均原油质量可能看起来相同，但其成品油产出会有所不同，例如原本的原油可以产生更多的中间馏分的成品油，但混合方式的原油则会炼出更多轻质和重质的成品油。
- **供应安全**：市场希望石油供应能得到保证，会有充足的石油持续供应。
- **市场参与者的多样性**：原油的定价必须有竞争力，确保没有参与者

（包括活跃的买卖双方在内）拥有过大的市场力量来扭曲价格。

- **获广泛接受：**市场参与者必须对原油能够广泛交易抱有信心，以及对其广被接纳为可代表其所拥有的等级和来源地的原油也抱有信心。
- **合同的不可侵犯性及法治：**归根结底，对于市场参与者而言，重要的是要能够回本，不会受到市场不公平的对待。毕竟，市场参与者在市场上是为了赚钱，不是为了赔钱。
- **对清算机制的信心：**易于交易以及对交易过程的信心对于吸引参与者进入市场十分重要。整个过程还包括处理交易清算的能力，收集和维持保证金的能力、资金的安全性，以及顺畅与可信赖的储存和交付过程。
- **货币的完全可自由兑换：**这与上述一脉相通，若市场有资本管制或货币不可完全自由兑换会降低市场参与者进入市场的意愿，因为这可导致最终无法将获利汇回。

在原油市场上，布兰特原油于 20 世纪 80 年代初表现出上述所有这些特质。但当其交易量开始下降时，其他原油品种就加入市场。最初有质量相似的两种产品，即 Forties 和 Oseberg，建成了 Brent–Forties–Oseberg（BFO）的组合以增强整体交易量。后来又添加了 Ekofisk 等级，从而形成了 Brent–Forties–Oseberg–Ekofisk（BFOE）的组合。当 Forties 首次与来自 Buzzard 油田的原油混合时，混合后的原油变得更酸，使得 Forties 变成四个原油组成部分（Brent、Forties、Oseberg、Ekofsk）中价格最低的等级。

西得克萨斯州中等质量石油（WTI）也具有上述价格基准的一些特质，但由于其深处内陆，最初无法出口，尤其是由于 2012 年开始的页岩油热潮所引发的生产过剩和基础设施等问题，从表面上看，它本不能成为一个好的全球价格基准。然而，其相应期货交易量支持其巨大的流动性克服了这些挑战。纽约商品交易所（NYMEX）选择 WTI 作为其期货合约的主要交付原油，主要是出于运营原因。广泛的管道网络确保了国内的供应分布够广，而巨大的交易量和流动性使价格能够迅速反映基本面的变化，从而提高价格透明度。可是自页岩油快速发展以来，尽管 WTI 价格在全球已然举足轻重，但由于管道和出口的限制，WTI 价格仍会不时与其他全球原油价格相差甚远——由于这些限制，布伦特/WTI 价差于 2012 年末扩大至每桶近 30 美元[①]，之后对出口限制的放宽极大地帮助消除了这些价差错位。然而，即使美国出口大幅增长，WTI 也很难像布伦特原油那样成为全球价格基准。

5.2 亚洲的案例

出于各种原因，亚洲还没有一个较佳的价格基准。在石油贸易中，布伦特、WTI 和迪拜均位于生产区附近，因此生产商和消费者都可以对冲，但迪拜的交易仍比布伦特和 WTI 少得多。如今，迪拜原油主要以布伦特和迪拜的差价方式用于低含硫原油与高含硫原油的价差交易。在亚洲市场里，马来西亚的 Tapis 和印度尼西亚的 Minas 由于生产量和现货销售量较少，并且只有几家公司控制生产（所以不具高度竞争性），限制了两者成为有效的价格基准。虽然可以以某一消费国的合约作为价格基准，例如一些成熟的商品交易所如伦敦金属交易所（LME）就位处交易活跃的消费国，然而在石油交易中这是否可行是存在疑问的。

在亚洲，一个有趣的案例是大连铁矿石合约，它在全球最大的进口和消费国（中国）市场上推出。自 2013 年推出以来，该合约吸引了大量国内资金，尤其是在 2016 年上半年，当时该合约成为全球交易量最高的十大商品期货合约之一[②]。与上海石油合约中的混合原油情况类似，大连商品交易所（以下简称“大商所”）的铁矿石合约允许以广泛的铁矿石品种作交付，从 65% 的卡拉加斯矿粉到 61% 的罗伊山矿粉，都可用来交付，大部分可交付的产品会有相应的溢价或折扣。大商所已将铁矿石合约的交易开放给境外参与者。

但大商所铁矿石合约的一些特征值得注意。它吸引了大量的散户投机资金，而且现货合约在结算时的价格与活跃交易的合约价格之间存在差异。

① 资料来源：彭博。

② 资料来源：彭博。

由于大量的投机买卖与高频交易，大商所铁矿石的每日交易量一直高于未平仓合约量，这种现象与中国许多其他工业金属期货合约的情况相似，但有别于其他全球交易的金属合约。

大商所铁矿石合约的活跃交易是否有助于中国在铁矿石现货市场上获得定价权尚有争议。一方面，在过去几年中，大商所合约在价格发现方面一直领先于其离岸对手，即新加坡交易所（以下简称“新交所”）的铁矿石掉期合约。大商所提供夜间交易，亦有助其在白天交易时段之后也可以继续进行价格发现。另一方面，我们认为中国铁矿石定价能力的提高主要归因于中国在现货市场中的主导地位 —— 中国是全球最大的铁矿消费国，占全球铁矿海上进口量的 70%[①]。就算没有大商所合约，中国于铁矿的定价能力也会提高。但是大商所铁矿石合约的确也得益于全球其他地区缺乏有力的合约。铁矿石市场的参与者很广泛，有比较均衡的套期保值资金来增加市场流动性，即使这种套期保值交易量与投机流量相比仍然很小。铁矿石的主要做市商包括大型钢铁厂和实物交易公司。铁矿石市场的现货流动性也相当大，通常有大量矿石位于中国港口，其中相当一部分有资格交付大商所合约。最后，铁矿石合约从钢和焦煤合约的活跃交易中吸引了一部分的流动性过来，特别是投机资金，这使市场参与者能够进行“相对价值”策略的交易，包括与钢厂利润相关的交易。

全球投资者和现货参与者的参与对于期货合约的成功至关重要。可靠的价格基准不应与全球其他价格基准大幅偏离，除非受到基本面供需的约束 —— 例如布伦特 /WTI 的价差就由于管道运输的问题扩大至每桶近 30 美元。同时值得注意的是只有大量国内投机者参与合约的交易会使合约价格脱离市场基本面、可作基准的可行合约。事实上，国内投机者既可大量增加流动性，也可破坏其流动性。

交易者和套期保值者通常会选择买卖最具流动性的合约。例如，NYMEX 拥有布伦特合约，但交易量很少，因为布伦特原油交易主要集中

① 资料来源：基于全球贸易资讯服务（GTIS）提供各国进出口数据所得。

于美国洲际交易所（ICE）。回顾过去，即使在逐步淘汰了含铅汽油之后，贸易商也主要使用含铅普通汽油合约（始于20世纪80年代，用于交易和对冲汽油）。尽管有无铅汽油合约可用，但在交易所停止了含铅汽油合约的交易之前其流动性仍然很低。

对于中国内地的交易所而言，适当的流动性和市场参与度有助于推进其发展。一些内地交易所的交易量非常高，但主要来自本地乃至与实体现货市场没有多少联系的日间交易者（投机者）。实体现货市场中真实的买卖双方需要通过本地交易所进行套期保值的交易以助其风险管理，其所需交易的商品种类会是市场中最普遍供应和消费的类别（如石油）。这凸显了价格基准条件里的“质量一致性”、“供应安全”和“获广泛接受”的重要性。由于中国是大宗商品主要进口国，国际供货商就需要参与进来进行套期保值。在这层面上，市场参与者的多样性、合约的不可侵犯性、法治、对清算机制的信心，以及货币的完全可兑换性则显得至关重要。参与当地市场交易的大宗商品消费者通常是本地商业机构，但许多生产者（卖家）却分布于全球，这就需要卖家对跨境交易、接收收益和当地法律体系的公平性感到非常有信心，才会参与当地市场。因此，在这些方面实施强而有力的政策支持会帮助促进国际参与者（至少会考虑）于内地市场进行交易。在某些情况下，这些基础和机制无可避免地会受到考验和压力，如何处理这些问题是证明内地交易所的健全性和吸引力的关键。

6. 结论

大宗商品从古至今都是经济活动的基础。生产者制造以供消费者之用。尽管从理论上讲，实物商品的生产者和消费者应是彼此的自然交易对手，但它们的套期保值时间、计划期、地点、生产或消费的商品的质量与数量等方面都会有所差异，这就让银行和贸易公司等中介机构，以及投资者有机会参与其中，将双方连接在一起，整合成完整的市场。仓储本身可以用来弥补供需的错配，但大多数生产者和消费者很难自发配对，难以在适当的地点和适当的时间形成适当的交易组合。例如，生产商的主要业务是生产某种商品，他们可能更愿意进行长期套期保值；而对大宗商品消费者而言，商品成本可能仅构成其总运营成本的一部分，所以他们可能只对短期套期保值感兴趣。这些时间、地点、商品质量等级和数量上的不匹配为投资者和中介机构提供了套利的空间。贸易公司通常提供服务以弥合现货市场方面的差异，而银行通常弥合金融方面的差异，同时帮助金融投资者攫取由生产者或消费者的套期保值所产生的风险溢价。

对所有市场参与者来说，为相关的大宗商品使用正确的价格基准对于价格发现、交易和套期保值至关重要，而大宗商品交易所可以促进这些交易。于交易所市场上较成功的价格基准，至少在初期阶段均有某些相同的特征，才能成为全球性的价格基准。这些特征包括：交易量大、商品质量稳定、供应安全、市场参与者多样化、获广泛接受、合约的不可侵犯性、法治，对清算机制的信心，以及货币的完全可自由兑换。这些条件也是确保中国内地交易所迈向成功的基础。

05

全球大宗商品衍生产品市场概览

香港交易及结算所有限公司

首席中国经济学家办公室

摘要

大宗商品是指可供公众买卖而供应相当同质化的实物资产，主要种类包括贵金属、基本金属（即非贵金属）、农产品及能源产品。大宗商品的交易是指于实物（现货）市场买卖大宗商品，同时也包括买卖大宗商品衍生产品，当中既有交易所场内的标准化期货及期权产品，也有场外的非标准化产品（例如掉期产品）。

过去十年，场内大宗商品衍生产品的交易呈现上升趋势，伴随的是亚洲区交易所的市场份额不断增加。原因包括：（1）全球经济增长，大宗商品贸易对冲的需求增加；（2）于组合投资中使用大宗商品衍生产品来对冲投资于股本证券及债券等金融产品的风险或单纯用作投资用途的趋势有所增加；及（3）内地经济的崛起进一步推动全球商品贸易的增长及相关的对冲需求，而内地大宗商品交易所的交易活动于全球市场愈益举足轻重。

全球超过一半的衍生产品交易所都有提供大宗商品的衍生产品，多数为期货。大宗商品以产品数目计，领先的是欧美成熟市场，而成交量方面则是内地大宗商品衍生产品交易所占优。大宗商品的四大类别中有三类（贵金属、非贵金属及农产品）按2019年成交量的交易所排名，三家内地交易所中至少有一家位列全球三甲。内地交易所仅于能源产品方面较为逊色，而能源产品却占据了全球大宗商品衍生产品的大部分成交量（主要来自原油期货）。况且海外参与者参与内地大宗商品衍生产品市场仍有很大限制，只有少量指定产品开放给海外参与者。换句话说，内地交易所的高成交量基本上都是来自境内参与者。与西方成熟市场相比，内地交易所的大宗商品合约单位通常较小，成交周转率也相对较高。

随着内地交易所进一步开放发展，全球大宗商品衍生产品市场的格局自当会不断演变。

1. 什么是大宗商品？什么是大宗商品衍生产品？

大宗商品的一个基本经济定义，就是来自天然资源的实物商品，可供公众买卖及其供应是相当同质化[①]。大宗商品包含许多不同的资产类别，涵盖不同的产业，包括贵金属、工业用或基本金属、能源、禽畜及谷物以及其他农产品［通常称为“软商品”，即生产方式为养殖或种植（而非天然提取或开采）的大宗商品］。

大宗商品为实物资产，与股本证券及债券等金融资产不同。金融资产是按资产预期现金流的折现值进行估值，而大宗商品是按实物资产未来可能形成的价格（按实物资产供求等因素计算）的折现预测进行估值[②]。

衍生产品是一种证券，其价值衍生自所挂钩的资产或一组资产（基准）。衍生产品的形式通常包括期货、远期、期权及掉期[③]。大宗商品衍生产品指的是以大宗商品或大宗商品基准为挂钩资产的衍生产品，通常被商品生产商及消费者用于对冲挂钩商品的未来价格变动。另外会有利用挂钩大宗商品价格变动进行投机的投机者，以及利用市场失效的因素（例如市场之间的价格效率有缺失）来谋取利益的套利者，也会买卖大宗商品衍生产品。

大宗商品的交易是指于实物（现货）市场买卖大宗商品，同时也包括于场内或场外买卖大宗商品衍生产品。在衍生产品交易所买卖的是标准化的大宗商品期货及期权合约，而非标准化的远期、期权及掉期产品则于场外进行交易。大宗商品投资者也可选择投资于证券交易所提供的大宗商品结构性产品，包括“交易所买卖大宗商品”（ETC），即追踪挂钩商品指数（以单一或一组大宗商品为基础）表现的交易所买卖基金（ETF）；以及反映挂钩商品或商品指数价格变动的大宗商品差价合约（CFD）。

大宗商品衍生产品的场外交易以往相当活跃。然而，自 2008 年年中

① 资料来源：特许金融分析师协会（CFA）网站（https：//www.cfainstitute.org）。

② 资料来源：同上。

③ 期货合约是交易双方为以协定的价格在未来某个日期购买及交收某项资产而订立的协议。期货合约于交易所进行买卖，条款标准化。远期合约与期货合约类似，但合约条款为买卖双方磋商而定的条款，并于场外（而非于交易所）进行买卖。期权合约是双方之间的协议，以特定的价格在未来某个日期买卖资产，但到该未来日期当天，期权买方不一定要行使其购买或出售资产的权利。掉期合约是用一种现金流交换另一种现金流的协议。大宗商品掉期也是掉期产品的一种，其现金流取决于挂钩商品的价格。掉期产品的交易通常于场外进行。

爆发全球金融危机，揭露了场外衍生产品市场不受监管及不透明的严重问题后，大宗商品衍生产品的场外交易便大幅减少，这有别于大宗商品衍生产品场内交易的稳定增长。下文将探讨全球大宗商品衍生产品的交易趋势。

1.1 场外大宗商品衍生产品的交易

图 1 及图 2 显示 1998 年 6 月底至 2019 年 6 月底的 21 年间未平仓的场外大宗商品衍生产品的合计名义金额及合计总市值[①]［根据国际清算银行（BIS）的半年度场外衍生产品统计数据］。场外大宗商品衍生产品的名义金额及总市值于 2004 年底之后急升，至 2008 年 6 月达到高峰，然后于 2008 年出现的全球金融危机之后的数年间大幅回落。

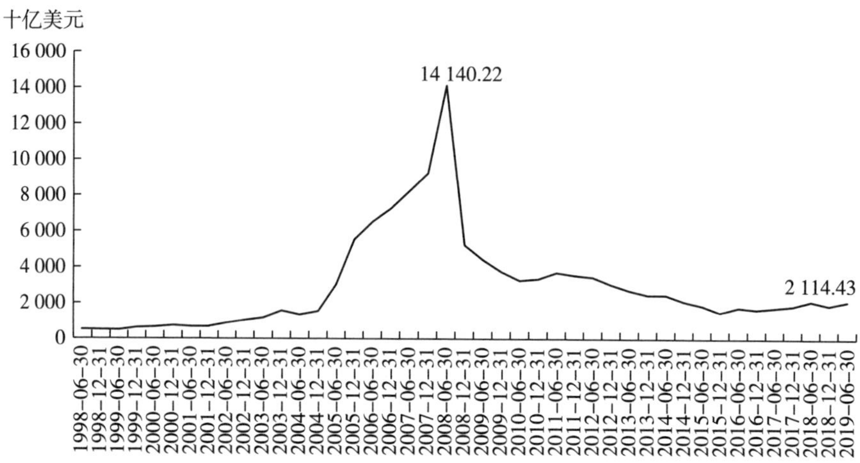

资料来源：载于 BIS 网站的 BIS 场外衍生产品统计数据。

图 1 场外大宗商品衍生产品的合计名义金额（1998 年 6 月至 2019 年 6 月）

① 根据 BIS 统计数据的定义，未平仓合约的总市值（gross market value）所反映的是万一市场参与者所有对手方均未有支付合约付款而要按报告日期的市价取替合约时，对市场参与者所可能招致的最大损失。

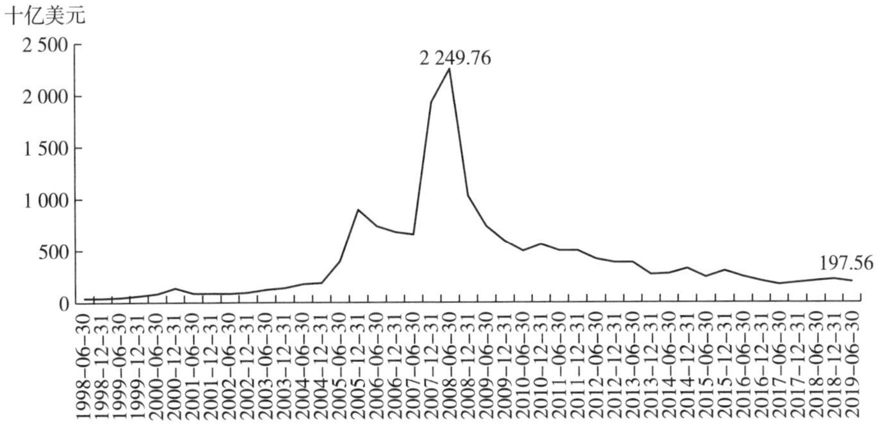

资料来源：载于 BIS 网站的 BIS 场外衍生产品统计数据。

图 2　场外大宗商品衍生产品的合计总市值（1998 年 6 月至 2019 年 6 月）

场外大宗商品衍生产品交易之前的急升，是伴随着 2007 年美国爆发次贷危机、房地产泡沫爆破后的大宗商品价格（例如油价）飙升。究其原因，可能是房地产及其他投资的投机性资金流入大宗商品，及 / 或全球急速发展使市场忧虑原材料短缺，令相关市场纷纷出现长仓。然而，2008 年的全球金融危机暴露了场外市场缺乏透明度的问题，市场在金融危机后进行一系列的监管改革之后，场外大宗商品衍生产品市场进一步作出标准化，并更倾向于对场外大宗商品合约进行中央结算[①]。

根据国际掉期与衍生工具协会（ISDA）的资料，场外大宗商品衍生产品市场的标准化程度已相当高。几乎所有场外大宗商品衍生产品的交易均按标准法律条款进行，这些标准法律条款一般为双方协定的 ISDA 主协议中所载的条款或（就部分情况而言）有关国家的同等条款。绝大部分合约均透过“确认对盘平台”以电子方式确认。透过产品模板化及于大部分非经济界别采用市场惯例标准，交易其实非常标准化。行业框架现已使交易在条款定制化的同时仍可享有标准化基础设施带来的好处。

① 资料来源：《场外大宗商品衍生产品交易程序生命周期事纪》（OTC *Commodity Derivatives Trade Processing Lifecycle Events*），国际掉期与衍生工具协会（ISDA）白皮书，2012 年 4 月。该白皮书亦是本节所载的场外大宗商品衍生产品市场的资料来源。

场外大宗商品衍生产品市场的交易流程已采用极高水平的直通式处理模式，包括使用电子交易记录系统、透过确认对盘平台确认交易，以至采用中央交易对手方（CCP）结算。非中央结算的交易亦广泛采用双边抵押品安排。大宗商品期货、期权及远期产品交易中有很高比例于交易所进行，并透过 CCP 进行结算。不少交易所均为场外交易提供 CCP 服务。交易所旗下为大宗商品衍生产品交易提供有关场外结算服务的结算所包括：ICE Clear（油气产品、原油、煤、排放物等）、CME Clearport（天然气、基本金属、贵金属、油品、原油、农产品等）及 LCH.Clearnet（基本金属、贵金属、塑料产品、货运、铁矿石等）。另外，透过经纪、报价机构、电子交易平台或确认服务以及结算所等各式市场机构，交易前及交易后的透明度都相当高。

1.2　场内大宗商品衍生产品的交易

大宗商品以衍生产品的形式（一般为期货及期权）于全球交易所进行买卖。根据美国期货业协会（FIA）的分类，场内期货及期权的挂钩大宗商品资产分为四大类 —— 贵金属、非贵金属（即基本金属）、农产品及能源产品。这些衍生产品以实物商品为挂钩资产，不同于金融衍生产品的挂钩资产类别［包括股本证券（指数及个股）、利率及货币］。

图 3 及图 4 显示 2009 年至 2019 年全球各资产类别的场内衍生产品年度成交量及年末未平仓合约量的增长趋势。按成交量及未平仓合约量计，股本证券衍生产品均贡献最大，但大宗商品衍生产品的占比亦见上升，于成交量的占比由 2009 年的 12% 升至 2019 年的 18%，同期于未平仓合约量的占比则由 8% 升至 11%（见图 5）。值得注意的是，因其于成交量及未平仓合约量中占比的差距，大宗商品衍生产品的周转率（于一段期间内的成交量相对于期末未平仓合约量的比率）较金融衍生产品的周转率为高，并由 2009 年的 38% 攀升至 2019 年的 66%（见图 6）。

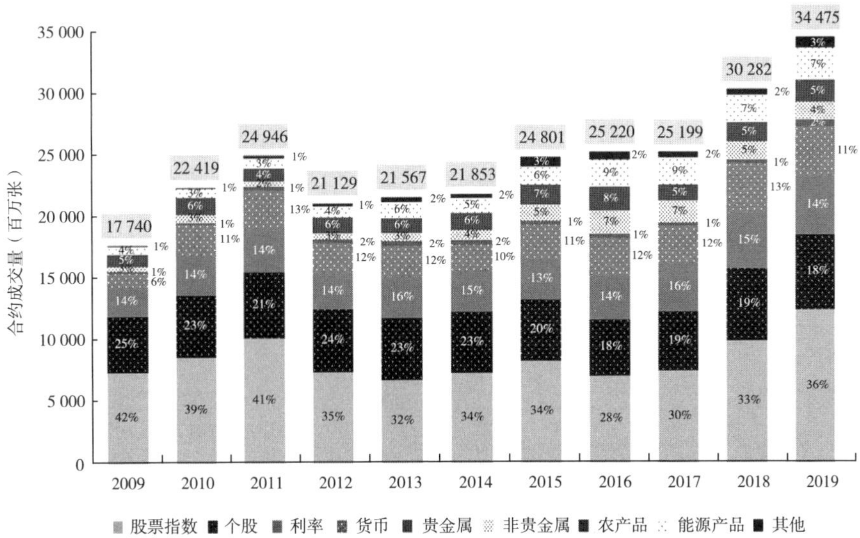

资料来源：FIA 月度统计数据（各年的 12 月份报告）。

图 3　全球交易所所有衍生产品的年度成交量（按资产类别划分）（2009 年至 2019 年）

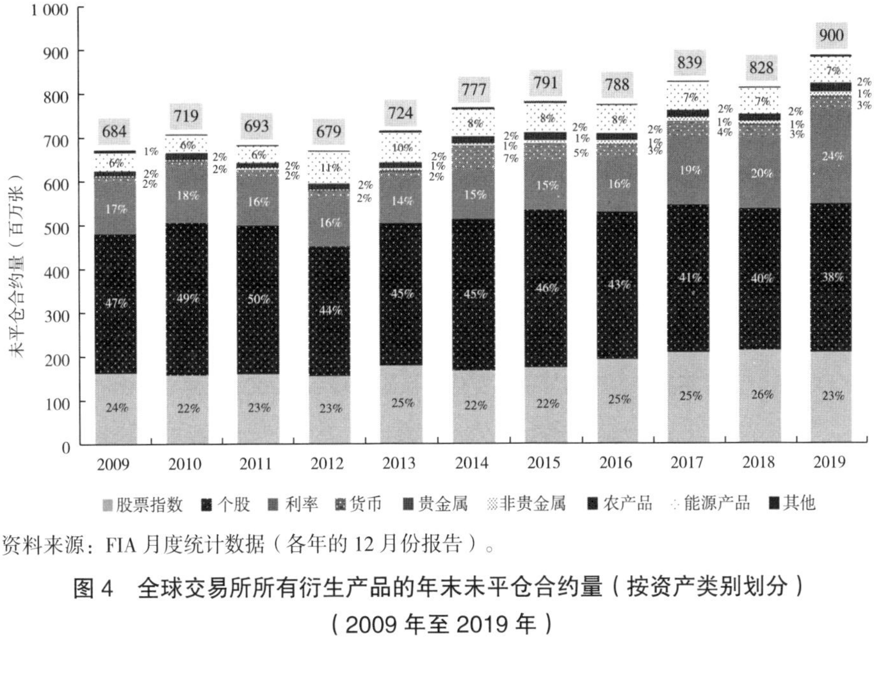

资料来源：FIA 月度统计数据（各年的 12 月份报告）。

图 4　全球交易所所有衍生产品的年末未平仓合约量（按资产类别划分）（2009 年至 2019 年）

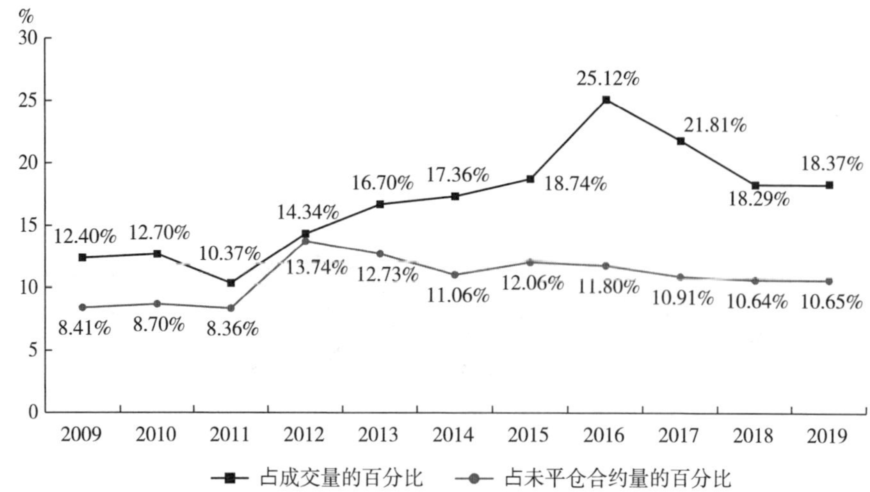

资料来源：按 FIA 月度统计数据（各年的 12 月份报告）计算。

图 5　大宗商品衍生产品于全球衍生产品成交量及未平仓合约量的占比（2009 年至 2019 年）

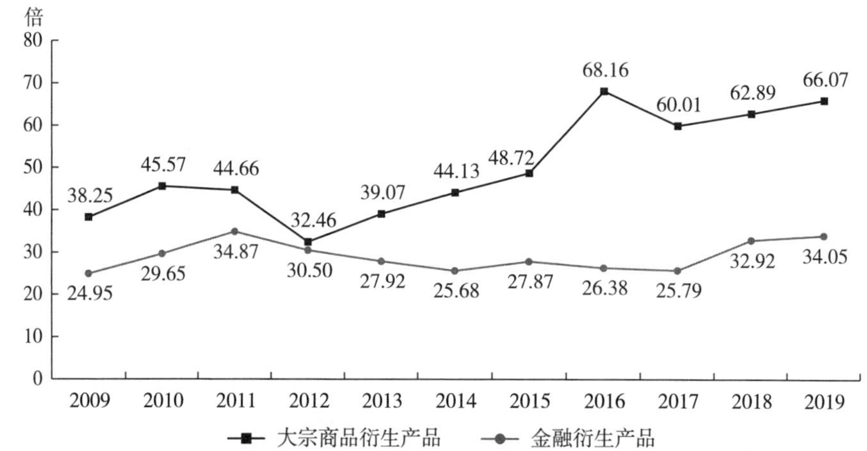

资料来源：按 FIA 月度统计数据（各年的 12 月份报告）计算。

图 6　大宗商品衍生产品与金融衍生产品的周转率（2009 年至 2019 年）

在大宗商品衍生产品所占比率及周转率逐步增长的同时，亚洲区交易所在全球衍生产品的成交量及未平仓合约量的占比也不断增加——于成交量的占比由 2009 年的 35% 升至 2019 年的 42%，于未平仓合约量的占比由 2009 年的 4% 升至 2019 年的 9%（见图 7 和图 8）。

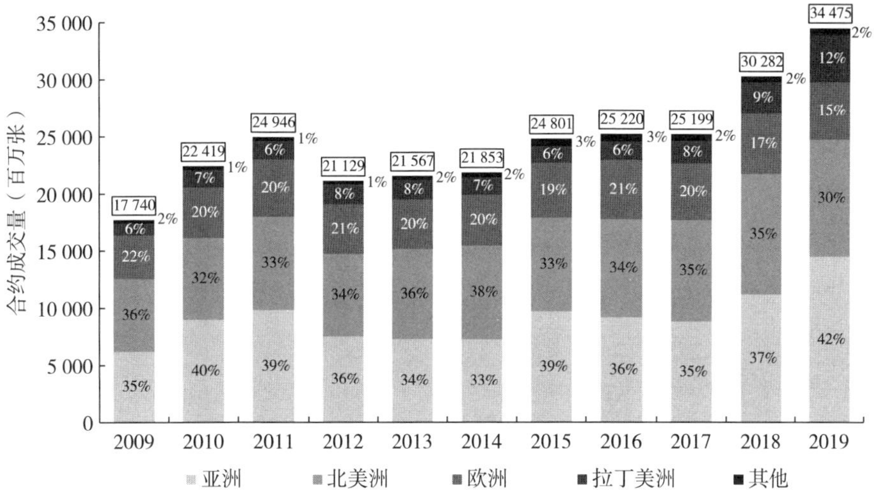

资料来源：FIA 月度统计数据（各年的 12 月份报告）。

图 7　全球交易所所有衍生产品的年度成交量（按地区划分）（2009 年至 2019 年）

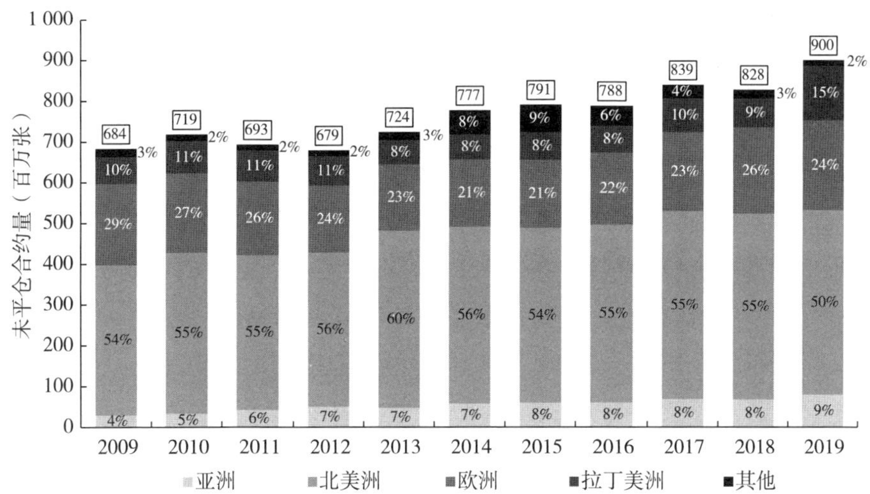

资料来源：FIA 月度统计数据（各年的 12 月份报告）。

图 8　全球交易所所有衍生产品的年末未平仓合约量（按地区划分）（2009 年至 2019 年）

将数据进一步分析，更可见到 2009 年至 2019 年间，亚洲区交易所在全球大宗商品衍生产品成交量中的占比于 55% 左右的水平上落（最高为 2016 年的 61%），但其于未平仓合约量中的占比却由 9% 大幅增长至 20%（见图 9 和图 10）。期内亚洲区交易所的大宗商品衍生产品成交量及未平仓合约量的复合年均增长率分别达 111% 及 114%，超越美洲的交易所并与欧洲的交易所相若[①]。

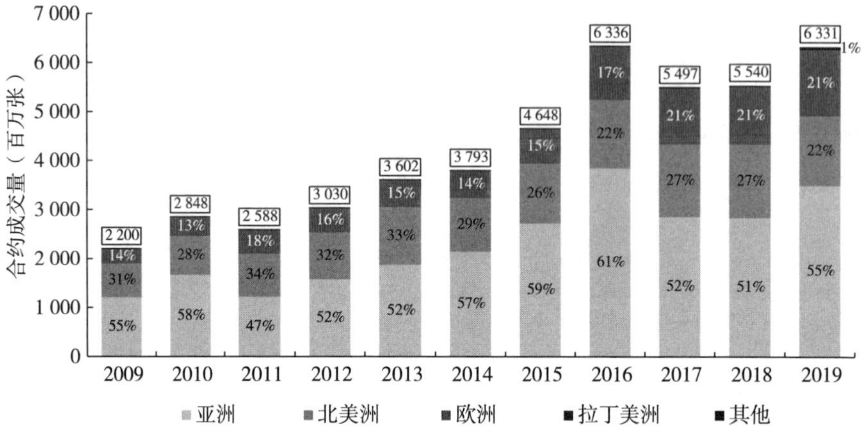

注：不包括 FIA 统计数据中归类为“其他”的产品（涉及的资产类别包括大宗商品及非大宗商品）。
资料来源：FIA 月度统计数据（各年的 12 月份报告）。

图 9　全球交易所大宗商品衍生产品的年度成交量（按地区划分）（2009 年至 2019 年）

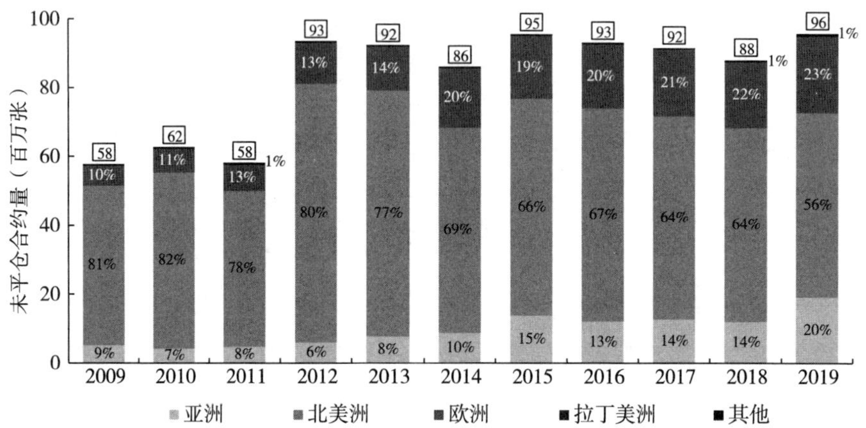

注：不包括 FIA 统计数据中归类为“其他”的产品（涉及的资产类别包括大宗商品及非大宗商品）。
资料来源：FIA 月度统计数据（各年的 12 月份报告）。

图 10　全球交易所大宗商品衍生产品的年末未平仓合约量（按地区划分）（2009 年至 2019 年）

① 期内各地区交易所的成交量及未平仓合约量的复合年均增长率如下：北美洲为 108% 及 101%，拉丁美洲为 104% 及 103%，欧洲为 116% 及 115%。资料来源：按 FIA 统计数据计算。

大宗商品衍生产品交易活动及亚洲区交易所所占比率同见增长，主要原因有三个：

（1）**全球经济增长** —— 全球经济的增长自然刺激大宗商品的生产、消费使用及贸易增长，令大宗商品生产商及消费者利用大宗商品衍生产品对冲其实物商品仓盘的需要越来越大。对冲活动增多，大宗商品衍生产品交易自然增加。

（2）**组合投资使用大宗商品衍生产品的趋势上升**[①] —— 全球投资者可利用大宗商品衍生产品对冲其股本证券或债券投资的风险，或在低息环境下寻求较高回报。此外，大宗商品投资工具（例如大宗商品期货指数基金）的供应不断增加，投资者随时可以将这些产品加入其全球性投资组合，增加其投资资产的类别。

（3）**中国经济及内地大宗商品交易所的崛起** —— 中国已是全球经济增长的主要动力。截至 2018 年末的十年间，中国的国内生产总值年均实际增长率达 12.7%，大幅高于全球经济的 3.5%[②]，2010 年中国已超越日本成为全球第二大经济体[③]。其间，除经济增长外，为应对内地大宗商品行业日益增长的对冲需求，内地的大宗商品衍生产品交易所的地位亦不断提高。

2009 年时，三家提供大宗商品衍生产品交易服务的期货交易所 —— 上海期货交易所（以下简称“上期所”）、郑州商品交易所（以下简称“郑商所”）及大连商品交易所（以下简称“大商所”）—— 的衍生产品成交量都打不入全球十大，未平仓合约量方面更落在二十名以外[④]。十年后，该三家交易所已成为全球衍生产品成交量最高的

① 见 Parantap Basu 与 William T. Gavin（2011）〈大宗商品衍生产品增长的原因为何？〉（“What explains the growth in commodity derivatives？”），《圣路易斯联邦储备银行评论》（*Federal Reserve Bank of St. Louis Review*），2011 年 1 月 / 2 月。

② 资料来源：Wind。

③ 资料来源：〈中国取代日本成为全球第二大经济体〉（“China overtakes Japan as world’s second-biggest economy”），BBC 网站的《BBC 新闻》（*BBC News*），2011 年 2 月 14 日。

④ 资料来源：有关排名是根据 FIA 月度统计数据（2009 年 12 月份报告）所得。

三家交易所，未平仓合约量方面也位列十大（详见下文第 3 节）。

2. 全球提供大宗商品衍生产品的交易所

截至 2019 年年底，全球有 83 家交易所向 FIA 汇报衍生产品数据，当中涉及大宗商品衍生产品的占 45 家，共提供 1 463 只大宗商品衍生产品[①]（见表 1），其中大部分为期货（1 162 只，占总数 79%），少数是期权。在大宗商品资产四大类别中，能源产品占数最多，共 876 只，占总数 60%（占期货 63%，占期权 46%）；其次为农产品，共 308 只，占总数 21%（占期货 18%，占期权 34%）。提供大宗商品期货的交易所数目（44 家）较提供大宗商品期权的交易所数目（28 家）为多。非贵金属产品的数量最少（24 只期货及期权），有提供这类产品的交易所亦占数最少（17 家）。（2019 年年底提供大宗商品衍生产品的交易所完整名单载于附录。）

表 1　全球交易所提供的大宗商品衍生产品（2019 年年底）

产品类型	资产类别	提供产品的交易所数目	产品数目	占该类资产产品数目的比重
期货	贵金属	22	106	9.1%
	非贵金属	16	85	7.3%
	农产品	33	206	17.7%
	能源产品	27	737	63.4%
	其他	6	28	2.4%
期货总计		44	1 162	100%
期权	贵金属	11	28	9.3%
	非贵金属	8	29	9.6%
	农产品	19	102	33.9%
	能源产品	11	139	46.2%
	其他	2	3	1.0%
期权总计		28	301	100%

① 本文有关 2019 年大宗商品衍生产品及交投活动的详尽分析中，除另有指明外，是将 FIA 数据内归类为“其他”的产品按相关资产重新分类为大宗商品衍生产品及非大宗商品衍生产品。归入大宗商品衍生产品类者，在分析中列作“其他”大宗商品类别，其相关资产包括化学产品及大宗商品指数。

续表

产品类型	资产类别	提供产品的交易所数目	产品数目	占该类资产产品数目的比重
期货及/或期权	贵金属	24	134	9.4%
	非贵金属	17	114	7.8%
	农产品	34	308	21.1%
	能源产品	28	876	59.9%
	其他	6	31	2.1%
总计		45	1 463	100%

注：由于四舍五入之误差，百分比的总和未必相等于100%。
资料来源：FIA月度统计数据（2019年12月份报告）。

多家交易所当中，美国的纽约商品期货交易所（NYMEX）提供最多数量的大宗商品产品（576只，占2019年年底全球总数的39%），当中绝大部分都是能源产品（561只，占全球能源产品总数的64%）。同样位于美国的Nasdaq NFX紧随其后，但其所提供的大宗商品产品数目（118只，占全球总数的8%）远低于NYMEX。事实上，按大宗商品的产品数量计，十大交易所中有六家都位于美国。若期货和期权分开计算，2019年年底期货及期权产品数目最多的十大交易所中有五家都是位于美国。以大宗商品期权产品数目计算，美国的交易所占了前四位（见图11）。

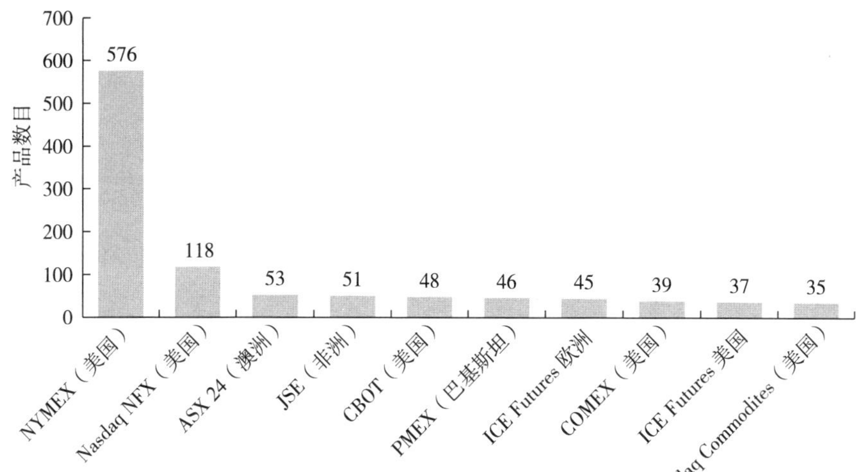

（a）期货及期权

资料来源：FIA月度统计数据（2019年12月份报告）。

图11　大宗商品衍生产品数目最多的十家交易所（2019年年底）

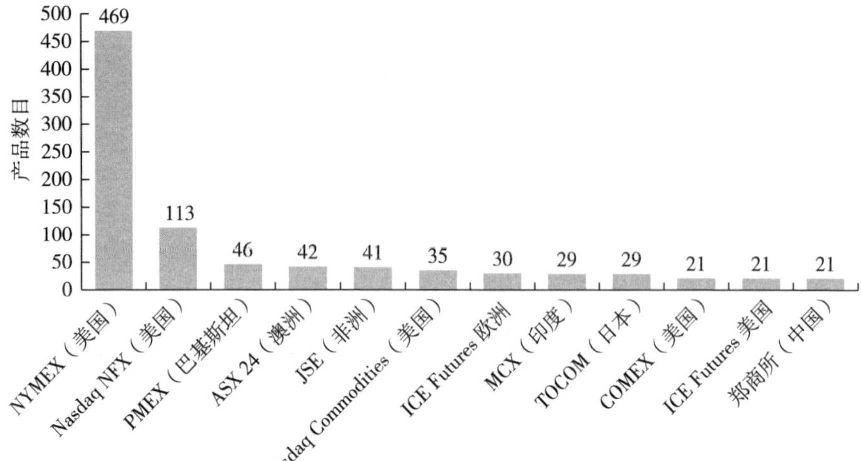

（b）期货

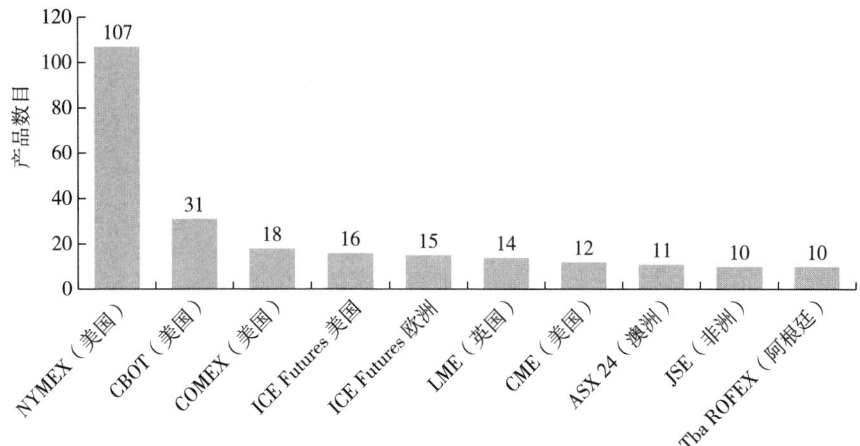

（c）期权

资料来源：FIA 月度统计数据（2019 年 12 月份报告）。

图 11　大宗商品衍生产品数目最多的十家交易所（2019 年年底）（续）

图 12 显示 2019 年年底各大宗商品资产类别产品数目最多的五家交易所。最多贵金属产品的是巴基斯坦商品交易所（PMEX）；最多非贵金属产品的是伦敦金属交易所（LME）；农产品最多的是芝加哥期货交易所（CBOT）；而能源产品最多的是 NYMEX。

就成交量而言，2019 年期货产品占各大宗商品资产类别的总成交量逾九成，期权产品只占少数（见表 2）。同年年底大宗商品衍生产品的未平仓合约量中，亦以期货产品占多数，只是比率不及其占成交量的比率高（见

表3）。这反映了商品期货作为大宗商品行业对冲工具首选的真正特性。（有关交易活动的进一步详细分析见第3节。）

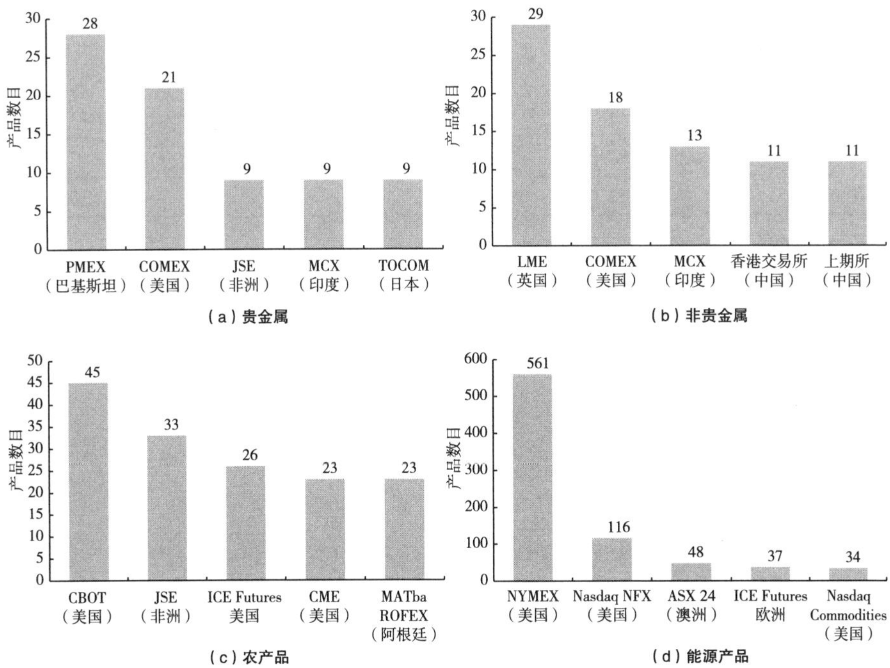

资料来源：FIA月度统计数据（2019年12月份报告）。

图12　各资产类别大宗商品衍生产品数目最多的五家交易所（2019年年底）

表2　全球大宗商品衍生产品按种类于场内的成交量（2019年）

资产类别	成交量（百万张合约）		占比（%）	
	期货	期权	期货	期权
贵金属	562.53	19.77	96.60	3.40
非贵金属	1 423.91	15.85	98.90	1.10
农产品	1 650.58	117.14	93.37	6.63
能源产品	2 403.36	138.23	94.56	5.44
其他	886.48	0.39	99.96	0.04
整体	**6 926.87**	**291.38**	**95.96**	**4.04**

资料来源：FIA月度统计数据（2019年12月份报告）。

表 3 全球大宗商品衍生产品按种类于场内的未平仓合约量（2019 年年底）

资产类别	未平仓合约量（百万张合约）		占比（%）	
	期货	期权	期货	期权
贵金属	3.44	1.46	70.16	29.84
非贵金属	7.50	1.22	86.03	13.97
农产品	17.04	5.36	76.08	23.92
能源产品	45.39	14.43	75.88	24.12
其他	3.53	0.08	97.85	2.15
整体	76.89	22.54	77.33	22.67

资料来源：FIA 月度统计数据（2019 年 12 月份报告）。

3. 全球场内大宗商品衍生产品的交易活动

3.1 大宗商品衍生产品交易的增长趋势

在过去十年，全球交易所的大宗商品衍生产品交易激增 —— 成交量及未平仓合约量的整体复合年均增长率分别高达 111% 及 105%，各资产类别的两者复合年均增长率亦全部超过 100%。能源产品自 2016 年起超越农产品，连续四年成为最高交易量的资产类别；2009 年至 2019 年间，能源产品的未平仓合约量一直占市场总数超过一半。（见图 13 和图 14）

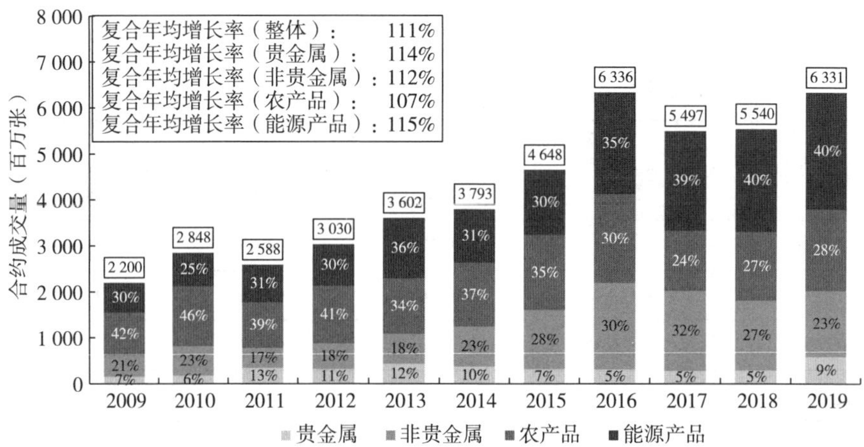

注：不包括 FIA 统计数据中归类为“其他”的产品（涉及的资产类别包括大宗商品及非大宗商品）。
资料来源：FIA 每月统计数据（各年的 12 月份报告）。

图 13 大宗商品衍生产品的年度成交量（按资产类别划分）（2009 年至 2019 年）

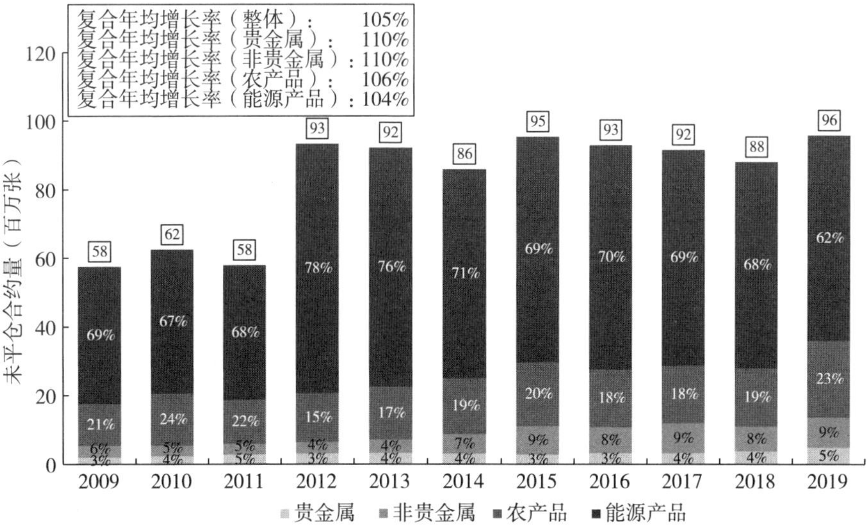

注：不包括 FIA 统计数据中归类为“其他”的产品（涉及的资产类别包括大宗商品及非大宗商品）。
资料来源：FIA 每月统计数据（各年的 12 月份报告）。

图 14　大宗商品衍生产品的年底未平仓合约量（按资产类别划分）（2009 年至 2019 年）

仔细观察 2019 年场内大宗商品活动的构成，能源产品占期货成交量的 35%，占期权成交量的 47%，农产品则分别占 24% 及 40%。由于期货占大宗商品衍生产品总成交量的 96%（其余 4% 为期权），因此能源产品亦占全球交易所大宗商品衍生产品总成交量的 35%，其次是农产品（24%）。（见图 15）

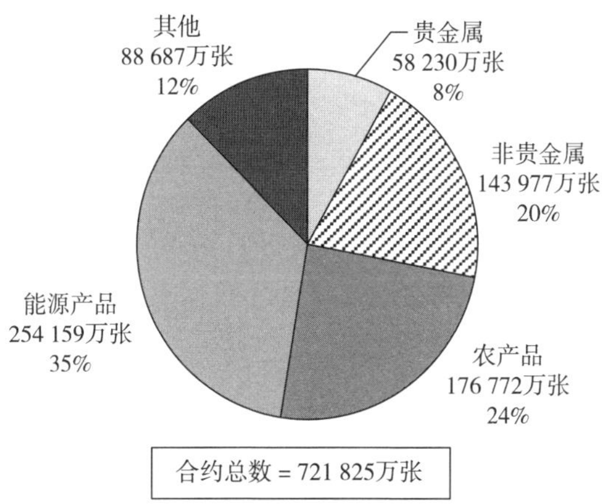

（a）期货及期权

注：由于四舍五入之误差，百分比的总和未必相等于 100%。
资料来源：FIA 每月统计数据（2019 年 12 月份报告）。

图 15　全球大宗商品衍生产品的成交量（按资产类别划分）（2019 年）

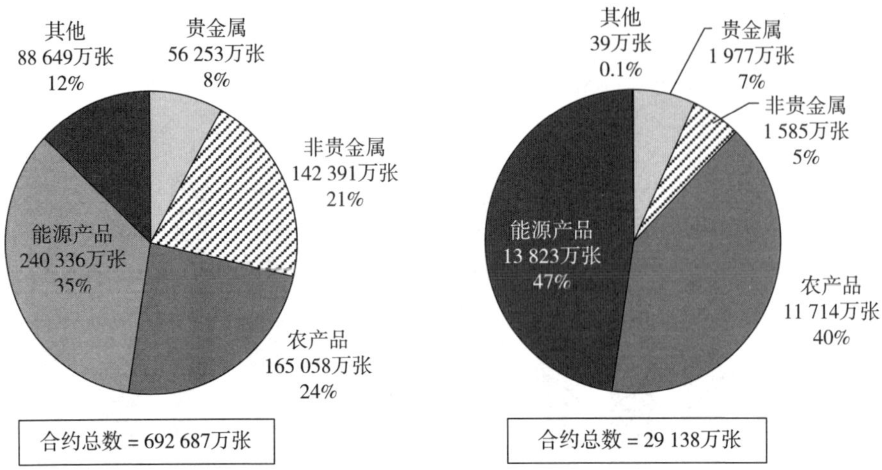

（b）期货　　（c）期权

注：由于四舍五入之误差，百分比的总和未必相等于 100%。

资料来源：FIA 每月统计数据（2019 年 12 月份报告）。

图 15　全球大宗商品衍生产品的成交量（按资产类别划分）（2019 年）（续）

大宗商品交易活动的地域分布方面，大宗商品期货的交易大多数在亚太区的交易所进行（占 2019 年成交量的 63%），而大宗商品期权的交易则大多数在北美的交易所进行（占 2019 年成交量的 64%）。由于商品期货交易量占据大宗商品衍生产品交易量的大部分，因此 2019 年亚太区交易所占全球大宗商品衍生产品总成交量的大部分（61%）。（见图 16）

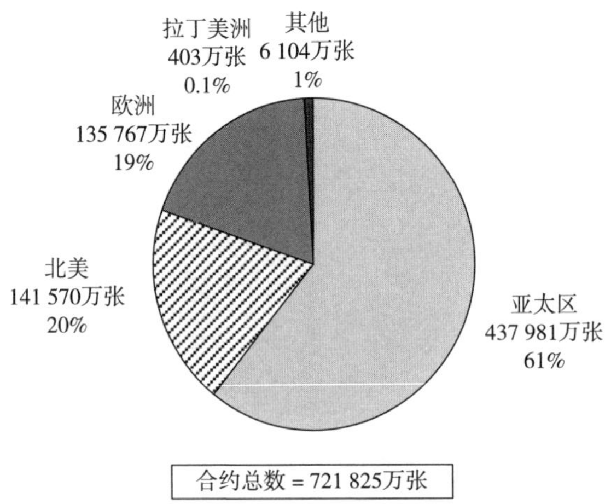

（a）期货及期权

注：由于四舍五入之误差，百分比的总和未必相等于 100%。

资料来源：FIA 每月统计数据（2019 年 12 月份报告）。

图 16　全球大宗商品衍生产品的成交量（按地区划分）（2019 年）

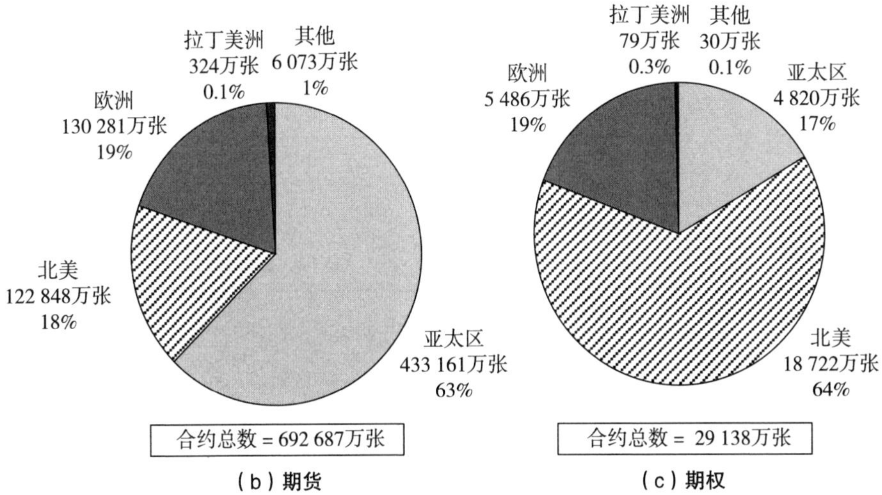

注：由于四舍五入之误差，百分比的总和未必相等于 100%。

资料来源：FIA 每月统计数据（2019 年 12 月份报告）。

图 16　全球大宗商品衍生产品的成交量（按地区划分）（2019 年）（续）

3.2　主要大宗商品交易所

图 17 及图 18 显示，2019 年大宗商品衍生产品按成交量及年底未平仓合约量排名最高的二十家交易所。三家内地交易所（上期所、大商所及郑商所）的成交量位列三甲，但按未平仓合约量的排名则低于欧美的交易所。要注意的是，有别于允许自由入市的西方成熟市场，内地衍生产品市场目前严格限制外资参与[①]。换句话说，内地交易所的高成交量基本上完全来自境内参与者。

① 外国参与者只可买卖数只指定产品（见陆家嘴论坛网站上所载中国证券监督管理委员会主席于 2019 年 6 月 13 日在第十一届陆家嘴论坛上的演讲）。

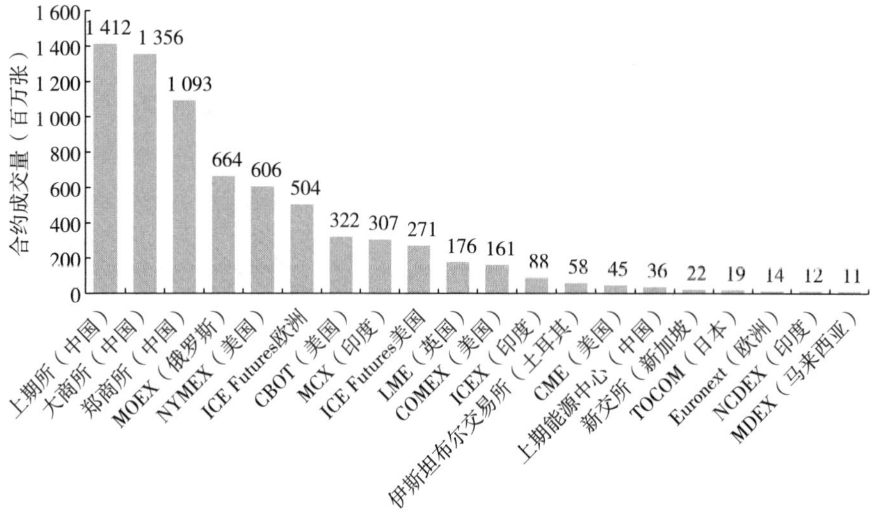

资料来源：FIA 每月统计数据（2019 年 12 月份报告）。

图 17　大宗商品衍生产品成交量最高的二十家交易所（2019 年）

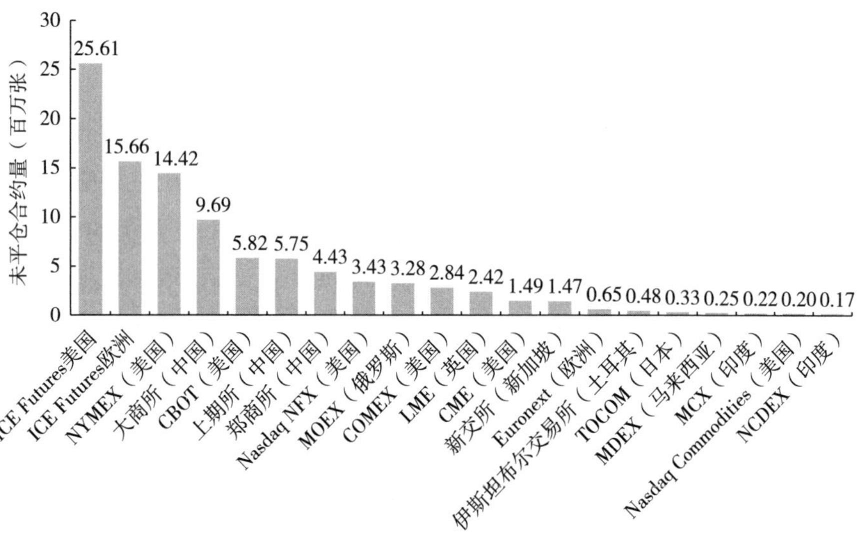

资料来源：FIA 每月统计数据（2019 年 12 月份报告）。

图 18　大宗商品衍生产品未平仓合约量最高的二十家交易所（2019 年年底）

按资产类别计，2019 年上期所于贵金属和非贵金属成交量的排名中居首，贵金属成交量排名第二及第三分别是美国的 COMEX 和印度商品交易所（ICEX），非贵金属成交量排名第二及第三则分别是大商所和 LME；大商所在全球交易所的农产品成交量中排名最高，其次是郑商所和 CBOT；俄罗斯的莫斯科交易所（MOEX）的能源产品交易量领先其他交易所，紧随其后的是 NYMEX 和 ICE Futures 欧洲。（见图 19）

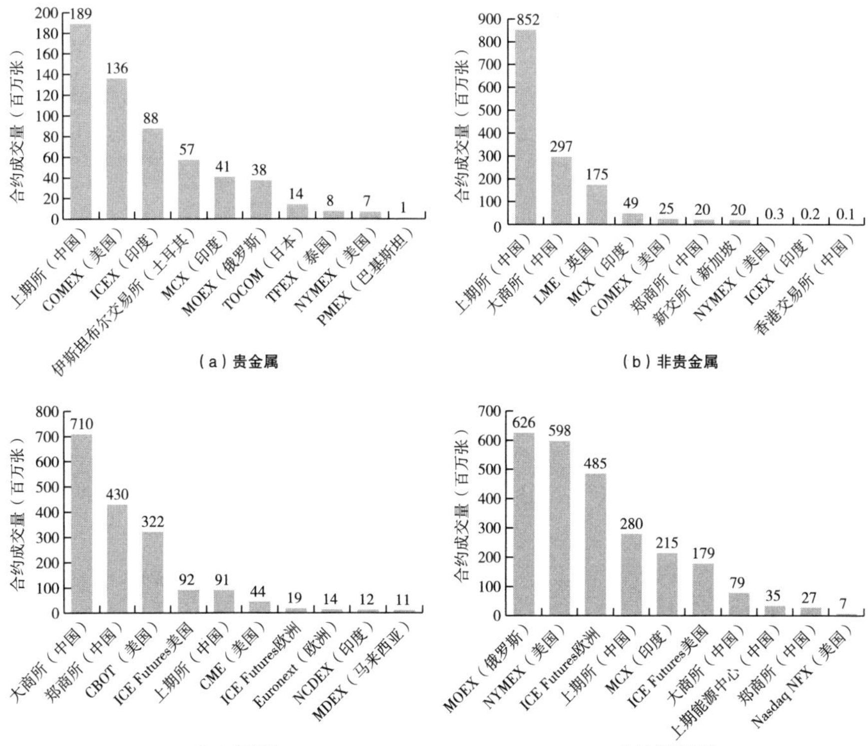

资料来源：FIA 每月统计数据（2019 年 12 月份报告）。

图 19　大宗商品各资产类别的衍生产品成交量最高的十家交易所（2019 年）

未平仓合约量方面，2019 年年底贵金属未平仓合约量中居首的是 COMEX，其次是上期所和土耳其的伊斯坦布尔交易所；非贵金属类未平仓合约量排名第一的也是上期所，第二及第三分别是 LME 和新加坡交易所（以下简称“新交所”）；大商所在农产品方面领先其他交易所，紧随其后的是 CBOT 和 ICE Futures 美国；能源产品方面，ICE Futures 美国位列榜首，其次是 ICE Futures 欧洲和 NYMEX。（见图 20）

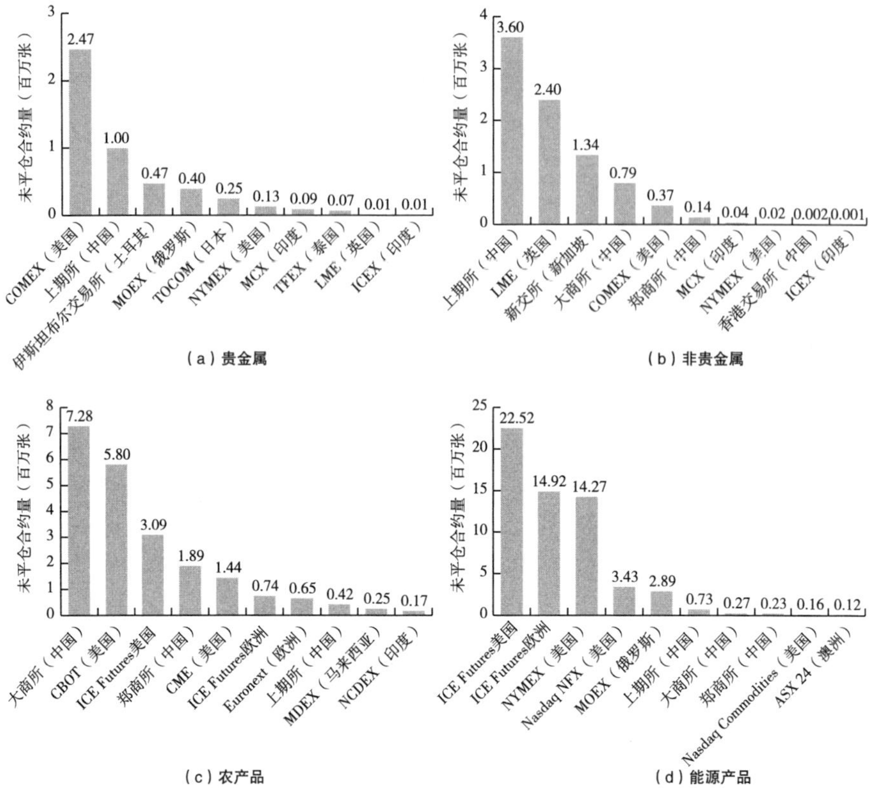

资料来源：FIA 每月统计数据（2019 年 12 月份报告）。

图 20　大宗商品各资产类别的衍生产品未平仓合约量最高的十家交易所（2019 年年底）

值得注意的是，2019 年各种资产类别成交量最高的五家交易所当中，亚洲区交易所的大宗商品衍生产品成交周转率远远高于欧美的交易所（见图 21）。最极端的例子是印度的交易所：贵金属成交周转率逾 17 000 倍（ICEX）和 400 倍（印度多种商品交易所，简称 MCX），非贵金属成交周转率逾 1 000 倍（MCX），能源产品逾 2 000 倍（MCX）。至于其他交易所，在贵金属成交周转率方面，内地交易所达 190 倍（上期所），COMEX 只有 55 倍；非贵金属方面，上期所及大商所分别是 237 倍和 374 倍，而 LME 仅为 73 倍；农产品方面，大商所及郑商所的成交周转率分别为 98 倍和 227 倍，而 CBOT 和 ICE Futures 美国分别只有 55 倍和 30 倍；能源产品方面，上期所的成交周转率达 382 倍，NYMEX 和 ICE Futures 欧洲分别只有 42 倍和 33 倍。

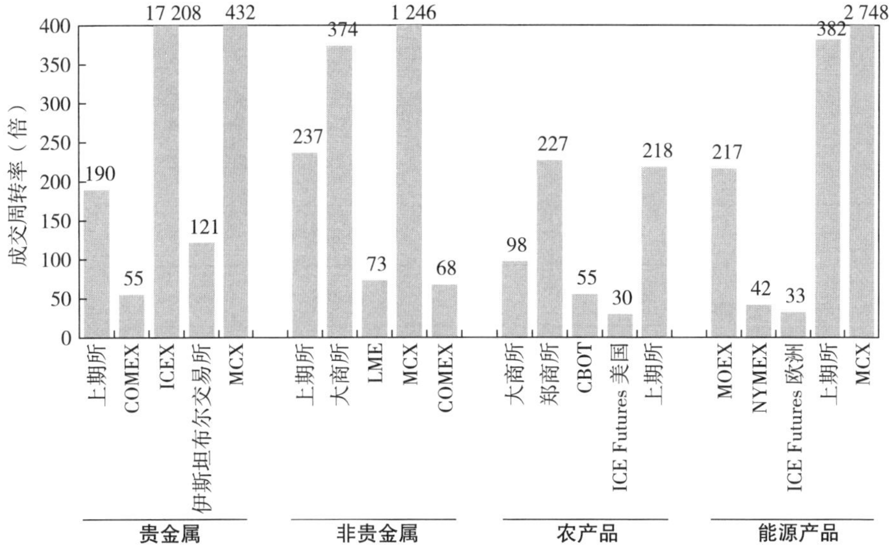

注：成交周转率超过 300 倍的棒柱未作完整显示。

资料来源：FIA 每月统计数据（2019 年 12 月份报告）。

图 21 大宗商品衍生产品成交量最高的五家交易所的成交周转率（2019 年）

综上所述，内地期货交易所于四大主要大宗商品衍生产品资产类别中的三类（贵金属、非贵金属和农产品）的成交量均是全球领先交易所之一，独能源产品方面表现相对较逊。亚洲区交易所（包括内地交易所）的大宗商品衍生产品成交周转率一般远高于欧美同业。

3.3 主要产品

3.3.1 贵金属

场内交投最畅旺的贵金属产品是白银和黄金。2019 年贵金属成交量最高的交易所 —— 上期所 —— 仅提供白银期货和黄金期货及期权，而排名第二的 COMEX 提供 21 种贵金属期货及期权，但当中成交量只集中于数只黄金与白银产品 —— 黄金期货占贵金属总成交量的 64%，白银期货占 18%，黄金期权占 11%。与 COMEX 的相应产品相比，上期所的合约单位较小。排名第三的 ICEX 提供钻石期货。（见表 4）

表 4　成交量最高的三家交易所的三大产品（2019 年）—— 贵金属

交易所	交易所占该资产类别全球成交量的百分比	产品	合约单位	2019 年成交量（合约张数）	占该所全部贵金属产品的百分比[1]	占全球成交量的累计百分比[2]
上期所	32.5%	白银期货	15 千克	142 823 743	75.5%	32.5%
		黄金期货	1 千克	46 208 567	24.4%	
		黄金期货的期权	1 千克	40 926	0.0%	
COMEX	23.4%	黄金期货	100 盎司（约 3.11 千克）	86 508 741	63.6%	21.6%
		白银期货	5 000 盎司（约 155.68 千克）	24 149 148	17.7%	
		黄金期权	100 盎司（约 3.11 千克）	15 043 949	11.1%	
ICEX	15.1%	钻石 1 卡期货	1 卡	86 164 857	98.2%	15.1%
		钻石 0.5 卡期货	0.5 卡	1 544 910	1.8%	
		钻石 0.3 卡期货	0.3 卡	463	0.0%	

注：（1）产品成交量占该所全部贵金属产品成交量的百分比。

（2）三大产品总成交量占所有贵金属产品全球成交量的百分比。

资料来源：FIA 每月统计数据（2019 年 12 月份报告）。

3.3.2　非贵金属

2019 年非贵金属产品成交量最高的是上期所，其该类产品成交量最高的 3 只产品分别是螺纹钢期货、镍期货和锌期货。排名第二的大商所仅提供铁矿石产品，但单此金属产品的成交量已经占全球所有非贵金属成交量的 21%。位列第三的 LME 则以铝、铜和锌产品的成交量最高。上期所的锌期货合约单位同样远小于 LME 的相应产品。（见表 5）

表 5　成交量最高的三家交易所的三大产品（2019 年）—— 非贵金属

交易所	交易所占该资产类别全球成交量的百分比	产品	合约单位	2019 年成交量（合约张数）	占该所全部非贵金属产品的百分比[1]	占全球成交量的累计百分比[2]
上期所	59.2%	螺纹钢期货	10 吨	465 171 782	54.6%	48.4%
		镍期货	1 吨	160 444 120	18.8%	
		锌期货	5 吨	71 066 468	8.3%	
大商所	20.6%	铁矿石期货	100 公吨	296 538 011	99.9%	20.6%
		铁矿石期货的期权	100 公吨	363 865	0.1%	
LME	12.2%	铝期货	25 公吨	66 046 920	37.6%	9.2%
		伦敦铜期货（A 级铜）	25 公吨	37 047 230	21.1%	
		伦敦锌期货（特种高级锌）	25 公吨	29 648 051	16.9%	

注：（1）产品成交量占该所全部非贵金属产品成交量的百分比。
（2）三大产品总成交量占所有非贵金属产品全球成交量的百分比。
资料来源：FIA 每月统计数据（2019 年 12 月份报告）。

3.3.3　农产品

于全球交易所买卖的农产品种类繁多。主要产品包括大商所的豆粕期货、棕榈油期货和玉米期货；另有郑商所的菜籽粕期货、白糖期货和棉花期货；也有 CBOT 的玉米期货、大豆期货和小麦期货。（见表 6）

表 6　成交量最高的三家交易所的三大产品（2019 年）—— 农产品

交易所	交易所占该资产类别全球成交量的百分比	产品	合约单位	2019 年成交量（合约张数）	占该所全部农产品的百分比[1]	占全球成交量的累计百分比[2]
大商所	40.2%	豆粕期货	10 公吨	272 869 691	38.4%	28.7%
		棕榈油期货	10 公吨	135 504 196	19.1%	
		玉米期货	10 公吨	99 119 054	14.0%	

续表

交易所	交易所占该资产类别全球成交量的百分比	产品	合约单位	2019 年成交量（合约张数）	占该所全部农产品的百分比[(1)]	占全球成交量的累计百分比[(2)]
郑商所	24.3%	菜籽粕期货	10 公吨	138 085 360	32.1%	18.2%
		白糖期货	10 公吨	119 288 327	27.8%	
		棉花 1 号期货	5 公吨	63 971 129	14.9%	
CBOT	18.2%	玉米期货	5 000 蒲式耳（约136公吨）	134 508 582	41.8%	13.5%
		大豆期货	5 000 蒲式耳（约136公吨）	66 841 024	20.8%	
		芝加哥软红冬小麦期货	5 000 蒲式耳（约136公吨）	37 753 766	11.7%	

注：（1）产品成交量占该所全部农产品成交量的百分比。

（2）三大产品总成交量占所有农产品全球成交量的百分比。

资料来源：FIA 每月统计数据（2019 年 12 月份报告）。

3.3.4 能源

各个资产类别中，能源类的场内产品数量最多（见上文第 2 节）。2019 年年底全球 876 只能源产品中，单是 NYMEX 就提供了其中的 561 只（64%）。但 NYMEX 成交量最高的十大能源产品已占该所能源产品总成交量的 96%①。

能源产品以原油产品为主。2019 年按成交量排最高的三家交易所（俄罗斯 MOEX、美国 NYMEX 和 ICE Futures 欧洲）成交量最高的能源产品都是原油（见表 7）。

① 资料来源：FIA 每月统计数据（2019 年 12 月份报告）。

表 7　成交量最高的三家交易所的三大产品（2019 年）—— 能源产品

交易所	交易所占该资产类别全球成交量的百分比	产品	合约单位	2019 年成交量（合约张数）	占该所全部能源产品的百分比[1]	占全球成交量的累计百分比[2]
MOEX	24.6%	布伦特原油期货	10 桶	625 284 893	99.9%	24.6%
		轻原油期货	10 桶	769 032	0.1%	
NYMEX	23.5%	西得州中级轻原油期货	1 000 桶	291 465 320	48.7%	17.5%
		亨利港天然气期货	10 000 百万英热单位（MMBtu）	103 394 504	17.3%	
		美国无铅汽油期货	42 000 加仑	49 851 807	8.3%	
ICE Futures 欧洲	19.1%	布伦特原油期货	1 000 桶	246 921 939	50.9%	15.1%
		低硫汽油期货	100 公吨	80 210 173	16.5%	
		西得州中级轻原油期货	1 000 桶	57 292 213	11.8%	

注：（1）产品成交量占该所全部能源产品成交量的百分比。

（2）三大产品总成交量占所有能源产品全球成交量的百分比。

资料来源：FIA 每月统计数据（2019 年 12 月份报告）。

4.　总结

大宗商品的衍生产品交易向来场内场外皆有。场外市场的交易于 2008 年全球金融危机后已然减退，而场内大宗商品衍生产品（主要为期货）的交易有上升趋势，同时亚洲区交易所的市场份额也不断增加。这可归因于全球经济增长、于组合投资中使用大宗商品的趋势有所增加，以及中国经济及大宗商品交易所于全球市场中崛起。

虽然欧美成熟市场于大宗商品的产品数目方面领先，但成交量方面则是中国大宗商品衍生产品交易所占优。大宗商品的四大类别中有三类（贵金属、非贵金属及农产品）按 2019 年成交量的交易所排名，三家中国内地交易所中至少有一家位列全球三甲。内地交易所仅于能源产品方面较为逊色，而能源产品却占据了全球大宗商品衍生产品的大部分成交量（主要来自原油期货）。

与西方成熟市场相比，中国内地交易所的大宗商品合约单位通常较小，成交周转率相对较高。与海外同业相比，内地大宗商品衍生产品交易所现时对外资的参与仍然有很大限制。随着内地交易所进一步开放发展，全球大宗商品衍生产品市场的格局自当会不断演变。

附：世界各地交易所简称

ASX 24	澳洲证券交易所 Trade24（澳洲）
CBOT	芝加哥期货交易所（美国）
CME	芝加哥商品交易所（美国）
Euronext	泛欧交易所集团（欧洲）
ICEX	印度商品交易所（印度）
JSE	约翰内斯堡证券交易所（南非）
LME	伦敦金属交易所（英国）
MDEX	马来西亚衍生产品交易所（马来西亚）
MOEX	莫斯科交易所（俄罗斯）
MCX	印度多种商品交易所（印度）
Nasdaq Commodities	纳斯达克大宗商品平台（美国）
Nasdaq NFX	纳斯达克期货平台（美国）
NCDEX	全国商品及衍生产品交易所（印度）
NYMEX	纽约商品期货交易所（美国）
PMEX	巴基斯坦商品交易所（巴基斯坦）
TFEX	泰国期货交易所（泰国）
TOCOM	东京商品交易所（日本）
大商所	大连商品交易所（中国）
上期所	上海期货交易所（中国）
上期能源中心	上海国际能源交易中心（中国）
香港交易所	香港交易及结算所有限公司（中国）
新交所	新加坡交易所（新加坡）
郑商所	郑州商品交易所（中国）

注：括号内表示国家 / 地区名称。

附录：提供大宗商品衍生产品的交易所名单（2019 年年底）

编号	交易所名称	大宗商品衍生产品数目
1	新加坡亚太交易所	5
2	澳洲证券交易所 Trade24	53
3	巴西证券交易所（B3）	17
4	伊斯坦布尔证券交易所	5
5	意大利交易所 – IDEM	1
6	布达佩斯证券交易所	1
7	芝加哥期货交易所	48
8	芝加哥商品交易所	28
9	COMEX	39
10	大连商品交易所	22
11	迪拜黄金及商品交易所	11
12	迪拜商品交易所	3
13	欧洲期货交易所	12
14	泛欧交易所集团衍生产品市场	7
15	香港交易及结算所	13
16	ICE Futures 加拿大	3
17	ICE Futures 欧洲	45
18	ICE Futures 新加坡	3
19	ICE Futures 美国	37
20	印度国际交易所	3
21	印度商品交易所	12
22	印度尼西亚商品及衍生产品交易所	6
23	约翰内斯堡证券交易所	51
24	韩国交易所	2
25	伦敦金属交易所	31
26	马来西亚衍生产品交易所	4
27	阿根廷布宜诺斯艾利斯及罗萨里欧期货交易所	27
28	明尼阿波利斯谷物交易所	2

续表

编号	交易所名称	大宗商品衍生产品数目
29	莫斯科交易所	16
30	印度多种商品交易所	34
31	纳斯达克大宗商品平台	35
32	纳斯达克期货平台	118
33	印度全国商品及衍生产品交易所	22
34	纽约商品期货交易所	576
35	新西兰期货交易所	8
36	北美衍生产品交易所	7
37	大阪堂岛商品交易所	10
38	巴基斯坦商品交易所	46
39	上海期货交易所	19
40	上海国际能源交易中心	2
41	新加坡交易所	16
42	台湾期货交易所	4
43	泰国期货交易所	5
44	东京商品交易所	29
45	郑州商品交易所	25
衍生产品总数		1 463

注：交易所名称为资料来源的译名 / 本名（按英文名称的字母顺序排列）。

资料来源：FIA 月度统计数据（2019 年 12 月份报告）。

06

伦敦金属交易所

—— 全球工业金属交易及定价中心

伦敦金属交易所

摘要

本文概述伦敦金属交易所的简史并综览其市场架构、买卖合约、运作及服务。

伦敦金属交易所简介

伦敦金属交易所（以下简称 LME）是全球工业金属价格发现、保值和交易的中心。实物金属行业（进行金属开采、生产及加工的企业，以及买卖金属的金融市场参与者）会通过 LME 交易并对冲价格风险。

LME 是香港交易所集团旗下的全资子公司，为金属及金融市场参与者提供交易平台，构建出稳健的受监管市场并提供全天候交易渠道，每天 24 小时都可找到买卖对手和获取价格，无论是想交易、保值还是对冲价格风险，都可以在这里完成。

LME 绝大部分有色金属（又称“基本金属”）的期货买卖业务均于以下三个交易场地进行：LMEselect（电子平台）、交易圈（公开喊价市场）及 24 小时电话交易市场。2019 年，LME 的交易额达 1.76 亿手，涉及 13.5 万亿美元及 39 亿吨金属。

市场参与者可在 LME 买卖各种不同的合约，包括期货、期权和现金结算期货，以及平均价格及溢价合约。目前可供交易的金属包括氧化铝、铝、铝合金、钴、铜、黄金、北美特种铝合金合约、铅、钼、镍、白银、钢材、锡及锌。

LME 之所以重要，除了期货交投极其活跃，还在于其与金属业界的紧密联系。全球性的 LME 认可仓库网络所提供的实物交收服务及庞大的流通量，使 LME 成为业内理想的交易场所作套期保值，并提供可信而稳妥的参考价格。于 LME 平台“发现”的价格会成为全球参考价格及实物交易的基准价格，并会用于投资组合、商品指数及金属 ETF（交易所买卖基金）的定价。

LME 自 1877 年正式成立以来，一直在寻求如何在继承传统的同时实现创新。今天的 LME 各类合约继续为实物金属行业所日常使用，与传统客户群体关系密切。随着近年推出现金结算合约组合、扩大 LME 黑色金属产品线、推出黄金和白银期货、与新能源电池及电动汽车行业从业者探讨合作，并致力于开发透明的锂价格订价方案，越来越多的参与者将有机会受惠于 LME 的风险管理工具及其流动性。

LME 自设清算所 LME Clear，以降低金属市场的对手方风险。LME 合约通过交易圈、电子市场及电话进行的交易均由 LME Clear 结算。

LME 属于“认可投资交易所”，由英国金融市场行为监管局（简称 FCA）直接监管。FCA 也负责监管进行投资业务的 LME 会员。作为认可投资交易所，LME 维持其合约在市场进行有序的交易，并为投资者提供妥善的保障。LME Clear 由英国央行监管。

1. LME 的历史

LME 的起源可追溯至 1571 年伊丽莎白一世统治时期伦敦开设皇家交易所之时，当时金属及许多其他大宗商品的买家卖家开始定期聚集。

表 1 为 LME 历年大事记。

表 1　LME 历年大事记

日期	事件
19 世纪初	伦敦城康希尔街内的 Jerusalem Coffee House 成为金属业界中人最热门的聚脚地，交易圈传统就此诞生。
1869 年	苏伊士运河开通后，由马来西亚运送锡的时间减至三个月，与由智利运送铜的时间一致，造就了 LME 三个月以下的远期合约可每日交割，并沿用至今。
1877 年	交易人士组成 London Metals and Mining Company，并迁到伦敦城朗伯德街一家帽子店楼上，作为其首个办事处。交易所成立，提供铜及锡标准期货合约。
1881 年	会员数目急升，突破 300 后于伦敦城 Whittington 大道正式建立交易所，往后在此营运了 98 年。
1903 年	铅标准期货合约上市并开始交易。
1914 年	第一次世界大战导致停市数个月。
1915 年	锌标准期货合约上市并交易。

续表

日期	事件
1939 年	第二次世界大战爆发，交易几近瘫痪。
1963 年	鹿特丹一家仓库成为 LME 首家位于欧洲的认可仓库。
1978 年	该年 12 月推出原铝产品，自此有关合约成为 LME 流通量最高（即交易量最大）的合约。
1979 年	镍标准期货合约上市并交易。
1987 年	LME 成为中央结算及受监管的交易所。
1987 年	新加坡一家仓库成为 LME 首家非欧洲地区的认可仓库。
1988 年	LME 成为“认可投资交易所”。
1989 年	LME 推出首个电子价格传送系统 Vendor Feed System （VFS）。同年，LME 认可其首家日本仓库。
1991 年	巴尔的摩一家仓库成为 LME 首家位于美国的认可仓库。
1992 年	铝合金标准期货合约上市并开始交易。
1994 年	于芬卓奇街（Fenchurch Street）Plantation House 营运 14 年后，LME 迁至伦敦城利德贺街（Leadenhall Street）。
2000 年	LME 转行股份制。
2006 年	LME 推出每月现金结算的铜、铝及锌小型期货合约。
2008 年	LME 进军黑色金属，推出 2 只地区性钢坯合约。2010 年 7 月，两者合并为单一全球性合约。
2010 年	LME 推出 2 只小金属期货合约（钴及钼）。
2012 年	香港交易及结算所有限公司（简称“香港交易所”）收购 LME。
2014 年	LME 针对金属行业的需要，自设全新清算所 LME Clear。
2015 年	LME 推出 LME 废钢及 LME 螺纹钢合约，连同一系列实物交收的铝溢价合约。
2015 年	LME 迁至现址（Finsbury Square）。
2017 年	LME 贵金属服务（LMEprecious）推出，为贵金属市场提供 LME 黄金及白银合约。
2019 年	LME 对旗下注册金属品牌实行负责任采购要求。香港交易所衍生产品市场推出伦敦铝、铜、铅、镍、锡及锌小型合约，并推出 7 只新的现金结算合约，相关产品为氧化铝、铝溢价、钴、钼及热轧卷钢。

2. LME 市场的参与者

LME 联系着实物现货市场与金融市场的参与者，建立全球流动性。这些参与者为了投资或对冲价格风险而买卖 LME 期货及期权产品，在这个过程中实现了金属价格的发现。

LME 参与者包括：

- 金属生产商，如采矿商、冶炼商及精炼商；
- 金属消费者，如工业制造商；
- 贸易商及现货交易人士；
- 银行、财务基金及大宗商品交易顾问；
- 自营交易商、程序 / 高频交易商；
- 经纪与结算机构。

现货市场参与者

自 1877 年以来，LME 的角色都是协助金属生产商及消费者管理。价格风险管理的具体途径如下：

- **保值** —— 生产商及消费者通过 LME 对冲价格风险。现货合约订立与其结算之间可能相距数日、数星期、数个月以至数年，其间金属价格可能出现许多变动。现货市场想设法降低的就是这类风险。保值的好处包括：
  - ○ 提供有关价格变动的保障；
  - ○ 可锁定利润，为客户提供长期固定价格；
  - ○ 有助于制定更佳的财务预算；
  - ○ 有机会将存货套现或用作融资抵押；
  - ○ 保障实物存货不受价格下跌影响；
  - ○ 在生产出现困难时对冲实物购买量。
- **价格发现** —— LME 每天为全球市场提供透明及真实的参考价格。价格发现所涉及的都是风险资本，能真实反映全球供需情况，便于对冲。
- **价格趋同** —— LME 的实物结算合约都是通过旗下分布全球的仓库网络进行实物结算。这一点非常重要，因为这表示在 LME 市场上发现的期货价格与实物金属价格接轨，即反映实物价格。
- **实物结算** —— 只有 LME 注册品牌才获接纳作实物交割。LME 并且不断根据测试结果及参考一系列全球标准来调整其注册品牌，务求令其上市合约切合市场所需。

- **交割日架构** —— 不论在交割时间的选择上，又或是切合业内现实需要及作相应对冲的灵活度上，目前还没有哪个市场能及得上 LME。
- **定价参考** —— 在 LME 交易平台发现的价格是国际现货市场合约作估值及结算的参考价格。

3. 现货市场

当出现供应极度短缺或过度供应的情况，LME 也可为生产商及消费者发挥最后一个现货市场的作用，这会通过 LME 的全球仓库网络来实现。

所有凭仓单存放于 LME 核准仓库的金属均为 LME 认可生产商出产的 LME 注册品牌金属，这确保了有关金属均符合 LME 有关大宗商品等级、质素及形状的严格规定。LME 的仓库网络对现货市场发挥着辅助作用。在有全球仓储设施及一系列 LME 上市品牌的配套支持下，进行实物交割可达到价格趋同，确保有关价格与现货市场一致。

LME 同时具备现货期货价格接轨、全球超过 550 个 LME 仓储设施及近 500 个上市金属品牌等优势，再加上现实中现货市场都是使用 LME 价格磋商交易、LME 市场高流通量等特点，等同为全球市场提供堪可信赖的参考价格。

3.1 交割日架构

LME 的主要特色之一，就是其现货合约独有的交割日架构及着眼于现货市场。LME 合约的交割日架构反映现货市场所需的交货日期与性质。作为买卖双方的市场参与者经磋商而制定金属交易合约后，可利用 LME 合约对冲未来长短期的金属价格风险或作风险投资：三个月内的合约可每个营业日交割；三个月以上至六个月的合约可每周交割；七个月至 123 个月的合约（视乎相关金属而定）可每月交割。亦即是说可以对冲长达十年的价格风险。图 1 展示现货至 123 个月内的交割日架构。

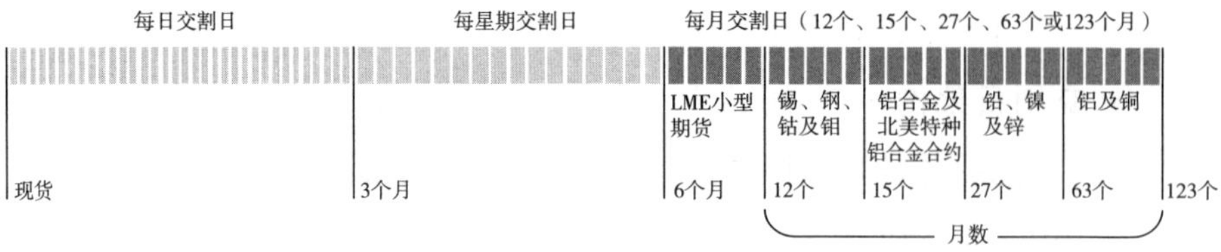

图 1　LME 合约交割日架构

现货（Cash）结算日是最接近的交割日期，为合约交易日后两个工作日。在任何交易日，一般均以三个月交割的 LME 合约（即可每日交割的最长期合约）的交易量为最高，也是 LME 电子平台 LMEselect 上最常买卖的合约。

“第三个星期三”合约是一种每月交割的期货，LME 所有主要合约均有提供。这些是月度期货合约，只会在每个月的第三个星期三到期。LME 期权亦使用“第三个星期三”期货合约作为其相关资产。多达 65% 的未平仓合约量落在 LME“第三个星期三”合约的到期日。

三个月期的合约会与“第三个星期三”月度合约互动，作为 LME 交割日架构下流通量集中的支点。

3.2　跨期买卖

跨期买卖（或称“掉期交易”）是指买入特定交割日的合约，又同时售出另一不同交割日的合约。这样，市场参与者可调整日期并转移即将到期的仓盘。这亦是为实物存货对冲或作融资的方法。金融交易商则可于 LME 这个流动性高的市场进行跨期买卖，从远期曲线形态的变动中赚取利润。

4.　交易场地及定价

4.1　LME 交易场地

4.1.1　交易圈

交易时段：伦敦时间 11 : 40 ~ 17 : 00。

公开叫价交易大堂：流动性集中于称为“Ring（交易圈）”的短暂交易时段。LME 每只金属有多达 200 个可供交易的到期日，而公开叫价是买卖多个到期日的最有效率的交易方法。LME 官方现货结算价（LME Official Price）、LME 非官方牌价（LME Unofficial Price），以及 LME 收市价（LME Closing Price）全部或部分均来自交易圈的交易活动。

- 业内人士订立现货合约时会使用 LME 官方现货结算价。
- LME 非官方牌价是交易圈第三节中产生的最后买卖报价，是下午交易的良好指针，便于不同时区的客户使用作为参考价。
- LME Clear 及 LME 会员使用 LME 收市价（又称最后收盘价）计算保证金及按市价计值。

4.1.2 LMEselect

交易时段：伦敦时间 01 : 00 ~ 19 : 00。

电子交易平台：为所有 LME 合约交易提供一系列先进的功能，所有功能均专为 LME 独有的交割日架构而设。LME 贵金属于 LMEselect 的交易时段为 01 : 00 ~ 20 : 00。

本书付印之时，LME 正着手开发新的电子交易平台取代 LMEselect。现有的 LMEsource 数据平台亦会优化，以包括 LME 所有交易渠道（LMEselect、办公室电话市场及交易圈）的数据。这全新的交易平台会利用香港交易所的技术，令系统表现水平更高、稳定性更强、灵活度更大，有助于促进未来发展。

4.1.3 办公室电话市场

交易时段：24 小时

会员的指示性报价通过供货商网络发布，可通过电话执行。

实时买卖价每天 24 小时由 LMElive（LME 的市场数据服务）及认可数据供货商提供。LMElive 以数码方式提供价格信息，有助于用户对期货及期权交易有较全面的观察。LME 也会根据交易日中较高流动性的时段整合并发布一系列的参考价格。

5. LME 合约

LME 是金属期货及期权买卖双方的交汇点。期货合约长仓持有人有义务在到期日买入相关金属，而期货合约短仓持有人则有义务于到期日交付相关金属，除非有关仓位于该日期前已平仓。

期权买方（持有人）有权利但并无义务在将来指定日期或之前以指定价格买入或卖出相关金属。

LME 向世界各地金属生产商及消费者提供管理金属价格波动风险的途径。

金属生产商出售自身采炼的金属，担心的是价格下跌；而金属消费者采购金属用于生产其他制品，担心的是价格上涨。利用 LME 期货及期权合约对冲这些价格波动，金属业界得以专注其核心业务。

严格而言，LME 基本金属合约都是远期合约，意思是说，合约的盈亏是在到期之时（而不是之前）兑现，这点与标准期货不同。

所有 LME 合约按既定的买卖单位进行交易，而各合约的买卖单位会有所不同，视乎合约类型以及相关金属而定。

广义上，LME 合约有两大类——实物结算和现金结算。

表 2 为 2020 年 2 月的 LME 合约列表，显示合约的结算方式、每种金属提供的合约类型，以及交割日等（合约类型见下文第 5.1 节）。

表 2　LME 合约（2020 年 5 月）

合约名称	结算类型	买卖单位	合约类型	交割日	推出买卖年份
LME 氧化铝（CRU/Fastmarkets MB）	现金	50 公吨	期货	合约期 15 个月内：每月交割	2019
LME 铝	实物	25 公吨	•期货 •月平均价期货 •LME 小型期货合约 •香港交易所伦敦小型期货合约 •交易期权 •交易平均价期权	•合约期 25 日内：每日交割 •合约期 3~6 个月：每周交割 •合约期 7~123 个月（交易期权及交易平均价期权最长为 63 个月）：每月交割	1978

续表

合约名称	结算类型	买卖单位	合约类型	交割日	推出买卖年份
LME 铝合金	实物	20 公吨	•期货 •月平均价期货 •交易期权 •交易平均价期权	•合约期 3 个月内：每日交割 •合约期 3~6 个月：每周交割 •合约期 7~27 个月：每月交割	1992
LME 铝溢价 美国溢价 / 西欧溢价 / 东亚溢价 / 东南亚溢价	实物	25 公吨	期货	每个到期月份的第三个星期三，另受交易规例规管	2017
LME 铝溢价 已完税美国中西部溢价（普氏）/ 未完税欧洲溢价 （Fastmarkets MB）	现金	25 公吨	期货	合约期 15 个月内：每月交割	2019
LME 钴	实物	1 公吨	期货	•合约期 3 个月内：每日交割 •合约期 3~6 个月：每周交割 •合约期 7~15 个月：每月交割	2010
LME 钴 （Fastmarkets MB）	现金	1 公吨	期货	合约期 15 个月内：每月交割	2019
LME 铜	实物	25 公吨	•期货 •月平均价期货 •LME 小型期货合约 •香港交易所伦敦小型期货合约 •交易期权 •交易平均价期权	•合约期 25 日内：每日交割 •合约期 3~6 个月：每周交割 •合约期 7~123 个月（交易期权及交易平均价期权最长为 63 个月）：每月交割	1877
LME 黄金	实物	100 金衡盎司	期货	•合约期 25 日内：每日交割 •合约期 24 个月内：每月交割 •合约期 5 年内：每季交割	2017

续表

合约名称	结算类型	买卖单位	合约类型	交割日	推出买卖年份
LME 铅	实物	25 公吨	•期货 •月平均价期货 •LME 小型期货合约 •香港交易所伦敦小型期货合约 •交易期权 •交易平均价期权	•合约期 25 日内：每日交割 •合约期 3~6 个月：每周交割 •合约期 7~63 个月：每月交割	1920
LME 钼（普氏）	现金	2 205 磅	期货	合约期 15 个月内：每月交割	2019
LME 北美特种铝合金	实物	20 公吨	•期货 •月平均价期货 •交易期权 •交易平均价期权	•合约期 3 个月内：每日交割 •合约期 3~6 个月：每周交割 •合约期 7~27 个月：每月交割	2002
LME 镍	实物	6 公吨	•期货 •月平均价期货 •LME 小型期货合约 •香港交易所伦敦小型期货合约 •交易期权 •交易平均价期权	•合约期 3 个月内：每日交割 •合约期 3~6 个月：每周交割 •合约期 7~63 个月：每月交割	1979
LME 白银	实物	5 000 金衡盎司	期货	•合约期 25 日内：每日交割 •合约期 24 个月内：每月交割 •合约期 5 年内：每季交割	2017
LME 热轧钢卷中国离岸价（Argus）	现金	10 公吨	期货	每月交割，最长 15 个月	2019
LME 热轧钢卷北美（普氏）	现金	10 短吨	期货	每月交割，最长 15 个月	2019
LME 螺纹钢	现金	10 公吨	期货	每月交割，最长 15 个月	2015
LME 废钢	现金	10 公吨	期货	每月交割，最长 15 个月	2015

续表

合约名称	结算类型	买卖单位	合约类型	交割日	推出买卖年份
LME 锌	实物	25 公吨	•期货 •月平均价期货 •LME 小型期货合约 •香港交易所伦敦小型期货合约 •交易期权 •交易平均价期权	•合约期 3 个月内：每日交割 •合约期 3~6 个月：每周交割 •合约期 7~63 个月：每月交割	1920

5.1 合约类型

（1）实物结算合约

LME 实物结算的期货合约设计特别，以对应现货市场的交易。到期前未平仓（即未作反向的买 / 卖）的期货合约均以实物结算。LME 期货于交割日结算，合约期间会收取初始保证金和追收变动保证金。LME 合约可使用存于 LME 核准仓库的实物存货作结算。因为大多数参与者都是利用 LME 合约来抵销价格波动的风险又或从中获利，会实际交付金属的交易不到 1%。绝大部分 LME 合约在结算前已经“平仓”。

LME 期权合约较期货合约更为灵活，是金属及金融业界降低价格风险（通过对冲交易）又或作价格风险投资（根据预期价格波动）的另一渠道。LME 期权合约期可长达 63 个月（视乎金属种类），于合约到期当日或之前任何时间均可行使（为美式期权）。期权的相关资产是对应的 LME 以实物结算的“第三个星期三”期货合约。LME 期权目前适用于 8 种金属。

（2）现金结算合约

除实物结算的期货合约外，LME 还提供一系列现金结算的期货合约。这些合约并非与相关金属实物绑定，而是按平均价格结算。结算价最常见的是由报价机构提供，报价机构的角色在调查市场（根据买卖报价及成交再加上市场信息）来评估公平值，由此得出相关资产的估价。LME 再用该估价计算其现金结算合约的最终结算价。

（3）交易平均价期权

通过交易平均价期权（TAPO），金属行业能够以灵活的方式对冲其业务合约的平均金属价格风险。这类合约的用处在于实物合约大都是按一段时间的平均价议定合约条款。TAPO 为现金结算的亚洲期权，合约回报取决于合约月份的每月平均结算价。铝、铝合金、北美特种铝合金、铜、铅、镍、锡及锌都提供 TAPO 买卖。

（4）月平均价期货

月平均价期货特别为需要对冲每月平均价格的金属业界而设。这是世界首个场内买卖的同类产品，所有 LME 有色金属都有提供月平均价期货。

（5）LME 小型期货合约

LME 小型期货合约是以 5 公吨为买卖单位的现金结算月度期货合约，按相应的 LME "母" 合约的官方结算价结算。此产品适用于铜、铝及锌。

（6）香港交易所伦敦小型期货合约

香港交易所伦敦小型期货合约旨在切合亚洲参与者的需求，便利他们使用离岸人民币或美元计值的期货来缓冲金属价格风险或作价格风险投资。这类合约在香港交易所旗下的衍生产品平台买卖，涵盖铝、锌、铜、镍、锡及铅六种基本金属。有如 LME 小型期货合约，香港交易所伦敦小型期货合约按相应的 LME "母" 合约的官方结算价以现金结算。

5.2 LMEprecious（LME 贵金属）

LMEprecious 是 LME、世界黄金协会以及多家主要行业参与者创设的举措，旨在引进本地伦敦贵金属产品作场内交易。LME 黄金及 LME 白银期货为该等金属的交易、价格发现及风险管理提供新的机遇，从而为贵金属业打造更佳的市场架构。

LMEprecious 是为回应市场需求、与贵金属市场的主要银行共同构思建立。LMEprecious 提供黄金及白银的每日及月度合约，为市场参与者提供更多选择，实现黄金及白银市场现代化，以更好地反映贵金属市场中全球参与者的需求。

LME 目前与“伦敦铂金及钯金市场”（London Platinum and Palladium Market）合作，以管理及发布伦敦金银市场协会（LBMA）的铂金及钯金价格。此举通过 LME 定制的电子拍卖平台 LMEbullion 来实现。

5.3 电动汽车电池材料

LME 现正为电池材料及电动车行业开发新型风险管理工具，目前正与全球市场相关产业链各个环节的参与者共同探讨，辨识这些行业最新的风险管理需要，务求提供对应的产品服务。部分主要电池金属如镍、铅、铜、钴以及铝在 LME 已有成熟发展。LME 希望开发新的期货合约，提供进一步对冲及买卖电池材料的机会；打头阵的是 2019 年推出的现金结算 LME 钴（Fastmarkets MB）合约，目前也继续与 Fastmarkets MB 研究就锂金属制订稳健而具透明度的定价方案。

6. LME 仓储

LME 仓库用于储存 LME 注册的金属品牌，亦即 LME 实物交割合约的相关资产。因应实物交割需要，LME 批准并授权相关仓储牌照，建立分布全球各地的仓库网络及储存设施。目前欧美及亚洲多处共有逾 550 个 LME 核准的储存设施。

由于可通过 LME 核准的全球仓库网络进行实物交收，LME 合约成为业内理想的对冲渠道。LME 交收系统的背后，依赖的是保证用户会收到指定质量和数量的金属。为确保质量一致，所有送入 LME 核准储存设施的金属必须是 LME 注册的品牌，并符合质量、形状及重量方面的规格。制造商若拟将产品注册为 LME 合约的交付商品，必须符合每个品牌的若干标准，方有机会取得 LME 批准。

LME 并没有拥有或营运仓库，对仓库内的物料也无所有权。LME 只是授权仓库公司及其所营运的仓库，代仓单持有人储存那些 LME 注册的金属品牌，并通过伦敦代理人为其送进 LME 核准仓库的物料发出 LME 仓单（即赋予对仓库内金属的所有权的文件）。仓单通过 LME 安全性高的电子仓单转移系统 LMEsword 从金属卖方转移至金属买方。LMEsword 有便于仓单所有权的转移及库存报告等流程。仓单均在中央存管处持有，格式统一，含独立编码。仓单的持有人亦可使用 LMEsword 转移仓单上金属的所有权，为库存融资和其他商业安排提供便利。LME 市场数据供货商每日编制和发布详细的库存量报告。LMEsword 亦编制每日库存报告，是保持市场公开有序运作的重要一环。

LME 仓库公司必须符合严格标准，才会获准处理金属。这些公司一般位处相关物料的高消耗地区或便于物料装运的物流交易中心。

仓单上所有存放于 LME 核准储存设施的金属，均是来自 LME 核准制造商的 LME 注册品牌，以确保符合 LME 对商品等级、质量及外形的严格规定。

LME 对其全球实体仓库网络所需的改革不时作出评估，以确保当中所采用的都是实物市场基建储存及物流的最佳方案。

6.1 地点溢价及折让

若买入的 LME 合约是实物交收合约，买家可收到任何一个的 LME 核准仓库地点的金属仓单，相关金属可以是任何经注册的 LME 品牌或外形。仓单通过 LMEsword 由卖方随机分配予买方。

在 LME 买卖的金属价格是全球通用的价格。不过，由于部分地区的供求比例较其他地区紧张，而地区之间的运输亦涉及成本，个别指定交割地点的金属价格可能会较 LME 价格出现溢价或折让。另外，若买方要求指定金属品牌，亦会有相同情况。

此外，若买方想取消金属仓单而从库中取货，价格需加入额外溢价，以反映从库中出货的成本，以及相关 LME 地点是否出现出货轮候队伍。

6.2 LME 的负责任采购要求

LME 于 2019 年 10 月 25 日公布对 LME 注册品牌的负责任采购要求，

参照经济合作与发展组织（OECD）的《受冲突影响或高风险地区矿产的负责任供应链尽职调查指南》（*Due Diligence Guidance for Responsible Supply Chains of Minerals from Conflict-Affected and High-Risk Areas*）。

7. LME Clear

LME Clear 是专为 LME 用户而设的结算所。LME Clear 于 2014 年成立，是经过咨询市场意见而设立，旨在向市场提供具有成本效益并符合欧洲市场基础设施监管规则（EMIR）的清算服务，为所有在 LME 进行的交易提供创新的清算及交收服务。

LME Clear 是所有 LME 结算会员及其交易活动的中央对手方，向每份交易合约提供财务担保，担当“每一买方的卖方及每一卖方的买方”。若结算会员有违约失责情况，LME Clear 会介入，迅速有效地处理违约结算会员尚未完成的风险仓盘。

LME Clear 的结算系统称为 LMEmercury，会员通过此系统可实时监察和评估其所承担的风险，意味着其对持仓组织者、期权到期处理和申报等主要业务活动掌握更多控制权。

LME Clear 会不时因应客户所需而推出新服务。最近新增的服务包括仓单转移服务、优化的水平价差初始保证金计算法（inter-prompt spread methodology）、头寸压缩、接受仓单及离岸人民币为抵押品、新的均价交易解决方案，以及新的非净额持仓综合账户（gross aggregated account）。

7.1 仓单作为抵押品

LME 仓单属不记名文件，持有仓单等同拥有存放于 LME 核准仓库内的金属的所有权。换言之，LME 仓单是一份证明持有人持有一批存放于 LME 核准仓库内的金属的不记名文件。作为于 LME 交易的金属的终端市场，于 LME 仓库内具有仓单的金属数量通常会被视为相关金属的真正全球供求状况指标。

目前 LME Clear 的抵押品服务已进一步扩大抵押品的范围，除现金及高质的政府债券之外，也接受会员以 LME 金属仓单作为保证金要求的抵押品。

每类金属的合约只接受同类金属的仓单作为抵押品，例如铝仓单只能用作铝合约仓盘的抵押品。目前可接受相应金属仓单作为抵押品的金属合约计有铜、铝、锌、镍、铅及锡六种。

7.2 在值风险保证金方法

LME 现正自主设计一个基于 Value at Risk（在值风险，简称 VaR）的初始保证金算法模型，作为其科技发展宏图的一部分，以期待通过此模型为结算会员及其客户提供最适合及高效的 LME 市场初始保证金计算方法。VaR 是被广泛采用的风险估值方法，许多资产类别的中央对手方及其他金融机构均有使用。计算 VaR 有多种不同数学模型。一般而言，VaR 是按持仓组合计算，按所应用的一系列仿真结果，估计有关组合的潜在亏损水平。

VaR 的主要优点是其着眼于整个组合做市场风险评估、反映当前市场状况，并考虑到组合风险的各个组成部分。LME 新的 VaR 算法也会特别针对 LME 市场而设计。

相比之下，LME 目前采纳的方法着眼于个别仓位的不同合计结果，以及每一合计结果（而非持仓组合）的潜在损失，这种方法效率可能较低，尤其对于有许多跨期水平价差交易的组合而言。

8. 总结

LME 百多年来一直为金属及金融业界提供交易和管理金属价格风险的途径。时刻紧贴市场、开发创新产品及服务，令 LME 始终走在国际大宗商品市场的前沿。展望未来，LME 会继续推出各项新举措，像重大的技术开发及优化措施、负责任采购金属的要求，以及环境考虑因素等，协助塑造金属市场的未来。LME 与香港交易所集团一直都紧密合作，为于中国内地的市场开发产品及制订计划。

附录：LME 产品及服务的词汇

LME Clear	LME 所有交易的结算所
LMEbullion	LME 为管理伦敦金银市场协会（LBMA）铂金及钯金价格而定制的电子拍卖平台
LMElive	LME 的市场数据应用程序，向客户提供与在 LME 买卖的金属有关的 LME 定价、信息和工具
LMEmercury	LME Clear 的核心结算系统，进行交易的会员公司可从中实时监察风险
LMEminis	铝、铜及锌三种金属以现金结算的 5 公吨合约，以相应的“母”合约的 LME 官方结算价进行结算
LMEprecious	为市场提供场内交易的本地伦敦贵金属风险管理产品（包括 LME 黄金及白银）的计划
LMEselect	LME 的电子交易平台
LMEsource	LME 的实时多播的市场数据发布平台
LMEsword	便利转移 LME 仓单所有权及库存报告的 LME 系统
交易圈（Ring）	LME 的公开喊价交易场地，第 1 类会员公司的代表在此面对面进行主要工业用金属的交易

第二篇

内地与香港大宗商品市场的演变

07

中国内地大宗商品现货市场的历史沿革、现状及其与期货市场的关联

深圳前海联合交易中心有限公司

摘要

本文简要梳理了中国内地大宗商品的定义、分类，以及其商品交易所的发展历程与现状，纵观国际大宗商品现货与期货市场发展的经验，并提出了建设多层次市场体系、打造国际大宗商品交易中心的建议。

1. 内地大宗商品的概念与特征

根据《大宗商品电子交易规范》（GB/T 18769-2003）的界定，大宗商品是指可进入流通领域，但非零售环节，具有商品属性，用于工农业生产与消费使用的大批量买卖的物质商品。

大宗商品关乎国计民生。石油输出国组织（OPEC）减产导致的原油价格上涨会直接影响上班族的出行方式，干旱造成的大豆减产也会改变餐桌上下一顿饭菜的搭配。

2019 年，受“猪周期”下行、非洲猪瘟疫情冲击、中美贸易摩擦等因素叠加影响，中国内地的猪肉价格出现大幅度上涨。猪肉是重要的大宗农副产品，也是日常消费的主要肉类。2018 年，中国内地居民人均猪肉消费量为 22.83 千克[1]，按总人口 13.95 亿[2]计算，年度总消费量高达 3 185 万吨。

2019 年第一季度与中国内地猪价同步起飞的，还有美国生猪期货市场。芝加哥商品交易所（Chicago Mercantile Exchange，简称 CME）的美国瘦肉猪期货（Lean Hogs Futures）多个品种续涨至合约高点，活跃合约的期货结算价一度接近 100 美分 / 磅。此后在贸易摩擦加剧、资金面及供需驱动等多因素共同作用下，现货与期货价格呈现“剪刀差”走势（见图 1）。

① 资料来源：中国国家统计局。

② 资料来源：中国国家统计局。

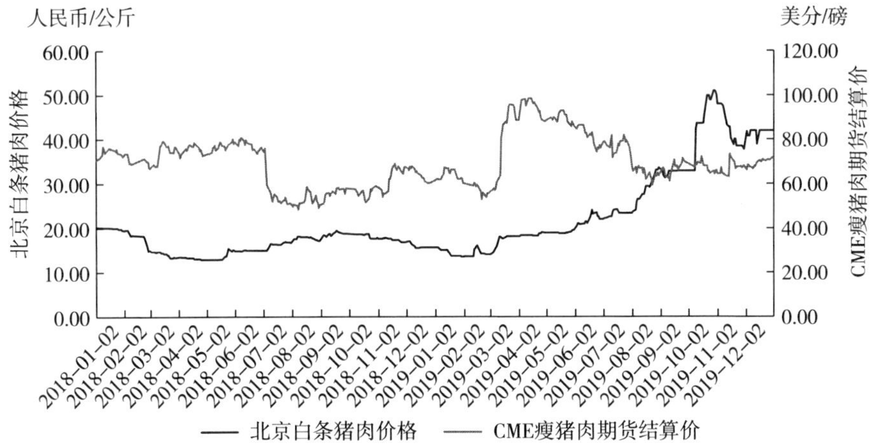

资料来源：Wind（源自中国农业信息网、CME）。

图 1　内地猪肉价格及美国生猪期货价格走势

毋庸置疑，大宗商品是工农业生产的重要原料及产成品，是实体经济的基石。而长远来看，大宗商品也是使资产组合多样化的重要投资标的。有报道①指出，美国主要农产品期货品种中，非商业多头持仓占市场合计多头持仓的比例保持在 25%~35%的区间内，包括商品指数基金在内的各类资产管理产品是商品期货市场重要的参与者。

数量多、价格波动大、金融属性强，大宗商品已成为影响实体经济和金融市场运行的重要因素。

2.　内地大宗商品的分类

按照交易属性划分，大宗商品可分为商品类与权益类两类。按照是否在期货交易所上市交易又可以分成商品期货品种和现货品种。

① 〈机构“敲门”　大宗商品资产配置价值凸显〉，载于《中国证券报．中证网》，2019 年 8 月 28 日。

表 1　大宗商品分类

分类	子分类	品类
商品类	能源	原油、汽油、天然气、动力煤等
	基础原材料	铁、铜、铝、铅、锌、镍、钨、橡胶、铁矿石等
	贵金属	黄金、铂金、白银等
	农副产品	玉米、大豆、小麦、稻谷、燕麦、大麦、黑麦、猪腩、活猪、活牛、小牛、大豆粉、大豆油、可可、咖啡、棉花、羊毛、糖、橙汁、菜籽油等
权益类	航运权、林权、碳排放权等	

2.1　商品类大宗商品

传统大宗商品范畴仅包含商品类，交易品种遍布各类型期货、现货交易所。表 2 列出内地商品类期货的主要品种。

表 2　商品期货品种

品种名称	2017 年		2018 年		2019 年	
	交易量（万手）	交易额（亿元人民币）	交易量（万手）	交易额（亿元人民币）	交易量（万手）	交易额（亿元人民币）
黄大豆 1 号	2 632	10 246	2 211	8 079	1 845	6 422
线型低密度聚乙烯（LLDPE）	6 142	29 148	3 674	17 105	6 344	24 492
豆粕	16 288	45 854	23 816	73 500	27 287	76 030
豆油	5 716	35 473	5 414	31 020	8 754	52 512
黄大豆 2 号	4	14	2 448	8 337	1 779	5 499
玉米	12 732	21 071	6 681	12 323	9 912	18 841
玉米淀粉	5 043	9 927	2 261	5 103	1 656	3 808
棕榈油	6 805	37 804	4 434	21 635	13 550	71 298
聚氯乙烯	3 900	12 783	3 636	12 192	3 379	11 246
焦煤	4 219	31 144	4 647	35 478	2 287	17 763
焦炭	4 012	77 295	6 907	149 675	5 568	111 372
铁矿石	32 874	170 795	23 649	115 281	29 654	198 731
鸡蛋	3 726	14 228	1 992	7 847	3 713	15 673
胶合板	0	1	0	0	0	0

续表

品种名称	2017 年		2018 年		2019 年	
	交易量（万手）	交易额（亿元人民币）	交易量（万手）	交易额（亿元人民币）	交易量（万手）	交易额（亿元人民币）
聚丙烯	5 669	24 264	4 935	23 009	9 371	38 902
纤维板	—	—	3	13	117	235
粳米	—	—	—	—	41	150
苯乙烯	—	—	—	—	396	1 442
铝	6 542	49 265	4 662	33 557	3 276	22 746
燃料油	0	3	3 927	12 048	17 672	42 710
天然橡胶	8 934	137 511	6 185	73 625	5 385	64 483
铜	5 410	133 874	5 125	129 768	3 652	87 251
锌	9 145	107 026	9 235	104 117	7 107	72 001
螺纹钢	70 202	242 706	53 098	201 710	46 517	169 470
线材	0	0	16	58	17	68
黄金	1 948	54 193	1 612	44 248	4 621	149 962
白银	5 311	32 028	4 225	23 232	14 282	89 385
铅	1 251	11 555	1 020	9 605	771	6 359
锡	208	3 014	274	4 044	325	4 541
镍	7 415	65 030	11 482	119 696	16 044	183 879
石油沥青	9 744	25 327	6 980	21 964	10 291	32 733
热轧卷板	10 313	37 779	8 682	33 056	7 041	25 440
原油	—	—	2 651	127 383	3 464	154 760
20 号胶	—	—	—	—	94	997
苯二甲酸（PTA）	14 039	36 964	17 085	55 862	31 247	88 820
白糖	6 106	39 561	6 397	33 194	11 250	59 494
菜籽油	2 599	17 374	3 508	23 262	3 779	26 958
棉花	2 606	20 124	5 847	49 272	6 381	43 616
强麦	38	218	11	55	1	6
早籼稻	0	1	4	20	0	1
晚籼稻	0	0	54	308	2	10
玻璃	4 109	11 072	2 514	7 069	3 092	8 830
甲醇	13 701	36 574	16 390	46 842	26 509	61 002

续表

品种名称	2017 年		2018 年		2019 年	
	交易量（万手）	交易额（亿元人民币）	交易量（万手）	交易额（亿元人民币）	交易量（万手）	交易额（亿元人民币）
油菜籽	0	1	0	1	6	25
菜籽粕	7 974	18 510	10 436	25 419	13 809	32 013
普麦	0	0	0	0	0	0
动力煤	3 071	18 353	4 887	30 198	2 749	15 957
粳稻	0	0	1	8	0	2
锰硅	2 492	8 513	1 885	7 537	1 117	3 941
硅铁	1 628	5 604	2 156	7 094	931	2 768
苹果	79	637	9 996	94 013	3 746	33 655
尿素	—	—	—	—	469	1 630

资料来源：中国期货业协会、Wind。

2.2 权益类大宗商品

权益类大宗商品涵盖范围广泛，包括航权、航运、矿权、林权、碳排放权等。权益类商品截至 2019 年末在内地仍未有对应的期货品种。这里重点介绍航运与碳排放权交易。

2.2.1 航运交易

航运交易业务包括船舶买卖和租赁交易、邮轮游艇交易、航运金融和航运保险等。

1996 年 11 月，上海航运交易所获中国国务院批准设立，是中国内地唯一一家国家级航运交易所。重庆、广州、武汉、宁波、厦门航运交易所随后相继成立。然而由于航运和船舶交易标的个体差异性极大，以致每笔交易的可能参与者都相当有限。

表 3 上海航运交易所部分船舶交易成交情况

成交日期	船型	载重吨	建造日期	船籍港	航区	成交价格（万元人民币）
2019-12-24	干散货船	626	2009-06-18	湖州	内河	62
2019-12-24	干散货船	430	2006-04-29	湖州	内河	29.58

续表

成交日期	船型	载重吨	建造日期	船籍港	航区	成交价格(万元人民币)
2019-12-23	其他	3 490	2016-05-25	益阳	内河	300
2019-12-23	干散货船	3 000	2005-04-22	芜湖	内河	180
2019-12-23	多用途船	1 825	2012-11-07	贵港	内河	206.8
2019-12-23	成品油轮	980	2012-08-16	常德	内河	26

资料来源：上海航运交易所。

2.2.2 碳排放权

碳排放权交易是《京都议定书》为促进全球减少温室气体排放采用市场机制建立的以《联合国气候变化框架公约》（*The United Nations Framework Convention on Climate Change*，简称 UNFCCC）作为依据的温室气体排放权（减排量）交易，碳排放权交易允许企业在总量不突破的前提下，交易碳排放量配额。其经济学原理在于：不同企业由于所处国家、行业或是技术、管理方式上存在着的差异，实现温室气体减排的成本是不同的。碳排放权交易市场的运行就是鼓励减排成本低的企业超额减排，将其所获得的剩余碳配额或温室气体减排量通过交易的方式出售给减排成本高的企业，从而帮助减排成本高的企业实现设定的减排目标，并有效降低实现目标的减排成本。

2011 年 10 月，中国国家发展和改革委员会印发《关于开展碳排放权交易试点工作的通知》，批准在北京、天津、上海、重庆、深圳、湖北省、广东省共两省五市开展碳排放权的交易试点。截至 2019 年末，中国已有 8 家主要的碳排放交易所在全国不同地区：

- 广东：广州碳排放权交易所
- 深圳：深圳排放权交易所
- 北京：北京环境交易所
- 上海：上海环境能源交易所
- 湖北：湖北碳排放权交易所
- 天津：天津排放权交易所
- 重庆：重庆碳排放权交易中心

● 福建：海峡股权交易中心

其中，深圳排放权交易所在 2013 年 6 月 18 日率先启动了交易。截至 2019 年年底，8 家碳排放权交易所累计交易量达 2.73 亿吨，累计交易额 57.6 亿元人民币。

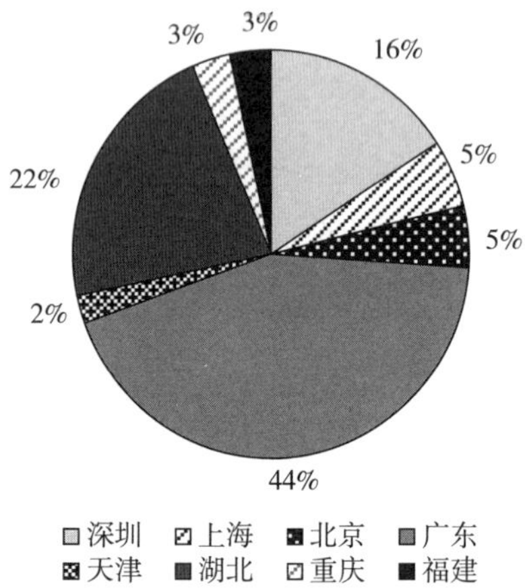

注：各场所开业至 2019 年 12 月 31 日的交易量。

资料来源：深圳碳排放权交易所、上海环境能源交易所、北京环境交易所、广州碳排放权交易所、天津排放权交易所、湖北碳排放权交易中心、重庆碳排放权交易中心、海峡股权交易中心。

图 2　内地主要碳排放权交易场所累计交易量的分布

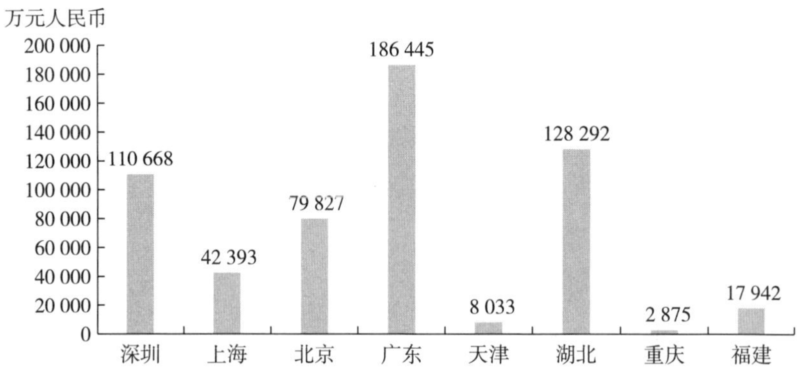

注：各场所开业至 2019 年 12 月 31 日的交易额。

资料来源：深圳碳排放权交易所、上海环境能源交易所、北京环境交易所、广州碳排放权交易所、天津排放权交易所、湖北碳排放权交易中心、重庆碳排放权交易中心、海峡股权交易中心。

图 3　内地主要碳排放权交易场所的累计交易额

3. 内地商品现货市场历史沿革及现状

3.1 内地商品现货市场历史沿革

中国内地的大宗商品现货市场即除全国性期货交易所之外的交易大宗商品的市场，起源于 20 世纪 80 年代，在当时中国内地的计划经济体制下，资源配置完全采用行政手段完成，大宗商品生产及流通的数量、价格、方式均由政府部门指导确定。

1985 年，重庆提出建设工业和农产品贸易中心，大宗商品交易进入批发市场的发展阶段，逐步由行政手段分配转向自由贸易模式。1989 年，中国商务部决定建设批发市场，并推行中远期订货这一类似期货的交易方式。随着计算机及网络技术的快速发展，1997 年中国内地推出了通过网络搭建的电子商务平台，并在平台上开展即期现货交易与中远期订货交易。自此，大宗商品市场进入了快速发展阶段，由政府、大中型企业及行业协会等发起的各类大宗商品交易平台纷纷成立，交易品种与方式也日渐丰富。

然而大宗商品市场快速发展的同时，由于监管缺位，交易平台上的违法违规问题日渐突出，风险不断暴露。为防范金融风险、规范市场秩序，中国国务院先后发文《国务院关于清理整顿各类交易场所、切实防范金融风险的决定》（国发〔2011〕38 号）、《国务院办公厅关于清理整顿各类交易场所的实施意见》（国办发〔2012〕37 号）等文件，并建立由中国证券监督管理委员会牵头、有关部门参与的“清理整顿各类交易场所部际联席会议”（即“部际联席会议”）制度。

以“总量控制、审慎审批、合理布局”为基本原则，部际联席会议先后于 2012 年 2 月、2012 年 7 月、2017 年 1 月、2019 年 7 月召开四次会议并通报各类交易场所清理整顿工作进展情况。根据联席会议当时的统计数据，中国内地 36 个省、自治区、直辖市及特别行政区现共设有商品类交易场所 596 家，其中开展贵金属交易的有 89 家，开展原油交易的有 59 家（23 家同时开展贵金属和原油交易）；文化艺术品类交易场所共有 113 家，其中开展邮币卡交易的有 37 家。这近 600 家商品类交易场所中有超过三分之一因违法违规交易被叫停，尚未上线新交易品种或探索出合规盈利模式，仍处于等待观望状态，成为“僵尸”交易场所。

商品类交易所具有规模效应，不在数量多，而在质量、品牌与影响力，各大交易所应充分结合本地资源禀赋、产业需求，合理开设交易品种、服务实体经济，共同促使行业健康发展。

3.2 内地商品现货市场现状

相较于期货交易所而言，大宗商品现货市场具有分散、灵活、个性化的特征，能够针对有一定投资需求或某种特定避险要求的投资者提供专业化的工具产品。其存在有效地填补了商品期货市场地域与客户覆盖度的不足，有助于解决高度标准化期货市场个性化不足的问题，可以极大便利具有避险和投资需求的投资者参与商品市场。

在交易方式上，内地大宗商品现货市场主要以实物商品为交易标的。在交易制度上，现货交易较期货交易而言更加灵活，成本也更低。在交易品种上，现货市场涉及农副产品、金属、能源、化工等多个领域，基本覆盖了国内各类活跃的商品交易品种。

表 4 国内主要地方大宗商品现货交易所介绍

成立年份	交易所名称	相关介绍以及主营商品
2002	上海黄金交易所	提供黄金、白银、铂等贵金属交易的场所、设施及相关服务，实行价格优先、时间优先撮合成交。非标准品种通过询价等方式进行，实行自主报价、协商成交。会员可自行选择通过现场或远程方式进行交易。
2008	天津贵金属交易所	天津贵金属交易所是经天津市政府批准，由天津产权交易中心发起设立的公司制交易所。交易所上市交易的品种有现货铂金、现货钯金、现货镍、现货白银、现货铜和现货铝六种贵金属。由中国中信集团控股，天津产权交易中心、中国黄金集团公司等企业参股。交易所营业范围为“贵金属（含黄金、白银）、有色金属现货批发、零售、延期交收，并为其提供电子平台；前述相关咨询服务及许可的其他业务”。
2011	浙江舟山大宗商品交易所	浙江舟山大宗商品交易所经舟山市人民政府发起，由市政府设立的中国（舟山）大宗商品交易中心管理委员会直接监管，交易商品主要为浙商油、钨精矿，第三方托管银行为建设银行和工商银行。
2012	海南大宗商品交易中心	由海南省农垦集团控股 51%，联合上海大新华易物流网络有限公司、海南润德投资有限公司、新湖控股有限公司、海南神农大丰种业科技股份有限公司四家股东共同发起设立，注册资本金 1 亿元人民币。主要交易品种为槟榔、铂金、钯金、白银。

续表

成立年份	交易所名称	相关介绍以及主营商品
2013	南宁商品交易所	南宁商品交易所又称中国—东盟商品交易所，主要提供化工产品、农产品、林产品、钢铁产品、有色金属、成品油等大宗商品现货品种的交易。
2013	渤海商品交易所	按照天津市人民政府对渤海商品交易所的定位和要求，渤海商品交易所在石油及化工商品、金属商品、煤炭等能源商品、农林商品等专业领域，根据不同需求，不断推出符合需求标准的现货交易品种。
2014	福建金雅商品交易中心	隶属华兆投资（北京）股份有限公司，主要为现货交易市场提供 B2B（Business-to-Business，企业对企业）、B2C（Business-to-Consumer，企业对客户）等多种模式的电子交易服务。交易商品有白银、沥青、铜、镍。
2014	广东国际商品交易中心	广东国际商品交易中心是经广东省人民政府审批同意，由广东省商业企业集团主导，广州祥能投资集团有限公司参与组建。注册资金 1 亿元人民币，是内地首家以国际化、专业化为主导的商品交易平台。交易商品以燃料油、粤银、粤铜为主。

资料来源：各交易所官网、新闻资料整理。

目前中国内地大宗商品现货市场以大宗商品电子交易市场为代表，在合约品种、市场主体、运行机制、风险管控等方面与国际成熟的大宗商品场外现货市场都存在较大差距，在其完善期货市场功能、优化资源配置等方面的作用也受到限制。

4. 大宗商品现货市场与期货市场的关联

4.1 国际大宗商品市场的发展历程

国际大宗商品交易市场先后经历了三个阶段：首先是传统的现货交易，其次是场外衍生品市场，最后才是当前的场内期货市场。所以其大宗商品交易体系十分成熟完善，市场功能也可以得到充分的体现与发挥。

20 世纪 70 年代后，国际大宗商品交易市场高速发展，在此背景下各国激烈地争夺全球商品定价权。很多国际性交易所均构建了健全的动态交易系统、完善的现货交割体系，以及各具特色的金融及物流服务。

目前，国际上比较具有影响力的大宗商品交易市场主要有伦敦金属交易所（London Metal Exchange，简称 LME）、新加坡商品交易所（Singapore

Commodity Exchange Limited，简称SICOM）、洲际交易所集团（Intercontinental Exchange，简称ICE）、CME等。这些大宗商品交易市场一般形成于经济较为发达的地区，背靠强大的商业及金融体系。

表5　国际部分主要大宗商品交易市场

地区	成立年份	名称
欧洲	1877	伦敦金属交易所
	1988	欧洲期货交易所
北美	1856	美国堪萨斯商品交易所
	1874	芝加哥商品交易所
	1874	加拿大蒙特利尔交易所
	1998	美国洲际交易所
亚洲	1951	东京工业品交易所
	1952	东京谷物交易所
	1990	郑州商品交易所
	1990	上海期货交易所
	1993	大连商品交易所
	2007	迪拜商品交易所
	2010	新加坡商品交易所

对上述国际主要大宗商品交易所发展模式进行梳理后，我们发现大宗商品交易场所发展可以分为"先发"和"后发"两大模式。

"先发模式"是指根据大宗商品交易市场在现货贸易逐步向期货合约交易发展历史过程中，逐渐成为地区性乃至国际性的大宗商品交易场所，如芝加哥商品交易所。现代意义上的期货交易实际产生于19世纪中期的芝加哥，芝加哥作为美国重要的粮食集散地，通过采用标准化远期合约逐步发展成为大宗商品期货交易中心。伦敦金属交易所也是在伦敦成为国际性金融中心的发展过程中逐步建成的。

基于此种模式下大宗商品交易市场体系呈现“现货—中远期—期货—场外”市场发展路径，在市场发展初期，基础现货市场较为活跃，总体表现出即期性、分散化等特点。随着现货市场的发展，市场参与者逐步产生了风险规避需求，因而逐步形成了大宗商品中远期交易，在合约中对价格、品种、期限、保证金、数量等参数进行约定。随着中远期市场的进一步发展，参与商对履约风险控制、远期合约流动性等提出了更高要求，并结合技术的进步和金融信用体系的发展，逐渐提高期货合约的标准化水平，推进期货的场内市场发展。但是标准化的合约难以完全满足交易商定制化的需求，随着金融衍生品市场的发展，大宗商品的场外市场不断壮大。

“后发模式”是指政府根据金融市场发展和区域性金融中心建设的需要，利用自身特点和地缘优势，主动差异化发展建成国际性大宗商品交易场所。中国内地的期货交易所就是此类模式的典型案例。定位明确、政策保障，此类交易所发展往往极其迅速，但因不是从现货一步步演进而来，商品市场配套支持不够完善。

4.2 内地大宗商品现货市场与期货市场的关联

大宗商品市场的交易通常可以分为三个层面：第一层是实体经济参与者，包括生产商、消费者及现货物流企业；第二层是服务实体经济参与者的贸易及金融服务的提供商或中介机构；第三层则是纯金融投资者。

对比内地与境外商品市场，能够发现境外商品市场的参与客户为典型的正金字塔，三个层面的用户均有覆盖，但主要参与者是第一层与第二层。而内地商品市场却像个倒金字塔：第一层的实体经济参与者与第二层的贸易、金融服务提供商及中介机构所参与的现货市场还不太发达和规范，仓储认证增信环节薄弱，流通领域融资困难，整个现货生态系统效率低下、成本高企、风险丛生；但是第三层的期货市场交易却异常活跃，投资群体以散户为主，实物交割有限。也正因为如此，内地商品期货市场与现货市场的关联度还不够高，大宗商品市场的金融服务远远不能满足实体经济需求。

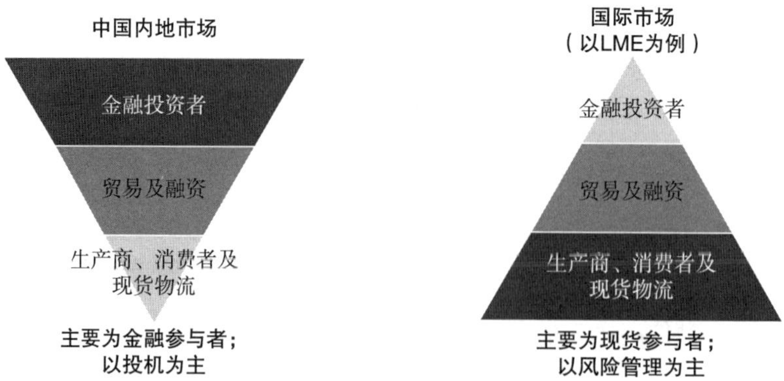

图 4　中国内地大宗商品市场呈倒三角结构

4.3　规范内地大宗商品现货市场的建议

4.3.1　建设多层次市场体系

发展多层次大宗商品市场能有效对接市场经济中多元参与主体，满足实体经济多样化的商品流转和风险管理需求。

首先，要建立期货、现货联动的市场交易机制，在全国期货市场与地方现货市场之间设计一整套包含大宗商品及其衍生品的完整市场体系，充分发挥全国性商品交易所、地方期货中介机构以及地方性商品交易平台的积极作用，为市场参与者提供多元化、个性化的大宗商品交易和风险管理服务。

其次，要利用好现有市场形态、功能和机制，尤其是健全期货市场的集中定价与清算职能，充分建立全国性期货市场与地方性大宗商品现货市场的连接，使大宗商品市场能更好地服务于实体经济。

4.3.2　打造国际大宗商品交易中心

国际大宗商品交易中心，是世界各地大宗商品贸易的关键节点，代表着一个地区参与全球货物贸易竞争的水平。

现阶段，中国作为最大的大宗商品生产国、进口国及消费国，其商品贸易规模不断扩大，但尚未形成具有世界影响力的大宗商品交易中心，在一定程度上制约了中国在世界贸易中的竞争力。

未来，通过创新交易、交割与结算模式，依托现货产业链、贸易链，打造高品质的大宗商品国际化交易市场将会是当下内地商品交易所的必经之路。

5. 结语

大宗商品与人类生产生活息息相关，近年来已成为资产管理的重要投资标的。随着中国经济的快速发展与加速开放，其大宗商品市场的国际化程度进一步加深，中国已成为多种大宗商品最大进口国与消费国，但中国内地大宗商品市场仍然存在起步晚、开放程度不高、定价话语权有待继续提升的问题，在市场建设中发展不均衡、业务重叠、监管缺位等现象也普遍存在。

通过梳理国际上具有影响力的大宗商品交易市场发展历程，我们发现中国内地的期货交易所为典型后发模式：定位明确、政策充分支持、发展极为迅速，但商品市场配套支持也因此不够完善，商品期货交易所与现货市场的相关度不够高，金融服务也远远无法满足实体经济需求。为规范中国内地大宗商品现货市场，我们建议监管单位应充分支持现货市场发展、引领打造多层次市场体系，并建设国际大宗商品交易中心、提升世界贸易中的竞争力。

08

中国内地大宗商品市场的国际地位与对外开放

深圳前海联合交易中心有限公司

摘要

本文梳理并分析了中国内地大宗商品市场的国际地位，发现内地大宗商品市场的需求与产业链定价权不匹配，提出了加强内地交易所的协同效应、推进金融监管体制的改革及合理利用香港金融中心的优势等商品市场对外开放的政策建议。

1. 内地大宗商品市场的国际地位

1.1 消费大国

中国是仅次于美国的全球第二大经济体，现已成为铁矿石、铜、镍、煤炭、棉花等主要大宗商品的最大消费国，进口了全球近 70% 的铁矿石[①]和 40% 的铜精矿[②]。在世界经济增长放缓、国际环境更加严峻复杂、国内经济下行压力持续加大的大环境下，中国内地的大部分大宗商品进口量依然保持较高速增长，油品进口增速尤其明显：2018 年中国内地的原油进口量高达 4.62 亿吨，成品油进口量 3 348 万吨，分别较 2017 年增长 10.09% 及 12.96%。2018 年中国内地原油进口量占当年石油输出国组织（OPEC）全球总出口量的 37.61%，中国已超越美国（占 18.60%），成为全球最大的原油进口国[③]。

① 国际钢铁协会数据显示，2017 年全球铁矿石进口量为 15.77 亿吨，其中中国进口量为 10.75 亿吨，占比 68%（资料来源：Wind）。

② 资料来源：Observatory of Economic Complexity（OEC）网站（https://oec.world/en/profile/hs92/260300/），于 2020 年 1 月 17 日阅览。

③ 资料来源：中国国家统计局、中国海关总署、石油输出国组织（OPEC），经计算得出。

表 1　部分大宗商品进口情况

品类	2018 年进口金额		2018 年进口数量	
	（亿美元）	对比 2017 年的变化（%）	（万吨）	对比 2017 年的变化（%）
大豆	380.87	–3.91	8 804	–7.84
煤	247.61	9.39	28 189	4.06
原油	2 403.80	48.08	46 189	10.09
钢材	164.35	8.34	1 317	–0.98

数据来源：中国国家统计局。

1.2　定价权缺失

从国际大宗商品市场供需结构来看，中国内地无疑是诸多品种的最大需求方。然而在世界大宗商品市场中，中国需求的日益增加却成了影响大宗商品涨价的重要因素。中国内地的原油对外依存度超过 70%，原油进口价格从 2017 年的平均 386.89 美元 / 吨涨至 520.43 美元 / 吨，涨幅高达 34.51%[①]。由于缺乏国际定价权，中国俨然已成为全球大宗商品价格波动的最大受害者。

中国内地参与大宗商品市场的贸易商数量多且分散，没有形成一个统一有效的行业联盟，而且重点企业对于产业链上下游整体的控制力弱，因此出现了这样一种奇怪现象：在国际大宗商品现货交易中，中国内地商品进口往往顺从国际价格，而出口企业却竞相压价。作为世界上最重要的大宗商品贸易国，中国的需求优势尚未充分转换形成产业链定价优势，对于主要大宗商品的价格影响力十分有限，面临着仅仅作为国际市场价格被动接受者的现实困境。

① 资料来源：中国国家统计局、中国海关总署、OPEC，经计算得出。

2. 内地大宗商品市场的对外开放情况

2.1 境外投资者的准入

引入境外投资者是现阶段中国内地大宗商品市场对外开放的重要手段。通过政策吸引全球投资者广泛参与境内大宗商品交易，有助于促使中国商品市场价格得到国际市场的广泛关注和使用，充分发挥期货市场避险和套期保值作用。交易品种准入门槛的降低、参与主体准入的对外开放也可以促进中国内地与周边其他国家和地区在商品、资本、交通、信息等方面的自由流通，这对于积极发展与沿线国家的经济合作伙伴关系，促进"一带一路"建设，实现经济社会发展水平的共同提升，进而共同打造政治互信、经济融合、文化包容的利益共同体有深远意义。

当下，境外投资者的准入政策主要如表 2 所示。

表 2 内地商品市场针对境外投资者准入门槛的相关政策条例

发布年份	政策条例名称	发布机构	相关介绍
2015	《境外交易者和境外经纪机构从事境内特定品种期货交易管理暂行办法》	中国证券监督管理委员会	规定境外交易者可以根据自身情况和业务需要，选择通过境内期货公司或者境外经纪机构从事境内特定品种期货交易；符合条件的境外交易者也可直接在期货交易所从事境内特定品种期货交易。境外经纪机构可根据情况，在接受境外交易者委托后，委托境内期货公司进行境内特定品种期货交易。该办法为境外投资者直接进入期货交易所进行期货交易预留了空间，有利于提高中国内地期货交易的国际化程度，解决了境外贸易机构在境内从事原油期货等特定品种的交易问题。
2017	《期货交易管理条例（2017 年修订）》	中华人民共和国国务院	该条例第八条指出期货交易所会员应当是在中华人民共和国境内登记注册的企业法人或者其他经济组织。该条例第十七条明确期货公司业务实行许可制度，由国务院期货监督管理机构按照其商品期货、金融期货业务种类颁发许可证。期货公司除申请经营境内期货经纪业务外，还可以申请经营境外期货经纪、期货投资咨询以及国务院期货监督管理机构规定的其他期货业务。该次修订大大扩展了境外大宗商品场内交易机构在中国内地可从事的业务范围，有利于增强内地大宗商品市场对境外机构的吸引力，使得境外机构能够在更加公平的条件下参与内地大宗商品市场的竞争，推进内地大宗商品市场与国际市场的互联互通。

续表

发布年份	政策条例名称	发布机构	相关介绍
2017	《外商投资期货公司管理办法》	中国证券监督管理委员会	根据银行、证券、保险等金融行业对外开放的经验，引进境外战略投资者有利于学习成熟理念、优化股权结构和体制机制，为境内期货公司注入品牌和核心技术，同时便于打通境外市场以充分利用国际客户资源，提高公司的全球市场知名度，完成从本土到国际化的转变。

资料来源：根据新闻报道整理。

2005年以来先后有摩根大通、高盛、苏格兰皇家银行、法国兴业银行、瑞银等国际投资银行参股境内期货公司尝试国际化运作。但根据中国内地当时的监管规定，外资不能控股内地期货公司、境外资本不能参与境内期货交易所的设立，内地商品市场的开放尚有相当的路要走。为解决以上问题，进一步深化对外开放水平，2019年10月23日中国国务院发布了《关于进一步做好利用外资工作的意见》，提出将在2020年取消证券公司、证券投资基金管理公司、期货公司、寿险公司外资持股比例不超过51%的限制，加快金融业的开放进程，这或将加速中国内地商品市场的对外开放。

表3　部分参与内地期货交易的外资金融机构

名称	参股外资金融机构	参股比例	经营情况
银河期货	苏格兰皇家银行	16.68%	为中国内地第一家合资期货公司，在2019年期货行业协会的排名中位于第四，评级为AA
摩根大通期货	摩根大通	49%	2019年期货行业协会排名为第30名，评级为A
中信新际期货	新际集团	42%	于2014年被中信期货吸收合并，外资退出

资料来源：根据新闻报道整理。

2.2　内地商品交易所及品种的开放情况

2.2.1　商品期货交易所的对外开放

上海、大连和郑州三家商品期货交易所商品期货与期权成交总量约占全球大宗商品成交量的近六成[①]，期货期权品种已达到70个，基本涵盖国民经济发展的各大领域。在境内交易专业化、规范化的过程中，三家期货交易所也在探索国际化道路。2018年5月4日，铁矿石期货作为内地首个已上市品种，成功试点引入境外交易者。随后上海期货交易所子公司上海国际能源交易中心（以下简称INE）也先后上线原油及20号胶期货，全面引入境外交易者参与交易。

表4　内地商品期货交易所的开放情况

交易所名称	国际化品种及相关介绍
大连商品交易所	2018年5月4日，大连商品交易所允许境外交易者参与其铁矿石期货的交易。经过一年多的稳定运行，铁矿石期货国际化已基本起步。境外交易者参与积极，市场结构持续优化。2018年，中国铁矿石期货成交量是世界第二大铁矿石衍生品市场——新交所（简称SGX）——的铁矿石掉期和期货的22倍，继续保持全球最大铁矿石衍生品市场的地位，为企业套保提供了充足的流动性。近年来以铁矿石期货价格为基准的基差贸易也逐步开展，2017年铁矿石现货基差贸易量不足500万吨，2018年攀升到1 000万吨，2019年上半年已与2018年全年的量持平。
郑州商品交易所	2018年11月30日，苯二甲酸（PTA）期货正式引入境外交易者入场交易。以PTA期货为试点引入境外交易者，将进一步推动中国成为全球聚酯产品的定价中心。
上海期货交易所及其子公司INE	2019年3月26日，内地首个国际化期货品种——原油期货在INE挂牌交易，开启原油期货市场的国际化进程。原油期货运行情况良好，于2018年年末日成交量已达到单边15万手的水平，成为全球第三大原油交易市场，价格已逐步得到市场的认可。 2019年8月12日，20号胶期货正式在上海期货交易所挂牌上市，是继原油期货后，内地推出的第二只“国际平台、人民币计价”模式的期货交易品种，将全面引入境外交易者参与。

资料来源：根据新闻报道整理。

中国内地已有原油、铁矿石、PTA、20号胶四个期货品种引入境外交易者，走向国际市场。截至2019年末，INE原油期货累计成交量1.22亿手，累计成交额56.4万亿元[②]，境外开户数量较上市初期增长数倍。随着更多

① 资料来源：〈我国大宗商品期货成交量已连续7年位居世界第一〉，载于央视网网站2017年6月18日。

② 资料来源：Wind（上海期货交易所数据）。

期货品种的国际化，更多的境外投资者会参与到中国内地的期货市场中来，自然也会有更多的外资机构进入内地期货行业，这也有助于促进内地期货行业机构专业服务能力的提升。

表 5　部分内地国际化期货交易品种的交易现状

品种	2019 年日均成交量	境外交易者情况	境外交易者的交易占比
铁矿石期货	243.1 万手	截至 2019 年 10 月底，已有来自 15 个国家和地区的 170 多个境外客户开户，其中新加坡地区客户占境外客户总数的 20%。	截至 2019 年 4 月，境外交易者的铁矿石交易量占比达到 19%。
PTA 期货	256.1 万手	截至 2019 年 9 月底，共有 115 个境外客户开户，29 家境外中介机构完成了备案。境外客户持仓量突破 1 万手，市场运行良好。	截至 2019 年末，境外交易者 PTA 交易量占比 7.6%。
原油期货	28.4 万手	截至 2019 年 10 月底，境外客户开户数已经超过 100 家，来自包括英国、澳洲、新加坡等 9 个国家，以及中国香港、台湾和澳门地区。另外还完成了来自中国香港以及新加坡、英国、韩国、日本、荷兰 53 家境外中介机构的备案。	截至 2019 年 10 月，境外交易者的交易量占比达到 17.5%，日均持仓量占比为 23.7%。

资料来源：根据新闻报道及 Wind 数据整理。

从铁矿石、PTA，再到原油和 20 号胶，内地期货市场稳步扩大对外开放品种范围。让中国内地较为成熟、具有中国内地特色的商品率先走出去、吸引境外投资者入场交易，对于提升内地商品价格的国际影响力、为中国内地企业跨境经营提供价格参考和风险管理工具具有重大意义。

2.2.2　商品现货交易所的对外开放

中国内地商品现货交易所的对外开放起步相对较晚，做了先期探索工作的主要有上海黄金交易所及渤海大宗商品交易所。

表 6　内地商品现货交易所的开放情况

交易所名称	国际化品种及相关介绍
上海黄金交易所	上海黄金交易所国际板是上海首个面向国际的交易平台，允许境外投资者在内地黄金市场进行投资，产品被称为“上海金”。2019 年 7 月 31 日，上海黄金交易所国际板指定仓库落地深圳。
渤海大宗商品交易所	天津渤海大宗商品交易所现有生活消费品、大宗农林、石油化工、矿产资源、有色金属等七大板块 80 余种产品种类。渤海大宗商品交易所创新推出了“BEST”现货交易制度[①]，依托交易所与电商平台融合，覆盖全球资金结算、市场服务、信息宣传、仓储物流等功能。2013 年 4 月，在中国人民银行的批准下，该交易所成为国内首个跨境交易人民币结算平台试点。

注：① 具体包括延期交收补偿制度、中间仓补收以及现货即期交易等制度。
资料来源：根据新闻报道整理。

3.　内地商品市场对外开放的建议

推动内地大宗商品市场对外开放对于加速国际资本和商品流通，进而形成国际大宗商品交易信息网络、帮助中国内地的贸易商获取买方议价权，以及获取全球大宗商品市场上的人民币定价权等均具有重要战略意义。

第一，各内地大宗商品交易所宜充分利用地域优势，加强交易协同效应、防止恶性竞争，实现互利共赢合作，丰富、明确各家交易所在大宗商品市场的成长路径。

第二，可以考虑从制度层面深入推进金融监管体制改革，构建并完善宏观审慎与微观监管相结合的监管体系，促进中国内地大宗商品市场有序、健康地逐步实现对外开放。

第三，可充分利用香港的地域优势和市场优势，合理引入相关成熟配套制度设计，全面提升内地商品市场的开放水平。

09

中国香港的大宗商品市场

香港交易及结算所有限公司

大宗商品发展部

摘要

香港作为国际金融中心，在金融业界多个范畴均有出色成就，然而其大宗商品市场的发展则相对薄弱，与纽约及伦敦等其他大宗商品交易中心比起来显得落后于人。要成为成功的大宗商品交易中心，关键元素之一是相关大宗商品交易所的市场容易进出、价格发现及对冲方面均可提供许多不同的解决方案。

现时香港唯一受自律监管的大宗商品现货市场由金银业贸易场营运，金银业贸易场为其会员提供金银贸易的平台、设施及相关服务。另外，香港唯一受监管的大宗商品衍生产品市场是由香港期货交易所（以下简称期交所）营运；期交所近年积极拓展产品种类，支持及促进香港的大宗商品市场发展。

2014 年至 2019 年，期交所推出了贵金属、基本金属及黑色金属期货合约，以促进亚洲时区的大宗商品对冲及套利活动。期交所贵金属方面，黄金期货成交量逐渐上升，2019 年 6 月又推出 6 只以美元及离岸人民币计价的黄金期货指数，为未来推出更多贵金属衍生产品奠定基础。

期交所基本金属产品方面，2019 年 8 月推出了 6 只以美元计价的伦敦金属期货小型合约，分别为铝、铜、铅、镍、锡及锌，简化了伦敦金属交易所（LME）传统基本金属合约的交易机制。与此同时，香港交易所与 LME 正就多项共同推行“伦港通”的协作计划进行建设性讨论。

香港交易所也开始涉足黑色金属。期交所以现金结算的 TSI CFR 中国铁矿石 62% 铁粉期货合约（铁矿石期货）于 2017 年 11 月开始买卖，到 2019 年产品的交投已相当不俗。

香港交易所推出有关大宗商品的发展策略后，市场参与者就未来发展提出了许多意见及宝贵建议，包括在香港设立仓储服务，以便进行基本金属实物交收、调低现时黄金期货的合约单位、认可由合格本地精炼厂制造的金条等，都是需要多方面协调配合的工作。相信金银业贸易场、期交所以及大宗商品场外交易市场之间仍有很多合作空间，以提升香港作为全球大宗商品贸易中心的国际地位。

1. 中国香港大宗商品市场 —— 根基尚浅但潜力大

香港享有国际金融中心的美誉，备受全球尊崇，在金融业多个方面均有出色表现，包括：全亚洲保险公司最多、保险密度最高的地区[①]；拥有全球最大的离岸人民币资金池[②]；近十年来新股集资额每年都跻身全球五大交易所之列[③]等。然而，一直以来侧重发展股本证券产品，却令定息产品及大宗商品等其他方面的发展相形见绌。须知拓展市场上资产类别的宽度和深度非常重要，可减轻香港金融市场对个别金融工具（即个别市场板块）的依赖，令整体金融行业更具韧性，也不会因个别市场板块表现失色而受到拖累。

若与定息板块相比，大宗商品板块可能更为薄弱。大宗商品交易的经济模式自成一格，有不少特有风险需要好好管理，还须用上特别技巧方可处理得当。所以，许多公司都专设独立部门处理其大宗商品交易活动，凝聚了一众擅长交易、营销、物流和风险管理等技能的精英；而这些人才汇聚的盛况，通常都可在大宗商品交易枢纽得见。

环顾全球，称得上大宗商品交易枢纽的有好几个，例如芝加哥是主要的农产品中心、伦敦是金属中心、休斯敦是能源交易中心等；亚洲方面，位处区内商品贸易路线中心点的新加坡是橡胶及铁矿石等商品的交易枢纽。这些枢纽大都是已有数十年历史的大宗商品集散地，它们之所以成为世界数一数二的大宗商品交易中心、兼且“各有所长”，背后往往离不开其接近商品运输的货运路线和基建配套。

要成为成功的大宗商品贸易中心，关键元素之一是相关大宗商品交易所的市场容易进出、价格厘定及对冲方面可提供许多不同的解决方案，例

① 2019 年营运中的认可公司有 162 家，2018 年的人均保费为 8 863 美元。资料来源：〈财智汇港〉，香港金融发展局单张，2019 年 9 月。

② 2019 年 6 月的总存款达人民币 6 278 亿元。资料来源：〈财智汇港〉，香港金融发展局单张，2019 年 9 月。

③ 参照国际证券交易所联会网站的市场数据。

如芝加哥期货交易所（CBOT）的大豆期货、洲际交易所集团（ICE）的西得克萨斯中间基原油（轻质原油）期货、新加坡商品交易所的橡胶期货等。

现时香港唯一受规管的现货商品市场是由金银业贸易场营运，而香港期货交易所[以下简称“期交所”，为香港交易及结算所有限公司（以下简称“香港交易所”）的全资附属公司]则营运香港唯一受规管的大宗商品衍生产品市场。顾名思义，金银业贸易场只提供黄金和白银的现货买卖。另外，有见香港的大宗商品市场一直是相对较弱的环节，期交所近年积极拓展产品种类，扩大旗下大宗商品的衍生产品选择。图 1 介绍香港的黄金交易概况，而以下分节则简述金银业贸易场和期交所的相关业务。

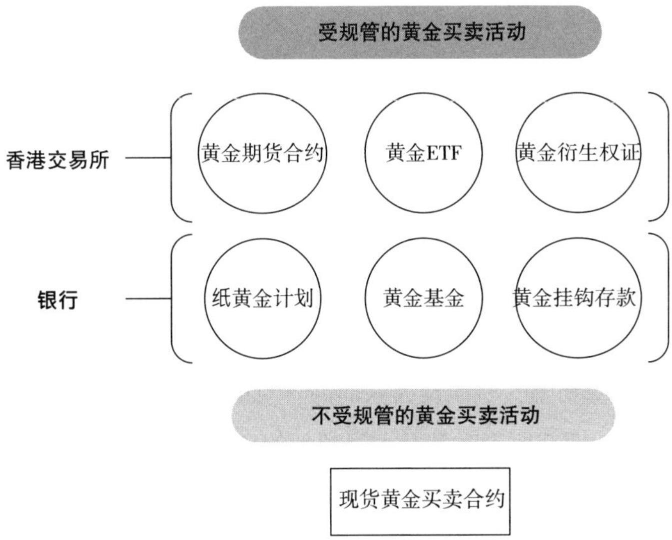

资料来源：投资者及理财教育委员会网站。

图 1　香港的黄金交易

1.1　金银业贸易场[①]

金银业贸易场于 1910 年创立，是个自律监管的业界组织，职能包括

---

① 资料来源：载于香港的投资者及理财教育委员会网站上的〈认识买卖黄金及其相关产品的保障〉（2018 年 2 月 14 日），于 2019 年 12 月 16 日浏览。

提供买卖贵金属的平台、设施及相关服务，并制定及实施业务规则，规范业界的交易行为。

金银业贸易场采用“行员制”，行员必须以公司名义登记。行员可以使用该场的交易平台进行贵金属买卖活动。就伦敦金买卖而言，金银业贸易场设有一个电子交易平台，让其认可的电子交易行员处理客户的交易（行员可以选择将客户的交易在该电子交易平台与其他行员交易或与客户直接交易后再向金银业贸易场申报），经电子交易平台处理的交易，会有一个交易编码，让投资者查阅交易内容。

不过，法例上并无规定黄金交易商须加入金银业贸易场成为行员才可做黄金现货买卖，这意味着并非只有金银业贸易场的行员才可以从事现货金买卖，因此香港黄金市场会有未受规管的场外交易。

1.2 香港期货交易所（期交所）

期交所是受香港证券及期货事务监察委员会（以下简称“证监会”）规管的期货交易所。期交所于1976年成立，2000年与香港联合交易所（以下简称“联交所”）及各自联属的结算所合并，成为香港交易所旗下全资附属公司。期交所提供多种期权及期货产品，挂钩的资产包括股票市场指数、股票、短期利率、外汇及大宗商品。对应香港由金银业贸易场营运的实体黄金市场，期交所现时涉及大宗商品的产品组合也包括黄金期货合约。（有关期交所场内大宗商品市场的更多详情见第2节。）

期交所作为提供标准衍生产品合约的可信中央交易平台，在许多方面都可以大展拳脚，以支持和推动香港大宗商品市场的发展。

2. 现有的场内大宗商品衍生产品市场

香港位处中国南大门，以其优越的港口地理位置而闻名，再加上奉行自由市场和传统转口贸易港地位，这个金融中心也是全球主要金银市场之一，现货金交易相当活跃。此外，香港是全球最大的离岸人民币中心，其独特地位有助于中国推动人民币国际化的计划。凭借这些固有优势，香港交易所锐意建立一个亚洲时区大宗商品平台，在香港提供具有国际竞争力的产品，更好地服务大宗商品市场。

香港交易所早在其《战略规划 2016—2018》中已经提及其目标包括在定息及货币产品和大宗商品领域，培育新的价格发现能力、树立基准价格并开发多种风险管理工具。为了实现这一目标，香港交易所于 2017 年下半年推出了以美元和香港离岸人民币计价并且可在香港实物交收的黄金期货合约（美元黄金期货及人民币（香港）黄金期货），以及美元计价和现金结算的 TSI CFR 中国铁矿石 62% 铁粉期货（铁矿石期货）。

直至《战略规划 2019—2021》，香港交易所就持续扩展大宗商品的产品组合、大宗商品的定价和商品“通”等方面的发展定出进一步的愿景。按此，香港交易所于 2019 年下半年推出了以美元计价及现金结算的伦敦金属期货小型合约（美元伦敦金属期货小型合约），与 2014 年 12 月和 2015 年 12 月先后分两批推出的以香港离岸人民币计价的伦敦金属期货小型合约（人民币（香港）伦敦金属期货小型合约）形成更全面的产品组合。

这样的一个场内市场能够提供贵金属、基本金属和黑色金属的期货合约（见下文各节），有助于亚洲时区的投资者进行大宗商品对冲及套利活动。事实上，香港的场内大宗商品平台凝聚了具有内地背景的期交所参与者，又有来自世界各地的金融市场参与者的资金，俨然成为一个将中国的大宗商品贸易与世界联系起来的互动网络。

2.1 贵金属衍生产品

美元黄金期货及人民币（香港）黄金期货的主要特征之一是实物交收，这可使期货价格与现货价格在透明且受监管的交易平台上接轨。

香港要发展一个“新的大宗商品市场”无疑有不少挑战，但其黄金期货市场的流动性已渐上轨道：产品的平均每日交易量已从 2019 年初大约 1 300 张合约增长至 2019 年底超过 2 000 张合约，增幅逾 50%（见图 2）；未平仓合约的数字更于 2019 年 12 月 27 日录得破纪录的 1 272 张。为使期交所向流动性提供者和自营交易商提供的优惠更加集中、提高效率，2019 年流动性提供者及自营交易商的总数分别从约 30 名减少至 20 名。另外，美元黄金期货的买卖差价于2019年内四至六成的交易时间中也收窄到一至两个价位[①]。

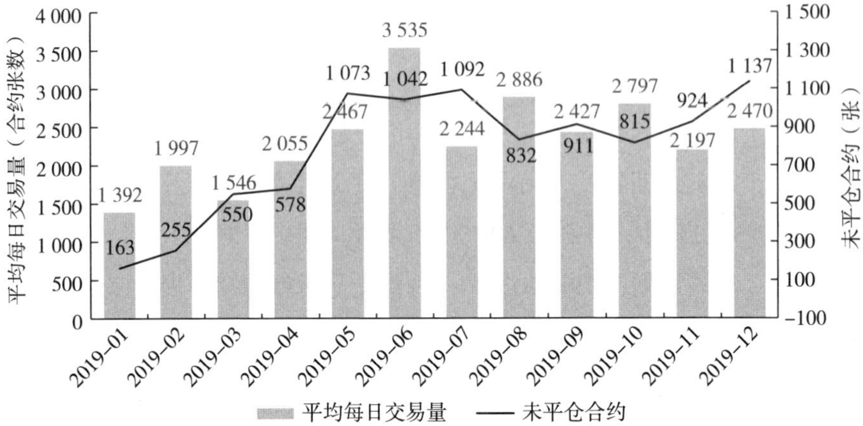

资料来源：香港交易所。

图2　香港黄金期货每月的平均每日交易量及月底未平仓合约数量（2019年）

2.2　基本金属衍生产品

香港交易所于2014年12月1日推出人民币（香港）伦敦铝／锌／铜期货小型合约，是香港首批以人民币交易的商品合约。合约的设计旨在切合中国现货市场参与者的对冲需要，助其管理以人民币定价的商品交易的风险、帮助持有人民币的交易商减少保证金融资需要，以及在亚洲时区内建立金属的人民币定价。一年之后，香港交易所于2015年12月14日再推出第二批同类产品，分别是以人民币计价的人民币（香港）伦敦镍／锡／铅期货小型合约。镍、锡、铅与铝、锌、铜均是香港交易所的全资附属公司伦敦金属交易所（LME）市场上成交最活跃的期货合约。由于这六种金属在独特性、使用及供求因素方面各有特色，香港交易所的人民币（香港）伦敦金属期货小型合约可以满足基本金属消费者、生产商和投资者的不同需要，特别是在亚洲交易时段内需要买卖期货合约的客户。

① 资料来源：所有相关市场数据及资料来自香港交易所。

除人民币产品外，香港交易所还于 2019 年 8 月 5 日推出了美元伦敦金属期货小型合约，包括与相应人民币产品相同的六种基本金属的期货合约，为亚洲时区内涉足相关美元计价基本金属买卖的用户提供更多交易机会，同时也为想涉足标的金属投资的个人及机构投资者提供新的投资工具，让其受惠于该等合约的每月现金结算且合约单位相对较小的好处。这个系列合约的推出简化了在 LME 买卖传统基本金属合约的机制。合约的最后结算价是根据 LME 的正式结算价（第二轮特定商品交易收盘时厘定）而确定①。

伦敦金属期货小型合约标志着香港交易所朝着香港与伦敦之间建立全面联通平台（“港伦通”）②的目标迈出了第一步。由于相关商品是在 LME 上买卖的相应基本金属，香港的大宗商品交易平台大可连同 LME 一起发展，将商品市场中的实物交易人士与金融交易人士都带到同一个交易平台上来。

2.3 黑色金属衍生产品

香港交易所于 2017 年 11 月 13 日推出其首只黑色金属产品 —— 现金结算的 TSI CFR 中国铁矿石 62% 铁粉期货（以下简称“铁矿石期货”）。新产品旨在提供极高的价格透明度，并让所有市场参与者公平进出市场。有关产品提升铁矿石衍生品市场的价格发现，也有助于降低交易成本。合约的最终结算价是在该合约月份公布的所有 TSI CFR 中国铁矿石 62% 铁粉指数的算术平均值，而最后交易日是每个历月非新加坡公众假期的最后一个香港营业日。产品同时提供月度合约及季度合约，令合约覆盖范围更广。

对于铁矿石期货而言，2019 年是生机焕发的一年。经推出优惠计划再

---

① 在 LME，交易活动分多轮指定环节进行，每环节五分钟（称为“一轮”）；在交易期间，交易员和场内经纪在六米环形交易圈中进行公开喊价交易。不同产品有不同的交易时间。LME 的第二轮交易时间为中午 12 时 30 分至下午 1 时 15 分。LME 产品的正式价格在第二轮交易期间确定，是实物合约的参考价格。LME 的正式价格是第二轮交易时间的最后买卖报价，而 LME 的正式结算价是最后的现货卖价。

② 详见本书第 14 章：〈香港交易所大宗商品市场 —— 连接内地与全球的互联互通平台〉。

加上市场营销努力，产品的市场参与度有所提升。每日交易量和未平仓合约张数均在这一年创出新高（见图3）。

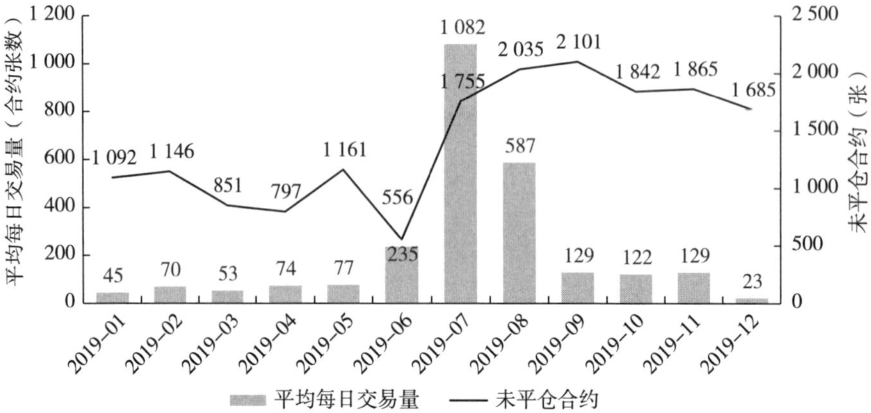

资料来源：香港交易所。

图3　铁矿石期货每月的平均每日交易量及月底未平仓合约数量（2019年）

2.4　市场运作

要在期交所买卖大宗商品相当容易。

（1）开立期货户口

投资者要先找期货经纪开户，此经纪须是期交所的参与者，可处理期交所产品的交易。期货经纪将根据投资者的经验、收入和净资产，确定其允许投资者承担多少风险（即向其收取多少保证金并设定持仓上限）。至于投资者透过经纪买卖期货合约的渠道，不同经纪或有不同做法，有些提供网上交易系统，有些可能是期货交易热线。

（2）存入初始保证金

落盘之前，投资者必须将足够的资金存入户口以支付初始保证金，金额相等于合约价值的一小部分。期交所根据市场波动风险厘定期货保证金比率。视乎合约类型的价格波动性，经纪可能要求在此最低要求之外另再支付额外的初始保证金。初始保证金一般因产品而异，并会不时改动。

（3）投资者资格及相关风险

由于可以透过存放抵押品而为交易取得融资，买卖大宗商品期货的损失风险可以很大。投资者所蒙受的亏蚀可能会超过存放于期货经纪作为抵押品的初始保证金、现金及任何其他资产，而且如果错估合约价格升跌走向，投资者可能会在短时间内被要求存入额外的保证金款额或缴付利息。假如未能在指定的时间内支付所需的保证金款额或利息，有关合约或抵押品可能会在未经客户同意下就出售套现。此外，投资者将要为期货户口内因此而出现的任何短欠数额及需缴付的利息负责。因此，投资者应根据本身的财政状况及投资目标，仔细考虑这类交易是否适合自己。投资者还须留意几个风险因素，包括地缘政治风险、投机风险、交付风险和企业管治风险。

（4）向期货经纪落盘

投资者向期货经纪落盘时，应说明以下资料：

- 交易方向 —— 买 / 卖；
- 数量 —— 合约数量；
- 合约数据 —— 哪只产品及哪个到期日；
- 买卖盘类型 —— 给指示经纪人该如何处理买 / 卖盘（常见类型为“市价盘”[①]、“限价盘”[②]和“止蚀盘”[③]）；
- 价格 —— 执行买 / 卖盘的价格；
- 有效时间 —— 买 / 卖盘的有效期（常见的包括“即日”[④]和“取消前有效”[⑤]）；
- 账号 —— 投资者在经纪的追踪系统中的户口识别号码。

① 市价盘：以当时市价买 / 卖合约。

② 限价盘：以指定或更佳的价格买 / 卖合约。

③ 止蚀盘：以高于指定价位的价格买入合约或以低于指定价位的价格卖出合约。

④ 即日盘：有效时间是直至输入买 / 卖盘的交易日结束时 — 有关交易日结束时，系统会自动把买 / 卖盘清除。

⑤ 取消前有效的买卖盘：有效时间是直至买 / 卖盘被取消之时，不会被系统自动取消。这类买卖盘如果没有成交，交易员必须主动取消方可将其从系统中删除。

买卖盘会被传送至经纪所控制并连接到期交所的买卖盘管理系统。买卖盘提交期交所之前，经纪会先进行交易前风险检查，以确保买卖盘符合批准的数量监控限制。 成功通过检查的买卖盘将发送到期交所的交易系统，未能通过的将不获买卖盘管理系统受理。

（5）交易过程

HKATS 为香港交易所旗下衍生产品市场的电子交易系统，系统中的买卖盘会实时按价格及时间的优先次序进行配对。这是指买卖盘会以最佳价格进行配对；若价格相同，则较先挂入公开挂盘册的会比较后挂入的先作对盘交易，意即在每个价格实行“先进先出”。落盘都放在中央挂盘册。一旦成交，交易的数据即透过买卖盘管理系统通知期交所参与者，另一边也同时传送到香港期货结算有限公司（简称“期货结算公司”）作登记及结算。

（6）按市值计价

按市值计价是结算所每天执行的程序，用于确定每张期货合约所涉及资产的价值，然后在长短仓之间进行损益结算。结算所收取按金，是其用于减轻日后面对结算对手的信贷风险的主要手段。具体的按金要求，是透过评估个别期货或期权合约又或期货期权合约组合在 16 个不同的模拟情况下的单日最高潜在亏损，再加上所设定置信水平计算所得。结算所每日监察按金水平，确保有足够按金。

期货结算公司的组合风险按金系统（PRiME）是衍生产品结算及交收系统（DCASS）用于计算期货及期权产品按金要求的按金计算方法。期交所参与者可使用香港交易所发布的结算所风险系数档案计算结算所按金。如果保证金户口中的资金降至所要求的水平以下，经纪即会要求投资者补充资金至初始保证金水平。此过程称为“保证金追收”。

（7）持仓限额

期交所参与者为本身或为客户持有的持仓若超出指定的申报水平，须于开设或累积该等持仓后的下一个营业日中午 12 时或之前向期交所递交报告（“大额未平仓合约报告”），并须于持仓超出申报水平期间继续递交该等报告。证监会的《持仓限额及大额未平仓合约的申报规定指引》说明了对合计不同人士所持有或控制的持仓和分别在多家公司所持有或控制的持仓所设的规定，以及综合账户的申报规定。

（8）期货合约的现金结算

如合约以现金结算，结算将于合约到期时按合约价值以贷记或借记形式进行。期交所以现金结算的大宗商品产品包括美元及人民币（香港）伦敦金属期货小型合约，以及月度及季度美元 TSI 铁矿石期货。这些期货合约的买卖双方，如持仓直至最后结算时间，而初始价与最终结算价之间的现金差额显示录得利润，利润将以现金存入其户口；如录得亏损，相关金额将以现金从其户口扣账。结算所和经纪将确保各个交易者的账户按此存入或扣除相应款项，并且及时准确地进行现金结算。

（9）期货合约的实物交收

期交所的美元及人民币（香港）黄金期货合约在结算时以实物交收，交收时卖方将金条交予买方，买方则支付全额款项。计划实物交收黄金期货合约的经纪须于期货结算公司所指定的所有核准交收仓库设有账户作实物黄金交收之用，或与另一名于所有核准交收仓库设有账户的期货结算所参与者（实物交收参与者）订立黄金期货合约实物交收安排。在最后结算的时候，进行交收的黄金将在最后交易日之后的营业日被标记，并将在最后结算日当天，从卖方的期货结算所参与者的仓库户口划转至买方的期货结算所参与者的仓库户口内。关于最后结算的详细安排，请参考期交所的相关市场运作文件——《衍生产品交收服务》、《认可交收仓库、认可精炼厂、认可运输公司及认可检测机构名单》及《提供实物交收服务的期交所参与者名录》。

（10）风险管理程序

期货结算公司拥有若干权力以助其执行风险管理程序，并确保交收及交付顺畅。如有需要，期货结算公司可要求其参与者存入额外款额或补充已用资金；期货结算公司可要求参与者提供证据，证明其持有履行其结算责任可能需要的相关商品或工具。期货结算公司也有权不时要求“非实物交收期货结算所参与者”于期货结算公司不时指定的时间内将任何未平仓合约平仓及／或转移。风险管理程序受《期货结算所规则及程序》规管。

（11）流动性提供者／自营交易商制度

期交所商品期货设有庄家制度。注册庄家会按请求以连续报价的方式提供报价，为市场提供流动性，故也称为流动性提供者（香港交易所官方网站称之为“流通量提供者”）。自营交易商是以其公司户口进行买卖的交易所参与者，也可以是由交易所参与者作其代表、透过其个人客户户口进行合资格产品买卖的客户，该客户须承诺满足交易所指定合资格产品的每月最低交易结算合约张数的要求。期交所的大宗商品类产品都设有“流动性提供者／自营交易商计划”，那是由期交所委任流动性提供者为新产品提供流动性的商业安排，涉及的要求及奖励可以较具弹性，而不一定是交易所规则及程序内所载者。大宗商品衍生产品的流动性提供者／自营交易商若满足若干相关的庄家责任并提供市场流动性，会获得财务和非财务利益。

3. 为推进未来发展可行的多方面统合工作

香港投资者极少参与大宗商品交易、相关金融产品发展贫乏，一般都被认为是香港商品交易基建不足所致。香港欠缺物流和仓储安排等可便利大宗商品实物交易的相应配套。事实上，香港的大宗商品期货合约原是为协助相关实物资产用户对冲价格波动而设的。

以基本金属为例，香港的经纪表示内地金属用户都要求实物交收，因为他们要用金属作生产用途。市场参与者亦曾提及香港需要仓储设施方可提供实物交收[①]。换言之，在香港买卖的金属衍生产品需要有相关实物交

① 〈香港“尚未准备好成为商品交易中心”〉（“Hong Kong ‘not ready to be a commodities trading centre’”），《南华早报》，2013 年 6 月 26 日。

收机制配合，方可吸引内地用户在香港交易。然而，提供实物交收意味着要设立金属货仓，而那并非易事。在某种意义上，大宗商品直通车计划可能有所帮助，但要达到殊不容易。舍难取易，可以研究与内地交易所订立授权协议，安排内地大宗商品产品在香港上市，又或与内地交易所携手开发新产品，可在香港售予国际市场参与者及获认可的内地实体。另外，香港交易所也可计划安排，让期交所市场与 LME 市场加深融合，并且进一步利用 LME 平台与内地商品交易所协作，以及开发不可或缺的物流和仓储基建，便利大宗商品的实物交易。

至于香港的黄金市场，由于内地从欧洲及其他地方入口的黄金大都取道香港，香港是全球最活跃的实物黄金交易市场之一[①]。而作为中国这个全球最大黄金进口国的门户，香港在这方面便显出其战略重要性。国际储金银行（bullion banks）、炼铸商、金库和运输供货商在香港都有营运业务，再加上其黄金贸易转口港的角色，香港在本质上有潜力成为亚洲区的黄金定价者，与西方成熟市场如纽约和伦敦看齐，有助于中国以至亚洲突破只能做承价者的界限。金银业贸易场、期交所与场外黄金市场之间大可探讨进一步合作的空间，好好利用香港既有的贵金属网络。

有些参与者亦表示欢迎期交所的黄金期货提供实物交收，只是现时最低交收单位为 1 公斤的水平，对个人客户来说未免太高。他们建议期交所考虑调低合约金额和最低交收单位。

金银业贸易场设有“认可炼铸商名单”，列明其各种可交收黄金合约的认可香港炼铸商，当中大都是港资公司，可生产 999.9 千足黄金。金银业贸易场亦全资拥有和营运“香港贵金属验证中心”。过去亦有交易所参与者和金银业贸易场行员向期交所建议，指其可考虑认可由这些本地炼铸商制造的金条，接受其作为期交所黄金期货合约的交收金条，并认可“香港贵金属验证中心”为其检测机构，协助本地大宗商品公司冲出国际，继

① 2018 年，香港的人均消费者需求为 7.0 克，属全球最高。资料来源：世界黄金协会〈黄金需求走向（2019 年第三季的统计数据）〉（“Gold Demand Trends Q3 2019 Statistics”），2019 年 11 月 5 日。

而招徕区内大宗商品同业。这对场内市场而言意味着场内黄金合约的成交量会增加，黄金买卖的参与者也会更加多元化。而对实物市场的参与者而言，有较佳的风险对冲工具等同交易成本可以降低，供应也更加稳定。这个双赢的局面会令市场每一方都可以受惠。

黄金市场就如汇市一样，都是全天候进行买卖。市场每有重要政治事件或其他突发新闻（例如美国加息），金价都会实时反映。期交所大可研究延长黄金期货的交易时间，始终最常听到市场参与者说的，便是指内地和国际投资者都可能需要 24 小时服务。期交所亦可考虑扩大现有金属产品的组合，进一步开发和加入一些以区内及内地定价为根据又别具特色的产品，逐步建立一个提供更全面产品的大宗商品平台。

事实上，亚洲占全球大宗商品生产和消耗的比重不断上升，在亚洲时区进行买卖的商品越来越多①。区内主要金融中心如新加坡和上海等纷纷进行战略检讨，为保竞争力和领先地位而想出各式各样的举措。香港既有世界级营商基建、健全的监管环境，又有其独一无二的互联互通平台，将内地与世界联通起来，理应可充分利用这些优势、把握市场机遇，发展成为亚洲的大宗商品交易中心。香港务必要对大宗商品市场的发展定下全盘策略，才有望维持其作为全球最重要国际金融中心之一的地位。

要实现上述愿景，尽握个中市场机遇，政府、业界、监管当局和社会都必须通力合作，为香港的长远利益努力。政府与政府之间相信也要加大工作力度。

4. 总结

香港不论在集资、离岸人民币定价或风险管理方面都是世界公认的领先金融中心，但若论大宗商品，香港相较其他全球金融市场仍处于弱势。

① 2018 年，亚洲国家消费者对黄金的需求为 2 176.3 吨（2010 年：1 942.9 吨），占全球总需求逾 65%（2010 年：少于 60%）资料来源：世界黄金协会〈黄金需求走向（2019 年第三季的统计数据）〉（“Gold Demand Trends Q3 2019 Statistics”），2019 年 11 月 5 日。

为将香港打造成全球大宗商品交易中心，香港交易所作为本地唯一期货交易所 —— 期交所 —— 的母公司，积极采取了许多不同举措。近十年来，香港交易所先后推出了 16 只场内大宗商品期货合约，涉及贵金属、黑色金属及基本金属等领域，以及 6 个非供交易的黄金指数，此外还收购了 LME 及成立了前海联合交易中心。在这基础之上，香港的大宗商品衍生产品市场已渐呈稳定升势，只是潜力尚未完全发挥。究其原因，香港大宗商品业界主要面对两大挑战：按区域性定价及中国定价分别提供高度区分的不同产品，以及建立高效的配对交易机制。

鉴于香港的实物交收能力相对较弱，因此未来研发新产品时，大可着力于与内地交易所建立跨境产品上市及发牌等相关安排，然后再建立交易机制，将香港与内地市场互联互通的范畴扩大至包括大宗商品在内，让两边市场参与者可跨境进行大宗商品交易。这样的措施需要香港交易所与香港及内地两边监管机构密切协作，一同在新政策的执行及合规方面探究可行方案，并广泛咨询市场参与者，厘定推出哪些能带来高成交量的合适产品及交易路径。

期交所参与者的意见亦反映市场期望现有产品可进一步优化，包括收窄黄金合约的价位及在产品合约年期上提供更多选择。同样地，交易机制改革（例如延长交易时段、加快实物交收流程以及认可本地精炼厂及检测机构等）亦可提升香港作为大宗商品衍生产品市场的吸引力及竞争力。香港交易所亦会继续积极研究新的挂钩产品及合约种类，以应对瞬息万变的工业发展及香港市场不断增长的需求。

香港的大宗商品市场无论在成交量或产品及服务覆盖面上均相对逊色于其他全球交易中心，但中国已成为全球数一数二的大宗商品消费国，香港凭借这样的特殊优势，可以说仍具备成为亚洲大宗商品定价中心的条件。若能着意在产品发展及市场基础设施方面进一步优化，不仅有助于香港转型为真正提供多种资产类别的全方位金融中心，更可为投资者接通中国以至全球市场的流动性。

附录：香港交易所衍生产品市场各大宗商品期货合约的细则

（a）美元黄金期货

特性	详情
合约标的	金含量不小于 99.99% 的、带有认可精炼厂标签及其序列号的 1 公斤黄金
交易代号	GDU
合约单位	1 千克
交易货币	美元
合约月份	现货月及后续 11 个月
最低波幅	每克 0.01 美元
最后交易日	合约月份的第三个星期一 如该日并非香港营业日，则以紧接的下一个香港营业日作为最后交易日
交易时间[①] （香港时间） （最后交易日除外）	日间交易时段：上午 8 时 30 分至下午 4 时 30 分 收市后期货交易时段：下午 5 时 15 分至翌日凌晨 3 时
最后交易日的交易时间[②] （香港时间）	上午 8 时 30 分至下午 4 时 30 分
最后结算日	最后交易日后第二个香港营业日
结算方式	实物交收
结算货币	美元
最终结算价	于最后交易日最后 30 分钟交易时间所有到期合约月份交易的成交量加权平均成交价[③]
交收地点	核准交收仓库
最低交收单位	1 千克
假期	与期交所假期表相同
交易费[④] （每边每张合约计算）	1.00 美元
结算费[④] （每边每张合约计算）	2.00 美元

续表

特性	详情
证监会征费⑤ （每边每张合约计算）	0.07 美元
佣金	可商议

注：① 圣诞前夕、新年前夕及农历新年前夕的交易时段将不会超过正午 12 时 30 分。该三天的交易时间为上午 8 时 30 分至正午 12 时 30 分。英国、美国及中华人民共和国的银行假期当天不设收市后期货交易时段。

② 圣诞前夕、新年前夕及农历新年前夕的交易时段将不会超过正午 12 时 30 分。该三天的交易时间为上午 8 时 30 分至正午 12 时 30 分。

③ 于最后交易日最后 30 分钟交易时间成交、并由（i）个别市场系列的两个买卖盘；或（ii）标准组合买卖盘与个别市场系列买卖盘在 HKATS 配对而产生的所有到期合约月份交易（大手交易除外）。

④ 所示金额期交所可不时作更改。

⑤ 金额为每张合约收取 0.54 港元的美元等值，按期交所厘定的汇率换算。

（b）人民币（香港）黄金期货

合约项目	详情
合约标的	金含量不小于 99.99% 的、带有认可精炼厂标签及其序列号的 1 公斤黄金
交易代号	GDR
合约单位	1 千克
交易货币	人民币
合约月份	现货月及后续 11 个月
最低波幅	每克人民币 0.05 元
最后交易日	合约月份的第三个星期一 如该日并非香港营业日，则以紧接的下一个香港营业日作为最后交易日
交易时间[①]（香港时间）（最后交易日除外）	日间交易时段：上午 8 时 30 分至下午 4 时 30 分 收市后期货交易时段：下午 5 时 15 分至翌日凌晨 3 时
最后交易日的交易时间[②]（香港时间）	上午 8 时 30 分至下午 4 时 30 分
最后结算日	最后交易日后第二个香港营业日
结算方式	实物交收
结算货币	人民币
最终结算价	于最后交易日最后 30 分钟交易时间所有到期合约月份交易的成交量加权平均成交价[③]
交收地点	核准交收仓库
最低交收单位	1 千克
假期	与期交所假期表相同
交易费[④]（以每边每张合约计算）	人民币 6.00 元
结算费[④]（以每边每张合约计算）	人民币 12.00 元
证监会征费[⑤]（以每边每张合约计算）	人民币 0.50 元
佣金	可商议

注：① 圣诞前夕、新年前夕及农历新年前夕的交易时段将不会超过正午 12 时 30 分。该三天的交易时间为上午 8 时 30 分至正午 12 时 30 分。英国、美国及中华人民共和国银行的假期当天不设收市后期货交易时段。

② 圣诞前夕、新年前夕及农历新年前夕的交易时段将不会超过正午 12 时 30 分。该三天的交易时间为上午 8 时 30 分至正午 12 时 30 分。

③ 于最后交易日最后 30 分钟交易时间成交、并由（i）个别市场系列的两个买卖盘；或（ii）标准组合买卖盘与个别市场系列买卖盘在 HKATS 配对而产生的所有到期合约月份交易（大手交易除外）。

④ 所示金额期交所可不时作更改。

⑤ 金额为每张合约收取 0.54 港元的人民币等值，按期交所厘定的汇率换算。

（c）美元伦敦铝 / 锌 / 铜 / 铅 / 镍 / 锡期货小型合约

合约项目	详情					
	美元伦敦铝期货小型合约	美元伦敦锌期货小型合约	美元伦敦铜期货小型合约	美元伦敦铅期货小型合约	美元伦敦镍期货小型合约	美元伦敦锡期货小型合约
标的商品	电解铝（定义按 LME 规则及规例不时界定）	电解锌（定义按 LME 规则及规例不时界定）	电解铜（定义按 LME 规则及规例不时界定）	标准铅（定义按 LME 规则及规例不时界定）	原镍（定义按 LME 规则及规例不时界定）	锡（定义按 LME 规则及规例不时界定）
交易代码	LUA	LUZ	LUC	LUP	LUN	LUS
合约单位	每张合约 5 吨				每张合约 1 吨	
交易货币	美元					
结算货币	美元					
合约月份	即月及后续 11 个历月					
交易费[①]	每边每张合约 0.50 美元					
结算费[①]	每手 0.20 美元					
证监会征费[②]	每边每张合约 0.07 美元					
最后交易日	LME 就铝 / 锌 / 铜 / 铅 / 镍 / 锡期货合约厘定的最后交易日（为即月第三个星期三的前两个营业日）。如该日并非香港营业日，则以紧贴的前一个香港营业日作为最后交易日。					
交易时间（香港时间）（最后交易日除外）	日间交易时段：上午 9 时至下午 4 时 30 分 收市后期货交易时段：下午 5 时 15 分至翌日凌晨 3 时 圣诞前夕、新年前夕及农历新年前夕的交易时段至正午 12 时 30 分止。该三天的交易时间为上午 9 时至正午 12 时 30 分。 英国、美国及中华人民共和国的银行假期当天不设收市后期货交易时段。					
最后交易日的交易时间	日间交易时段：上午 9 时至下午 4 时 30 分；收市后期货交易时段：下午 5 时 15 分至晚上 8 时（英国夏令时间）/晚上 9 时（非英国夏令时间）	日间交易时段：上午 9 时至下午 4 时 30 分；收市后期货交易时段：下午 5 时 15 分至晚上 7 时 55 分（英国夏令时间）/ 晚上 8 时 55 分（非英国夏令时间）	日间交易时段：上午 9 时至下午 4 时 30 分；收市后期货交易时段：下午 5 时 15 分至晚上 7 时 35 分（英国夏令时间）/晚上 8 时 35 分（非英国夏令时间）	日间交易时段：上午 9 时至下午 4 时 30 分；收市后期货交易时段：下午 5 时 15 分至晚上 7 时 50 分（英国夏令时间）/晚上 8 时 50 分（非英国夏令时间）	日间交易时段：上午 9 时至下午 4 时 30 分；收市后期货交易时段：下午 5 时 15 分至晚上 8 时 05 分（英国夏令时间）/晚上 9 时 05 分（非英国夏令时间）	日间交易时段：上午 9 时至下午 4 时 30 分；收市后期货交易时段：下午 5 时 15 分至晚上 7 时 45 分（英国夏令时间）/晚上 8 时 45 分（非英国夏令时间）
最低波幅	每吨 0.5 美元				每吨 1 美元	
最终结算日	最后交易日后的第二个香港营业日					
最终结算价	由结算所厘定，应为 LME 在即月第三个星期三的前两个伦敦营业日所厘定及公布的正式结算价					

续表

合约项目	详情					
	美元伦敦铝期货小型合约	美元伦敦锌期货小型合约	美元伦敦铜期货小型合约	美元伦敦铅期货小型合约	美元伦敦镍期货小型合约	美元伦敦锡期货小型合约
结算方式	现金结算					
假期	与期交所假期表相同					
合共持仓限额（美元及人民币（香港）合约张数）	25 000	25 000	50 000	25 000	50 000	15 000

注：① 所示金额期交所可不时作更改。

② 金额为每张合约收取 0.54 港元的美元等值，按期交所厘定的汇率换算。

（d）人民币（香港）伦敦铝/锌/铜/铅/镍/锡期货小型合约

合约项目	详情					
	人民币（香港）伦敦铝期货小型合约	人民币（香港）伦敦锌期货小型合约	人民币（香港）伦敦铜期货小型合约	人民币（香港）伦敦铅期货小型合约	人民币（香港）伦敦镍期货小型合约	人民币（香港）伦敦锡期货小型合约
标的商品	电解铝（定义按 LME 规则及规例不时界定）	电解锌（定义按 LME 规则及规例不时界定）	电解铜（定义按 LME 规则及规例不时界定）	标准铅（定义按 LME 规则及规例不时界定）	原镍（定义按 LME 规则及规例不时界定）	锡（定义按 LME 规则及规例不时界定）
交易代码	LRA	LRZ	LRC	LRP	LRN	LRS
合约单位	每张合约 5 吨				每张合约 1 吨	
交易货币	人民币					
结算货币	人民币					
合约月份	即月及后续 11 个历月					
交易费①	每边每张合约人民币 3.00 元					
结算费①	每手人民币 1.20 元					
证监会征费②	每边每张合约人民币 0.44 元					
最后交易日	LME 就铝/锌/铜/铅/镍/锡期货合约厘定的最后交易日（为即月第三个星期三的前两个营业日）。如该日并非香港营业日，则以紧贴的前一个香港营业日作为最后交易日。					
交易时间（香港时间）（最后交易日除外）	日间交易时段：上午 9 时至下午 4 时 30 分 收市后期货交易时段：下午 5 时 15 分至翌日凌晨 3 时 圣诞前夕、新年前夕及农历新年前夕的交易时段至正午 12 时 30 分止。该三天的交易时间为上午 9 时至正午 12 时 30 分。 英国、美国及中华人民共和国银行的假期当天不设收市后期货交易时段。					
最后交易日的交易时间	日间交易时段：上午 9 时至下午 4 时 30 分；收市后期货交易时段：下午 5 时 15 分至晚上 8 时（英国夏令时间）/晚上 9 时（非英国夏令时间）	日间交易时段：上午 9 时至下午 4 时 30 分；收市后期货交易时段：下午 5 时 15 分至晚上 7 时 55 分（英国夏令时间）/晚上 8 时 55 分（非英国夏令时间）	日间交易时段：上午 9 时至下午 4 时 30 分；收市后期货交易时段：下午 5 时 15 分至晚上 7 时 35 分（英国夏令时间）/晚上 8 时 35 分（非英国夏令时间）	日间交易时段：上午 9 时至下午 4 时 30 分；收市后期货交易时段：下午 5 时 15 分至晚上 7 时 50 分（英国夏令时间）/晚上 8 时 50 分（非英国夏令时间）	日间交易时段：上午 9 时至下午 4 时 30 分；收市后期货交易时段：下午 5 时 15 分至晚上 8 时 05 分（英国夏令时间）/晚上 9 时 05 分（非英国夏令时间）	日间交易时段：上午 9 时至下午 4 时 30 分；收市后期货交易时段：下午 5 时 15 分至晚上 7 时 45 分（英国夏令时间）/晚上 8 时 45 分（非英国夏令时间）
最低波幅	每吨人民币 5 元		每吨人民币 10 元	每吨人民币 5 元	每吨人民币 10 元	

续表

合约项目	详情					
	人民币（香港）伦敦铝期货小型合约	人民币（香港）伦敦锌期货小型合约	人民币（香港）伦敦铜期货小型合约	人民币（香港）伦敦铅期货小型合约	人民币（香港）伦敦镍期货小型合约	人民币（香港）伦敦锡期货小型合约
最终结算日	最后交易日后的第二个香港营业日					
最终结算价	由结算所厘定的整数，以 LME 就铝 / 锌 / 铜 / 铅 / 镍 / 锡期货合约厘定及公布的正式结算价，按香港财资市场公会在最后交易日上午 11 时 30 分左右（香港时间）公布的美元兑人民币（香港）即期汇率换算为人民币等价金额，并按金额第一个小数位四舍五入为整数。					
结算方式	现金结算					
假期	与期交所假期表相同					
合共持仓限额（美元及人民币（香港）合约张数）	25 000	25 000	50 000	25 000	50 000	15 000

注：① 所示金额期交所可不时作更改。

② 金额为每张合约收取 0.54 港元的人民币等值，按期交所厘定的汇率换算。

（e）铁矿石月度期货合约

合约项目	详情
交易代码	FEM
标的	TSI CFR 中国铁矿石 62% 铁粉指数
合约单位	100 吨
交易货币	美元
报价	每吨美元及美仙
合约月份	现货月及后续 23 个历月
最低波幅	每吨 0.01 美元
最高波幅	无
最后交易日	每个历月非新加坡公众假期的最后一个香港营业日
交易时间[①]（香港时间）（最后交易日除外）	日间交易时段：上午 9 时至下午 4 时 30 分 收市后期货交易时段：下午 5 时 15 分至翌日凌晨 3 时
最后交易日的交易时间[②]（香港时间）	日间交易时段：上午 9 时至下午 4 时 30 分 收市后期货交易时段：下午 5 时 15 分至下午 6 时 30 分
最后结算日	最后交易日后第二个香港营业日。除非：（i）最后交易日为新年或农历新年前最后一个香港营业日，（ii）现货月合约及现货季合约的交易时间于下午 12 时 30 分结束，及（iii）其他合约月份的日间交易时段于下午 4 时 30 分结束，则最后结算日为最后交易日后首个香港营业日
最后结算价	该合约月份公布的所有 TSI CFR 中国铁矿石 62% 铁粉指数的算术平均值，并四舍五入至小数后两位数字
结算方式	现金结算
假期	与期交所假期表相同
交易费[③]（以每边每张合约计算）	1.00 美元
结算费[③]（以每边每张合约计算）	1.00 美元
证监会征费[④]（以每边每张合约计算）	0.07 美元
佣金	可商议

注：① 圣诞前夕、新年前夕及农历新年前夕的交易时段将不会超过下午 12 时 30 分。该三天的交易时间为上午 9 时至下午 12 时 30 分。

② 如最后交易日为新年或农历新年前最后一个香港营业日，并为新年或农历新年前 TSI CFR 中国铁矿石 62% 铁粉指数最后一次公布的日子，该日交易时段将不会超过下午 12 时 30 分。该两天的交易时间为上午 9 时至下午 12 时 30 分。

③ 所示金额期交所可不时作更改。

④ 金额为每张合约收取 0.54 港元的美元等值，按期交所厘定的汇率换算。

(f)铁矿石季度期货合约

合约项目	详情
交易代码	FEQ
标的	TSI CFR 中国铁矿石 62% 铁粉指数
合约单位	100 吨
交易货币	美元
报价	每吨美元及美仙
合约月份	现货季及后续 7 个历季(历季指 1 月 至 3 月、4 月至 6 月、7 月至 9 月及 10 月至 12 月)
最低波幅	每吨 0.01 美元
最高波幅	无
最后交易日	每个历季中最后一个月度合约的最后交易日
交易时间[①](香港时间)(最后交易日除外)	日间交易时段:上午 9 时至下午 4 时 30 分 收市后期货交易时段:下午 5 时 15 分至翌日凌晨 3 时
最后交易日的交易时间[②](香港时间)	日间交易时段:上午 9 时至下午 4 时 30 分 收市后期货交易时段:下午 5 时 15 分至下午 6 时 30 分
最后结算日	最后交易日后第二个香港营业日。除非:(i)最后交易日为新年或农历新年前最后一个香港营业日,(ii)现货月合约及现货季合约的交易时间于下午 12 时 30 分结束,及(iii)其他合约月份的日间交易时段于下午 4 时 30 分结束,则最后结算日为最后交易日后首个香港营业日
最后结算价	该合约季度相应的三个月度合约的最后结算价的算术平均值,并四舍五入至小数后两位数字
结算方式	现金结算
假期	与期交所假期表相同
交易费[③](以每边每张合约计算)	1.00 美元
结算费[③](以每边每张合约计算)	1.00 美元
证监会征费[④](以每边每张合约计算)	0.07 美元
佣金	可商议

注：① 圣诞前夕、新年前夕及农历新年前夕交易时段将不会超过下午 12 时 30 分。该三天的交易时间为上午 9 时至下午 12 时 30 分。

② 如最后交易日为新年或农历新年前最后一个香港营业日，并为新年或农历新年前 TSI CFR 中国铁矿石 62% 铁粉指数最后一次公布的日子，该日交易时段将不会超过下午 12 时 30 分。该两天的交易时间为上午 9 时至下午 12 时 30 分。

③ 所示金额期交所可不时作更改。

④ 金额为每张合约收取 0.54 港元的美元等值，按期交所厘定的汇率换算。

第三篇

大宗商品现货与期货市场的互联互通

10

大宗商品期货服务实体经济的国际经验

香港交易及结算所有限公司

首席中国经济学家办公室

摘要

大宗商品期货合约是一种在交易所买卖的标准化协议，合约持有人有权按特定价格于未来特定日期买入或卖出预定数量的大宗商品。全球大宗商品期货市场与现货市场有着密切的关系。早期在美国及英国，主要的生产商及消费者会集结进行现货交易，但实物交收的价格及时间存在不确定性，期货市场便应运而生。因此，大宗商品期货的价格就成为大宗商品现货交易的基准价格。大宗商品期货价格理论上受现货市场许多元素所影响，包括现货价格、利率、仓储成本、合约年期以至使用存货进行生产的潜在利益等。实证显示，全球大宗商品期货与现货市场息息相关，而个中关系体现在经济基本因素及市场架构。

大宗商品期货市场可满足对冲者及金融投资者的不同需要。套期保值者是全球大宗商品期货市场的主要参与者，当中包括大宗商品生产商、消费者及贸易公司，他们会利用大宗商品期货套期保值，来对冲现货价格的不利变动。而透过全球仓库网络进行商品期货实物结算，可节省取得大宗商品作商业用途的成本，是现货市场与期货市场之间关系密切的关键。金融投资者把商品期货视为被动型投资或主动型回报的资产类别。实证显示，大宗商品期货或可提供较高回报及较低波动性，能使投资组合更加多元化。

与全球其他成熟市场相比，中国内地大宗商品期货市场服务实体经济的效益未如理想。中国内地的大宗商品现货市场较分散，不同地区的交易价格往往不同，相应的商品期货价格起不到参考作用。内地大宗商品期货市场方面，由于投机交易活动的影响，价格波动或会较大，以致影响到对冲的成效。此外，内地可用于进行大宗商品期货实物交收的仓库选择也相对有限，与仓储、运输及进口关税相关的成本或因此而上升，且产品类别及交易货币种类范围也较窄，可能无法满足内地不同的业务需要。这些因素都影响到内地大宗商品现货与期货市场之间的有效连接。虽然中国是全球第二大经济体，也是全球不少主要大宗商品的最大生产国及消费国之一，但是内地大宗商品期货市场与全球市场的互动不多，在岸及离岸套期保值者对价格的看法无法充分反映在全球及内地大宗商品期货市场上，造成两边市场的价格不同。

内地大宗商品期货市场若要提升服务实体经济的能力，必须加强内地现货与期货市场之间的联系，也要提升内地期货市场对全球市场价格的影响。这可以从多方面入手。首先，内地可整合现货市场的交易、提升交易透明度，推动大宗商品现货市场使用期货价格作为基准价格。其次，内地市场可着力加强市场监管、拓展仓库网络，以降低因过度投机和运输成本而造成期货价格偏离经济基本因素的程度。另外，期货市场可增加产品类别及交易货币种类，切合不同行业的业务需要。再者，香港市场作为位处中国开放门户的国际金融中心，大可担当大宗商品市场“超级联系人”的角色，以进一步增加内地大宗商品期货市场与全球市场的互动，协助增强内地大宗商品期货市场进一步服务实体经济的能力。

1. 大宗商品期货与实体经济的联系

大宗商品期货合约是一种在交易所买卖的标准化协议，合约持有人有权按特定价格于未来特定日期买入或卖出预定数量的大宗商品。涉及的大宗商品可以是基本金属、贵金属、农产品、能源产品、化学品或其他种类商品。期货合约可以实物结算（由卖方向买方交付相关的实物资产）或现金结算（买方与卖方之间交付现金结算价值）。

进行大宗商品期货交易的人士包括生产商、消费者、贸易公司及金融投资者，与实体经济商品现货市场的参与者重叠。因此，商品期货的价格通常就是相关大宗商品的基准价格。按交易金额计，美国及欧洲的交易所占了全球大宗商品期货交易的大部分比重（见图 1），这在若干程度上反映了这些交易所于全球大宗商品市场，尤其是在定价权方面，扮演着关键角色。不过，按名义交易金额计，内地商品期货交易所于 2019 年也在全球名列前茅。

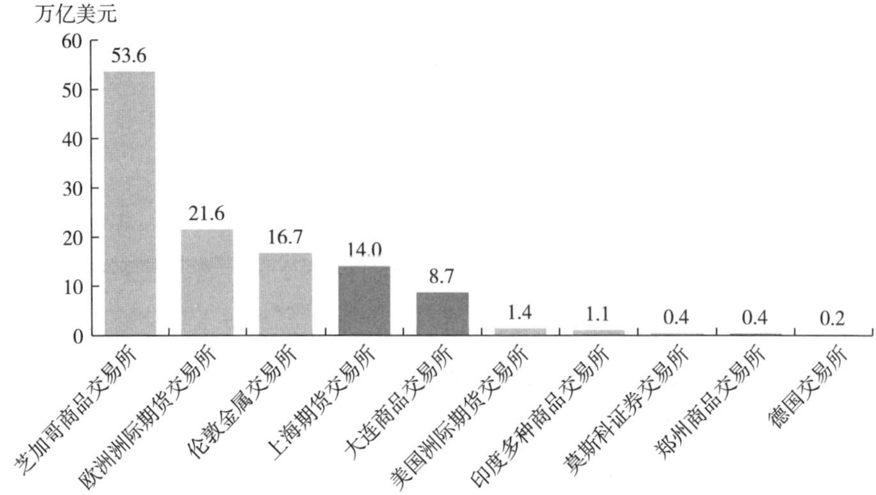

注：欧洲洲际期货交易所和美国洲际期货交易所的数据分别截至 2019 年 10 月和 2019 年 8 月。
资料来源：世界证券交易所联合会（WFE）网站上公布的统计数据。

图 1　首 10 家商品期货名义交易金额最高的交易所（2019 年）

国际及内地的大宗商品市场架构不尽相同，因此两边的商品期货交易所的发展历程亦有区别。全球市场的经验展示了大宗商品现货与期货市场之间的紧密联系，这种联系对大宗商品的价格发现非常重要。这对中国商品期货交易所的未来发展亦有一定启示。

1.1　国际大宗商品期货市场简史

国际大宗商品期货市场的历史展示了其服务实体经济的功用。在美国及英国，大宗商品现货市场经过长期发展，汇集了足够大量的大宗商品用家，其后商品期货交易所才应运而生，将市场买卖中央化，应对市场需要较佳的价格发现及风险管理的需求。

在美国[①]，芝加哥在 19 世纪初完成运河及铁路的基础建设后，成为地区性农产品贸易中心，促使大宗商品现货交易集中进行，解决了美国农产

① 资料来源：〈中西部的粮食交易：期货交易所的历史〉（“Midwest Grain Trade：History of Futures Exchanges”），载于 CME 集团网站，于 2019 年 11 月 8 日阅览；〈美国六大期货交易所——CBOT、CME、NYMEX……〉，载于 *kknews.cc*，2017 年 8 月 8 日。

品生产商及消费者面对价格无序波动，无法预计供应量等问题。全球第一家期货交易所芝加哥期货交易所（Chicago Board of Trade，简称 CBOT）于 1848 年成立，成立初期为农产品生产商与消费者提供粮食现货交易平台。CBOT 于 1851 年开创“远期”合约[①]交易的先河。之后，CBOT 于 1865 年推出全球首只粮食交易商品期货，合约是标准化协议，涉及实物交收及清算程序，并对买卖双方制定“按金”（或称“供货保证金”）要求。之后纽约商品交易所（New York Mercantile Exchange，简称 NYMEX）及芝加哥商品交易所（Chicago Mercantile Exchange，简称 CME）先后于 1872 年和 1919 年成立，初期提供其他农产品的现货交易服务，其后推出大宗商品期货。自 20 世纪 60 年代后期开始，这些大宗商品交易所将产品范围拓展至非农产品，包括金属、货币、原油、利率及金融指数等。1994 年，NYMEX 与 Commodity Exchange（简称 COMEX）合并，后于 2008 年由 CME 集团收购（CME 集团是由 CME 与 CBOT 于 2007 年合并而成）。此后，CME 便是世界领先的农产品及原油定价中心。

英国[②]在用来生产青铜和合金的铜和锡的交易方面历史悠久。最初，英国的金属交易只局限于国内市场。直至数百年前，英国成为主要的金属出口国后，伦敦便成为欧洲的实物金属交易中心。伦敦金属交易所（London Metal Exchange，简称 LME）于 1877 年成立，为大宗商品交易者、船只承租人及融资人促成金属交易的商业活动，而这些金属交易都在“交易圈”内进行（是早期的公开叫价交易）。在 19 世纪初，英国当时一直在铜和锡可自给自足，有关报价也长期固定。在工业革命后，金属买卖商拓展交易范围，因而面对从智利及马来西亚等偏远地区进口金属矿石及精矿所带来的到货日期不稳定的问题。随着电报面世，科技迅速发展，使到货日期更容易预计，实物交易随之亦可设定交收日期。此外，在苏伊士运河开通后，

① 远期合约与期货合约不同，其合约细则（例如合约金额及结算日期）并非标准化，而且通常是在场外而非场内进行交易。

② 资料来源：〈历史〉（“History”），载于伦敦金属交易所的网站，于 2019 年 11 月 8 日阅览；〈期货基础知识六：期货市场的发展过程〉，载于 *xueqiu.com*，于 2019 年 11 月 7 日阅览。

运送铜和锡到伦敦的时间缩短至三个月。这些因素造就了LME的独特系统，可按日交割远至三个月，并沿用至今。及后其实物交易范围更进一步拓展至包括铜、锡、铅、锌、铝、镍、以至黑色金属、贵金属及其他金属等广泛金属种类。现时，LME已是首屈一指的金属定价中心，占2016年全球交易所金属交易总额的70%以上[①]。

从美国及欧洲大宗商品市场的发展历程可见，对大宗商品的需求主要来自大宗商品用家，包括生产商、消费者、现货物流企业及贸易公司，他们支撑着上游产业（生产链中的原材料供货商）及下游产业（原材料客户及制成品生产商），以及实体经济的商业活动。随着现货市场的发展，大宗商品种类增多，大宗商品用家亦须面对价格及实物交收的不确定性，大宗商品期货市场也因此应运而生，以满足大宗商品用家的不同需要。

1.2 市场中的价格发现需要大宗商品期货市场

现货市场是实体经济的重要一环，主导着大宗商品市场的交易。以2001年初的数字为例，传统现货市场（在货品交付前才商定售价）便占美国农业大宗商品约60%[②]。在大宗商品现货市场，交易的价格可经下列定价机制厘定[③]：

- **双边合约：**这是现货市场交易机制中最主要的交易形式。双边合约由买卖双方自定义商品的规格、价格、数量、实物交付的时间和地点。
- **转让价：**转让价是综向整合企业中两个实体之间（例如上游附属公

① 资料来源：〈LME暂停对基金的激励计划来安抚传统会员〉（“LME pauses fund charm offensive to calm traditional members”），《路透》，2016年11月1日。

② 资料来源：MacDonald，J. M. 等（2004）〈合约、市场及价格：梳理农业大宗商品的生产及使用〉（“Contracts，markets，and prices：Organising the production and use of agricultural commodities”），载于美国农业部网站登载的《农业经济报告》，第837号（*Agricultural Economic Report No. 837*）。

③ 见Radetzki，M.（2013）〈大宗商品交易所锲而不舍　确立主要大宗商品价格〉（“The relentless progress of commodity exchanges in the establishment of primary commodity prices”），载于《资源政策》（*Resources Policy*），第38册，266–277页。

司与下游附属公司）为内部交易而设定的价格。由于有关买卖只会在这些公司的财务报表中显示，所以透明度偏低。就跨境转让交易而言，入口价通常会刻意被压低，以降低关税负担。

- **标价：**指政府为防止各方逃避关税而制定的价格，可按生产成本或独立方之间的最新交易价订立。
- **生产商支配价：**指由市场势力极度集中的数家最大生产商所定的价格。
- **消费者主导价：**指由市场势力极度集中的数名最大消费者所定的价格。
- **私人拍卖：**透过一般拍卖（最高出价成交）或减价拍卖（最低卖价成交）定价。私人拍卖可处理市场上买卖双方数量众多的情况，但商品规格并不统一，而且不是持续进行。

现货市场可说是百货百价，上述机制定出来的价格可以差距甚大。大宗商品用家选择定价机制时要视乎许多因素，例如关税、政府政策、大宗商品规格、交易时间以至生产商与消费者的相对市场势力等。虽说有部分大宗商品用家可利用自定义合约取得优惠价，但这些交易价未必可当作所有市场交易的参考指标。以双边合约为例，主要生产商的合约价可以是部分大宗商品的参考价，但价格信息并不透明，市场未必知晓。除此之外，这样的参考价也未必可靠。就金属及能源产品而言，一项研究[①]指最大四至五家铝、镍及原油生产商占全球产量的份额在 1955 年至 1990 年大幅下降，这些生产商的交易价已不如往日具代表性。另外，由于双边合约的条款都是自订，不同合约的大宗商品规格或合约期未必都能互作比较。因此，对某些大宗商品来说，现货市场交易的实际价格可与当前的最新参考价有不同程度的偏差，而没有规律。

由此可见，大宗商品的期货市场对现货市场的价格发现有补足作用。

---

① 见 Radetzki，M.（2013）〈大宗商品交易所锲而不舍 确立主要大宗商品价格〉（“The relentless progress of commodity exchanges in the establishment of primary commodity prices”），载于《资源政策》（*Resources Policy*），第 38 册，266–277 页。

大宗商品期货在商品的规格、合约金额及交收日期方面非常统一。在大宗商品期货交易所的交易，买卖双方之间的竞价活动可以持续，也没有入市门槛。还有，期货市场的价格信息远比现货市场透明，对大宗商品市场中的价格发现也大有帮助。再者，由大宗商品期货交易所担当中央对手方的角色，可以降低对手方风险、便利交易的清算及交收。事实上，全球大宗商品市场中的金属、农产品及能源产品的期货交易量与日俱增，可证明市场对商品期货的庞大需求（见图 2）。期货市场交投活跃，使期货价格作为相关大宗商品的参考价更为可靠。

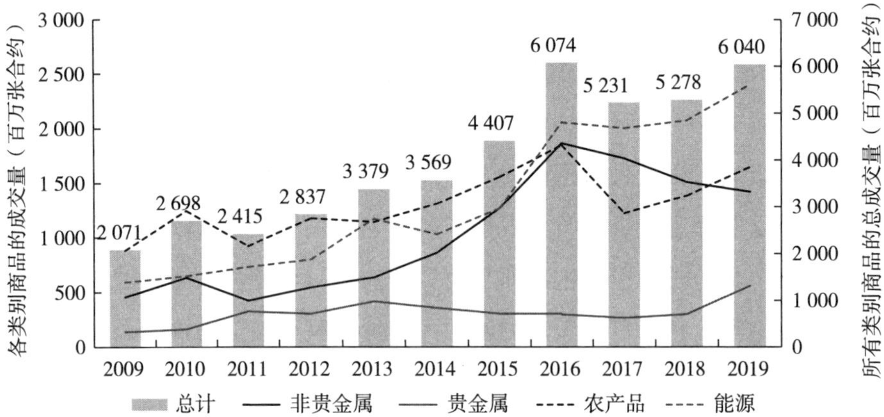

注：不同交易所的商品期货合约单位各异，不同产品的成交量相同并不代表其名义交易金额相同。

资料来源：美国期货业协会。

图2　全球市场大宗商品期货的每年成交量（按大宗商品类别划分）（2009 年至 2019 年）

1.3　大宗商品期货作为现货市场价格发现的关键的实证

全球市场的大宗商品期货通常都以实物交收，涉及仓储、保险等库存成本。另外，大宗商品用户可选择视之为消耗品以实时耗用或持有大宗商品的实物存货，而非作为金融资产。所以，商品期货的定价与金融期货并不相同，金融期货只计算预期价值的利率。

关于大宗商品期货的定价，我们可视大宗商品用家有两个方法在将来某个时间取得大宗商品。一是现在就用息率“*r*”借贷，以现货价“*S*”买入商品，再付出存仓成本“k”持有货品，便会获得持有实物存货的好处，在未来“T”年后可享便利收益率[①]“ψ”；二是买入大宗商品期货合约，确定在“T”年后按行使价“F”买入商品，然后将等同“F”的贴现价值金额投资于无风险资产，确保日后行使期货买入大宗商品时有所涉款项的资金。在有效率的市场中，这两种方法涉及的现金流及成本应该一样。否则，投资者可选择两者中较便宜的方式取得大宗商品，然后经另一方法以较高价卖出，在无风险的情况下套戥获利。由此可见，整个逻辑关系是，商品期货价格“F”与现货价“S”、利率“r”、存仓成本“k”及合约期“T”成正比，而与便利收益率“ψ”成反比[②]。

除此之外，面对实体经济中不同的大宗商品供求情况，存货水平的高低也可影响到期货价格。一项研究[③]分析在LME买卖的基本金属的现货价、期货价及存货量于1997年7月至2009年6月期间的数据，探讨在低水[④]及高水[⑤]情况下价格及存货怎样调整。研究发现：

- 在低水的期货市场，存货水平很可能过低，不足以应付实体经济的需求，使存货对大宗商品用家而言更为宝贵（例如，用来确保生产过程不受影响、继续运作），令便利收益率上升（见图3）。这也会推高现货价，而将期货价拖低至低于现货价水平[⑥]。
- 在高水的期货市场，存货水平很可能非常充足，应付实体经济需求绰绰有余，令便利收益率下降，推使现货价低于期货价。

① “便利收益率”适用于可储存的大宗商品，其需求可从现有产能或存货中满足。潜在裨益包括能够从暂时短缺中获利以及生产程序能够持续运作。

② 见 Pindyck，R.（2001）〈大宗商品现货及期货市场的互动：入门〉（“The dynamics of commodity spot and futures markets：A primer”），载于《能源期刊》（*Energy Journal*），第22期，1–29页。

③ Roache，S. 与 N. Erbil.（2010）〈大宗商品价格曲线及存货如何受短期缺货冲击影响〉（“How commodities price curves and inventories react to a short-run scarcity shock”），《国际货币基金工作报告 WP/10/222》。

④ “低水”指相关资产的期货价低于现货价。

⑤ “高水”指相关资产的期货价高于现货价。

⑥ 这是“极其低水”市场的情况。若现货价仅高于期货价的贴现值，则是“略为低水”。

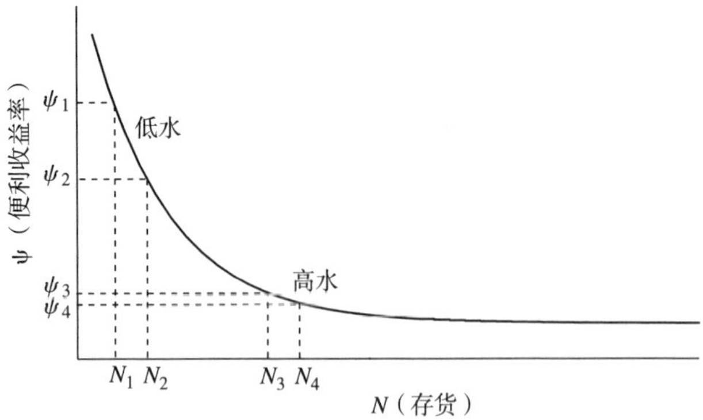

资料来源：Roache，S. 与 N. Erbil.（2010）〈大宗商品价格曲线及存货如何受短期缺货冲击影响〉（How commodities price curves and inventories react to a short-run scarcity shock），《国际货币基金组织工作报告 WP/10/222》。

图 3　便利收益率与存货关系

多项研究都提供实证，显示大宗商品期货市场与实体经济的关系：

- 实证显示大宗商品期货的价格及未平仓合约与实体经济有密切关联。一项研究[①]以 1959 年 7 月至 2004 年 3 月期间美国商品研究局（CRB）的数据及 LME 的数据，以同等权重构建了一条涵盖所有大宗商品期货的指数，检视这期间大宗商品期货的价格表现。研究发现大宗商品期货的价格回报与实际通胀、意料之外的通胀及通胀预期的变化成正比。另一项研究[②]则发现，美国的大宗商品期货未平仓合约于 1964 年 12 月至 2008 年 12 月期间极其顺应周期变化，与宏观经济活动同步升跌。该研究发现，大宗商品期货的未平仓合约对大宗商品回报、债券回报及短期利率都有预测作用，这可能是期货市场中大宗商品生产商与消费者的对冲活动的结果（见第 2.1 节）。

① Gorton，G. 与 K. G. Rouwenhorst（2006）〈大宗商品期货的事实与憧憬〉（"Facts and fantasies about commodity futures"），载于《金融分析师期刊》（*Financial Analysts Journal*），第 62 期，47–68 页。

② Hong，H. 与 M. Yogo（2012）〈期货市场息率怎样助我们了解宏观经济和资产价格？〉（"What does futures market interest tell us about the macroeconomy and asset prices？"），载于《金融经济期刊》（*Journal of Financial Economics*），第 105 期，473–490 页。

- 大宗商品期货价格之间的联系反映出实体经济中不同行业的联系。大宗商品期货种类繁多，不同商品期货市场的定价效率各异[①]。这与上游产业货品价格的反应通常比下游产业快的事实一致。若原材料价格变动持续，下游产品的价格会作调整但稍慢。以日本汽车业的钯、天然橡胶和汽油（占全球逾半用量）的商品期货的经济联系为例[②]，若钯期货的波动性（或成交量）受到冲击，天然橡胶和汽油期货的成交量（或波动）都会受到影响。
- 大宗商品期货价格也是物流业定价的参考指标。一项调查[③]研究了波罗的海交易所的干货大量付运的远期协议、欧美市场的期货及已付运大宗商品的场外衍生产品于 2006 年 5 月至 2009 年 10 月期间的每日价格数据。研究发现，价格回报及波幅的冲击会先见于商品期货，其后才蔓延至货运衍生产品。
- 主要大宗商品市场的经济基本因素和结构差别都是左右大宗商品期货价格发现的因素。以大豆为例，美国和巴西是全球最大的大豆出口国（2016 年至 2017 年间占总出口约 83%[④]）。CME 与巴西证券交易所的合资格投资者可直接买卖对方市场的期货（或传递期货买卖盘）的安排先后于 2008 年 9 月开通 CME 市场及于 2009 年 2 月

① 见 Kristoufek，l. 与 M. Vosvrda（2014）〈大宗商品期货与市场效率〉（“Commodity futures and market efficiency”），载于《能源经济》（*Energy Economics*），第 42 期，50–57 页。

② 见 Chng，M. T.（2009）〈大宗商品期货的经济联系：对冲与交易含义〉（“Economic linkages across commodity futures: Hedging and trading implications”），载于《银行与金融期刊》（*Journal of Banking and Finance*），第 33 期，958–970 页。

③ Kavussanos，M. G.、I. D. Visvikis 与 D. N. Dimitrakopoulos（2014）〈相关衍生产品市场之间的经济外流：大宗商品及货运市场〉（“Economic spillovers between related derivatives markets：The case of commodity and freight markets”），载于《运输调查 E 部》（*Transportation Research Part E*），第 68 册，79–102 页。

④ 资料来源：Gale，F.、C. Valdes 与 M. Ash〈中国、美国、巴西三国在大豆交易议题上唇齿相依〉（“Interdependence of China，United States，and Brazil in soybean trade”），载于美国农业部经济研究局的网站，2019 年 6 月。

开通巴西证券交易所市场。一项研究[①]发现，在两个交易所重叠部分的交易时间内，合资格投资者增进两个市场之间的信息传递，帮助大豆期货的价格发现。

- 各大宗商品期货市场与现货市场的关联在结构上的差别，会令不同期货市场的价格不一。以铜期货为例，CME 铜期货价格于 2014 年至 2017 年 3 月期间便高于 LME 的合约价格，原因是两所的仓库网络覆盖有别（LME 全球有 34 处有仓库，但 CME 只在美国有仓库），以及预期美国会实施关税[②]。
- 另一项研究[③]发现，在大豆和铜的价格发现方面，美国期货市场的推动力较中国市场大。美国市场的信息流向对中国市场所产生的影响也比反过来的影响大。这反映了在全球大宗商品期货市场上定价话语权的差别。

在大宗商品的价格发现上，全球大宗商品期货交易所担当着非常重要的角色。大宗商品的现货与期货市场之间是否有密切联系、以服务大宗商品用户的不同需要，是左右定价话语权强弱的一个因素。

---

① Plato，G. 与 L. Hoffman（2011）〈美国与外国大宗商品期货市场的价格发现：巴西大豆示例〉（"Price Discovery in U.S. and Foreign Commodity Futures Markets：The Brazilian Soybean Example"），载于《有关应用大宗商品价格分析、预测及风险管理的 NCCC-134 会议程序》（*Proceedings of the NCCC-134 Conference on Applied Commodity Price Analysis, Forecasting, and Risk Management*），密苏里州圣路易斯。

② 见〈LME 与 CME 铜套戥：全球与地区价格相交接〉（"LME and CME copper arbitrage：When global and regional prices meet"），载于 *LME Insight*，2017 年 3 月。

③ 见 Liu，Q. 与 Y. An（2011）〈信息联通市场的讯息传递：美国及中国大宗商品期货市场的实证〉（"Information transmission in informationally linked markets：Evidence from US and Chinese commodity futures markets"），载于《国际货币与金融期刊》（*Journal of International Money and Finance*），第 30 期，778–795 页。

2. 大宗商品期货须切合实体经济用户的需要

2.1 实体经济中不同用家的需要

国际大宗商品期货市场的主要参与者包括套期保值者及金融投资者。套期保值者包括商品生产商、消费者或贸易公司，都是因为承受大宗商品价格风险，所以买卖期货合约，从而抵销有关价格风险；金融投资者则是本来并无价格风险，参与买卖期货合约后而承担了有关价格风险。两者在实体经济的角色有别，大宗商品期货市场的产品及服务以不同形式切合其需要。

（1）生产商

上游行业的生产商生产诸如原材料一类的大宗商品，用于进一步加工。除非因供应的政策指引或恶劣的天气状况而生产中断，生产作业通常全年无休，否则要重启生产设施花费不菲亦十分耗时（如炼钢熔炉），因此生产过程中途难以随便调整商品数量。换言之，生产商的产出供给都有固定的生产计划，产出价格骤降就会造成亏损。

大宗商品生产商为了对冲产出价格下降的风险，方法之一是订立实物交收的期货短仓又或买入认沽期权，以确定在产出日期可按预定的价格出售既定数量的大宗商品。以 LME 市场为例，金属合约制订的实物交割期可长达 123 个月，能切合不同生产时间表的需要，包括可在 3 个月内每个交易日均可交割的合约，在 3 个月至 6 个月期间可每周周三交割的合约，以及在 7 个月至 123 个月内可每月第三个星期三交割的合约。由于生产商通常都希望其产出的销售可以全年分布平均，而且售价相对稳定，能将价格平均化的 LME 合约正好切合所需。生产商也可透过期权策略来对冲，提高回报[①]。若干生

① 见 Taušer，J. 与 R. Čajka（2014）〈大宗商品风险管理中的套期保值技术〉（“Hedging techniques in commodity risk management”），载于《农业经济杂志》（*Agricultural Economics*），第 60 期，第 174 至 182 页。

产商可能持有超过其业务所需的长仓或短仓，以从价格波动中赚取潜在额外利润（称为“选择性对冲”）。这些生产商倾向于在大宗商品期货中选择相对较多回报分布倾向正数的长仓，又或较多回报分布倾向负数的短仓。

由于对冲的大宗商品与对冲工具之间可能存在价差（例如大宗商品期货合约订明的特性及数量有所不同），故生产商在对冲后仍可能会承担基准风险。尽管如此，大宗商品期货的价格通常是现货市场近似商品的参考价。例如有研究报告[①]指出，LME 各类合约的价格已经成为多种工业金属双边交易的参考价。

由于大宗商品期货能满足生产商的对冲需要，国际大宗商品期货市场的主要参与者通常都是生产商。尽管生产商及消费者主要依赖现货市场买卖大宗商品，大宗商品期货交易透过仓库实物交割实现高效结算，也对作为商业用途的大宗商品的交易有很大帮助，能增强大宗商品现货与期货市场之间的联系。因此，期货价格在国际市场上可反映大宗商品市场价格，而套期保值者可利用期货价格作为大宗商品现货交易的基准价格。例如，LME 汇聚了基本金属市场的主要生产商来进行价格发现 —— 全球最大的基本金属套期保值者都聚于 LME 的交易圈（公开叫价场地）内进行交易，辅以其他交易机制。为便利买卖，LME 在全球 35 个地区拥有超过 650 个核准仓库[②]提供实物交割服务，将运输成本降至最低。

（2）消费者

大宗商品消费者包括下游产业中使用大宗商品作为原材料的二

① Valiante，D.〈大宗商品市场的价格形成：金融化及其他方面〉（“Price formation in commodity markets：Financialisation and beyond”），载于欧洲政策研究中心（CEPS）的网站，2013 年 7 月。

② LME 不拥有或经营仓库，也不拥有库中所存放的物料。LME 只是核准有关的仓库公司及其经营的仓库来储存 LME 注册的金属品牌。见香港交易所新闻稿〈香港交易所集团营运总裁冼博能于传媒工作坊讲解伦敦金属交易所最新情况之发言稿（只供英文版）〉（2016 年 6 月 7 日）。

级生产商，或者大宗商品产品的终端用户。他们购买大宗商品作为其生产投入的成本之一。为免因投入不足导致生产或消费受阻，他们或会保持一定存货。因为最后作消费品出售的终端产品通常没有中央化的二级市场，其价格变动一般不那么频繁。所以，万一投入价格突然上涨，会对这些消费者的成本造成压力，影响利润。

大宗商品消费者为避免投入品价格上扬的风险，方法之一是订立实物交收的期货长仓或认购期权，确保可在预定日期购买特定数量的大宗商品作其生产的投入品。像大宗商品生产商一样，消费者也可能进行选择性对冲，也会因为期货合约的特性及数量未必完全切合所需而承担对冲的基准风险。与大宗商品生产商相反的是，大宗商品的使用或消费的计划通常有别于大宗商品的生产计划。在这方面，主要的大宗商品期货市场通常会为期货合约提供平均定价（例如 LME 的每月平均价格期货以及平均价格期权），以解决时间错配的问题。除此之外，生产商及消费者的所在地区也许亦不相同。在这方面，主要的大宗商品期货交易所有其本身的核准全球仓库网络，为其大宗商品期货结算时进行实物交割。另外，仓库存货的妥善管理亦有帮助。例如 LME 于 2013 年至 2016 年间多番改革其仓库管理，其中包括入库和出库量挂钩的提存规则以及每个仓库轮候时间的报告[①]，有效减少消费者需要长时间轮候方可从某些仓库取出商品的情况。

（3）贸易公司

大宗商品贸易公司是大宗商品生产商与消费者之间的中介，其角色在利用大宗商品期货市场上的产品及服务来化解两边不配合的问题。全球商品交易市场有数家主要的贸易公司，最大的四家贸易公司于 2018 年的收入各自超过 1 000 亿美元（而第五大贸易公司的收入仅为 300 亿 ~400 亿美元），这些公司业务涵盖许多不同类型的

① 见《2013–2016 年仓库改革》网页，载于 LME 网站，于 2020 年 1 月 30 日阅览。

大宗商品（如金属、能源产品、农产品及二氧化碳排放）[①]。大宗商品贸易公司或会拥有本身的上游或下游业务。除此之外，大宗商品生产商及消费者要管理其持有的大宗商品或参与大宗商品交易所面对的价格波动风险时，都可能会寻求这些公司的帮助。要兼顾生产商及消费者的不同需要，贸易公司会集合一系列订有不同到期日的大宗商品期货长短仓盘的买卖指示。

大宗商品贸易公司也扮演为大宗商品贸易提供资金的角色[②]。大型的国际大宗商品贸易公司通常拥有本身的中游设施（如仓库及航运码头），通过持有存货来缓冲供需波动，并把握短期套利机会。这些贸易公司非常依赖银行为其短期套利活动提供资金，一般每宗交易都付足100%抵押品，并定期（例如每周一次）按市值计价。它们亦为客户提供不同形式的融资服务，包括传统的贸易信贷（于贸易公司的资产负债表中列作应收款项），以及通过生产商、贸易公司及银行之间的“承购协议”进行结构性交易，从而获得预付款项去进行合约销售。有分析[③]显示大宗商品价格与银行借贷及实体经济的关系——中国的银行借贷意外增加1个百分点，部分基本金属（包括铜）的价格就会上升10%~12%，而工业生产总值出现一个百分比的变动，铝、铜及原油的价格会有7%~9%波动。这样的大宗商品融资活动需要可信的记录以及妥善的仓存管理。

（4）金融投资者

金融投资者包括买卖指数的公司以及资金管理人（如对冲基金），他们将大宗商品期货视为一种资产类别，买卖策略可以是主动（如期货长短仓策略）或被动（例如透过指数期货或交易所买卖基金（ETF）

① 资料来源：〈主要经济体竞争的另一个战场：商品价值供应链〉（“Another battlefield of competition between major economies：Value chain of commodities”），载于 *Huexiu.com*，2019年9月25日。

② 同上。

③ Roache，S. 与 M. Rousset（2015）〈中国：信贷、抵押品及商品价格〉（“China：Credit, collateral and commodity prices”），《香港货币及金融研究中心工作报告》，2015年第27号。

追踪大宗商品期货指数），从套利机会或投机活动中赚取交易利润，或增加股票投资组合的多样性[①]。一项研究作了分析，发现于2008年全球金融危机前后期间，在股票投资组合中加入大宗商品期货指数或黄金期货，能够提高该段期间牛熊市的年化回报及经风险调整后的回报（即“夏普比率”）（见图4）。由于金融投资者更关注短期回报，他们更喜欢高度标准化、流动性高的期货合约，又或现金结算合约，避免实物结算。

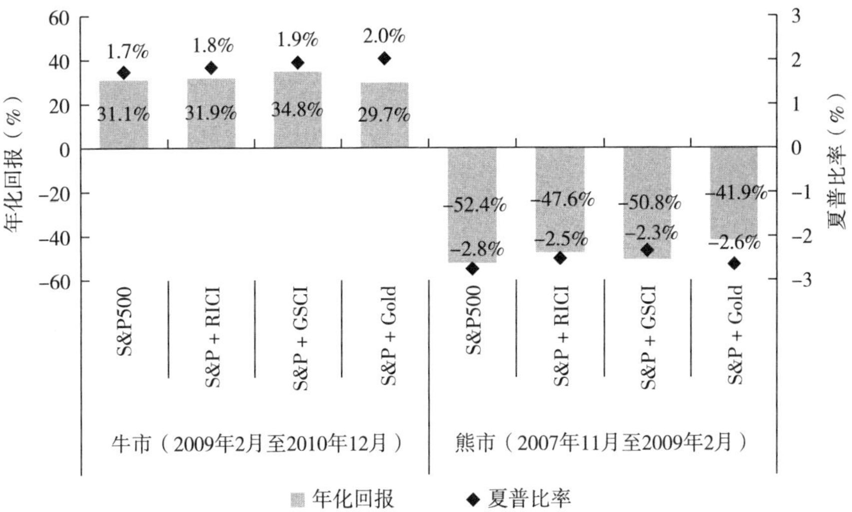

注：GSCI是标普高盛商品指数，追踪于CME上市的24种大宗商品期货的表现；RICI是罗杰斯国际大宗商品指数，追踪于四个国家九家交易所上市的38个大宗商品期货的表现。

标准普尔500——标准普尔500指数；

S&P + RICI——85%标准普尔500指数和15% RICI的投资组合；

S&P + GSCI——85%标准普尔500指数和15% GSCI的投资组合；

S&P + Gold——85%标准普尔500指数和15%美国现货金价格的投资组合。

资料来源：Batavia，B.，N. Parameswar与C. Wague（2012）〈极端环境下的投资组合多元化：加入商品期货指数是否有帮助？〉（“Portfolio diversification in extreme environments：Are there benefits from adding commodity futures indices ?”），载于《欧洲研究》（European Research Studies），第15期，33–48页。

图4　包含商品期货的投资组合与股票组合的年度化回报及夏普比率的比较

① 见Mayer，J.（2009）《金融市场与商品市场逐渐相互依存》，联合国贸易和发展会议（UNCTAD）的讨论文件第195号。

金融投资者是国际商品期货市场流动性的一个很重要的来源。他们的投资策略采用大宗商品期货、期权或掉期等不同形式的组合。1994 年 1 月 2 日至 2014 年 11 月 1 日期间美国 26 只商品期货的实证数据[①]显示，短期的仓位变化主要受金融投资者（即投机者）所带动，而长期的仓位变动则主要受套期保值者的对冲需求所驱动[②]。换言之，金融投资者的交易要比套期保值者更频繁，怀疑投机交易增加了价格波动。不过，有研究[③]发现，投机者的长短仓策略反而降低了美国五个农产品大宗商品期货于 2006 年至 2017 年间的市场波动。

然而，金融机构始终是国际大宗商品市场的少数参与群体。举例，LME 参与者大部分为生产商、消费者及贸易公司，三者已占 2016 年全球有色金属成交额约 75%[④]，这也解释了何以 2019 年 LME 的市场交易周转率（全年成交额除以年末持仓量的比率）仅约 73 倍，而内地一家大宗商品期货交易所则超过 200 倍（见 3.2 节）。

2.2 实物交割：环球商品期货市场服务实体经济的潜在挑战

为满足实体经济主要参与者的不同需要，大宗商品期货市场的价格发现必须很高效率，令结算日当天现货与期货的价格趋同。若大宗商品的期

① Kang，W.、K. G. Rouwenhorst 与 K. Tang（2020）〈两种溢价的故事：套期保值者与投机者在大宗商品期货市场的角色〉（“A tale of two premiums：The role of hedgers and speculators in commodity futures markets”），载于《金融期刊》（*Journal of Finance*），Vol. 75，pp.377–417.

② 套期保值者是指商业交易者，包括生产商、加工商、制造商或处理有关商品或其产品或副产品的商人，而投机者是指非商业交易者。“商业交易者”和“非商业交易者”是于美国商品期货交易委员会（CFTC）的交易商承约（COT）数据集内所作的分类。

③ Bohl，M.T. 与 C. Sulewski（2019）〈“长短仓”投机者对农产品期货价格波动的影响〉（“The impact of long-short speculators on the volatility of agricultural commodity futures prices”），载于《商品市场杂志》（*Journal of Commodity Markets*），第 16 期，1–30 页。

④ 资料来源：香港交易所市场发展联席主管李刚于媒体工作坊介绍内地大宗商品市场概况之发言稿〈媒体工作坊 —— 中国大宗商品市场概况之前世今生〉，载于香港交易所网站的新闻稿，2017 年 6 月 7 日。

货价格大幅偏离结算时的现价，可能意味着（1）与不作对冲的情况相比，生产商收入较低，或消费者成本较高；以及（2）金融投资者的投资回报更加不确定。期货合约结算时商品实物交割的效率高低，或会是现货与期货价格趋同的主要因素。

一项研究发现，美国若干主要农产品期货（如玉米、大豆和小麦）在2005年至2010年间的价格一直高于各自结算时的相关现价①。该研究审视了商品现货与期货价格不接轨的背后成因。虽然不少人认为这是金融投资者过度投机所致（见2.1节），但实证数据显示，期货合约结算时实物交割商品所涉的费用才是主要原因。其中一个关键因素是现货与期货市场储存成本的差异②——2008年，在美国CBOT实物交割的小麦期货的储存费用，较现货市场储存费每月每单位低4.5美仙（2004年至2008年间增加了2.6美仙）。在这方面，生产模式及运输物流的变化会影响到期货合约结算时实物交割商品的费用。例如，芝加哥谷物市场的生产和营销渠道已经移离五大湖地区（CBOT于19世纪中叶成立之时最先使用的交割市场便在五大湖地区，如今其商业重要性已经不如前），但CBOT玉米和大豆的交割点，直至2000年才有所改变，而小麦的交割点则直至2009年才改变。这些都导致于上述有关期间获取商品进行套利活动的成本高昂，影响到期货市场的价格发现。

商品期货市场服务实体经济的效率高低，主要视乎基础设施是否便利期货合约结算时的商品实物交割，尤其是仓库网络。美国CME的产品类型虽然广泛，其仓库网络却未必能满足全球商品用户的需求。例如CME的铜期货合约仅可透过美国仓库作实物交割，而LME的期货合约则可在美

① Adjemian，M. K. 等（2013）〈国内商品期货市场的不接轨：前因后果与补救措施〉，（"Non-convergence in domestic commodity futures markets：Causes，consequences，and remedies"，载于美国农业部经济研究局的《经济信息通报》（the USDA ERS's Economic Information Bulletin），第115号。

② CME集团的实物交收商品期货在结算时，会向长仓持有人发出仓库收据，该等持有人可以选择将商品存放在交易所核准的仓库，而交易所将收取相关的储存费用。

国、欧洲、中东及亚洲等 24 个地方交割[①]。商品用户距离仓库网络近一点，运输成本自然也低一点，也就便利其库存的套利活动，进而促进商品的价格发现。

3. 内地商品市场与世界商品市场的比较

内地大宗商品期货市场服务实体经济的成效被认为未如理想[②]。基于国际其他大宗商品期货市场的经验，其主要原因有两个：第一，内地大宗商品现货与期货市场之间的联系相对薄弱，期货价格未必能作为现货价格的参考价；第二，内地大宗商品期市的定价无法对全球大宗商品期货价格产生足够影响。尽管中国已成为主要大宗商品的最大生产国和消费国[③]（见图 5），内地的大宗商品用家（生产商和消费者）往往只能跟从国际大宗商品期货的价格。

---

① 有关 CME 铜期货的资料为 2020 年 3 月 26 日数据（资料来源：〈基本金属仓库统计〉（“Metal warehouse stocks statistics”），载于 CME 集团的网站，2020 年 3 月 30 日阅览），LME 铜期货的资料为 2020 年 3 月 30 日数字（资料来源：LME 网站上“Stocks breakdown”网页上的每日数据）。

② 见胡俞越与张慧（2017）〈中国商品期货市场服务实体经济评估〉，载于《期货与金融衍生品》，第 98 期，16–29 页。

③ 资料来源：〈图表显示中国四类主要商品消耗量激增〉（“Charts show China's explosive consumption of four critical commodities”），载于 *cnbc.com*，2019 年 9 月 24 日。

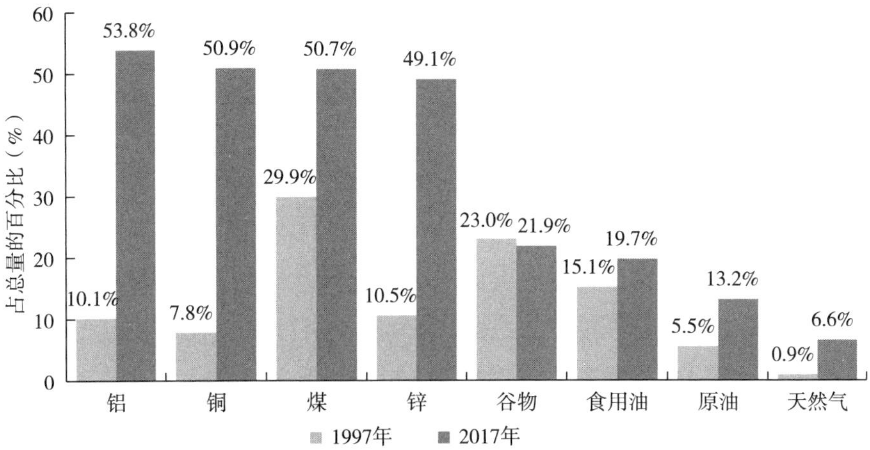

资料来源:〈关税对大宗商品市场的影响〉(The implications of tariff for commodity markets), 刊于《大宗商品市场前景》(Commodity Markets Outlook), 载于世界银行的网站, 2018 年 10 月。

图 5　中国在全球商品消耗量中所占的份额（1997 年及 2017 年）

以下分节尝试探讨内地大宗商品市场在服务实体经济上相对全球其他发达国家不足的原因。

3.1　大宗商品现货市场零散

综观全球各种大宗商品市场，主导市场的大型生产商[①]都会在世界各地发展成熟的大宗商品期货市场上积极进行套期保值，由此产生的商品期货价格通常就会作为现货交易的基准价格。

然而，这种定价机制在内地却很薄弱。举例说，2017 年在美国和日本的钢材生产量约有八成来自其钢材业的四大巨头，而在中国内地，这数字仅约两成[②]。内地现货商品市场严重依赖大量本地化商品贸易公司作为中

① 数宗大生产商主导着包括铝、可可和咖啡等多种商品的全球现货交易。资料来源：Cinquegrana，P.〈商品和商品衍生品市场需要透明度〉（“The need for transparency in commodity and commodity derivatives markets”），载于欧洲政策研究中心（Centre for European Policy Studies（CEPS））的网站，2018 年 12 月 15 日。

② 资料来源：兴业研究〈钢铁产业链及其背后的大国变迁 —— 螺纹钢系列（一）〉，2019 年 2 月 27 日。

介来进行商品交易，包括代理贸易和自营贸易[①]。传统上，现货价格都是基于生产区域的平均加工成本再加上溢价作为利润而制定。此外，现货交易中的商品规格可以极其参差，同类商品可以出现众多现货价格。这些现货交易可以通过地方政府、国有企业或市场参与者经营的电子交易平台进行[②]。主要参与者包括证券公司、期货公司与其风险管理子公司，以及私募基金。这些电了交易平台还提供大宗商品的场外衍生产品的买卖，但未必有很健全的风险管理框架[③]。鉴于市场的不当行为，中国国务院于2011年发布了政策文件[④]整顿大宗商品现货市场，促进行业健康发展。现货交易平台的数目一度增至2017年的3 000多个，到2019年已整合至约30个[⑤]。

基于上述的现货交易方式，某一大宗商品于内地现货市场上的价格会因地区而异。这些价格不一定参考期货价格，也未必归一形成基准价格，定价也未必能及时反映当前市场基本情况。

3.2　投机活动于商品期货市场占主要比重

目前，中国内地有三家提供大宗商品期货合约的期货交易所——上海期货交易所（以下简称“上期所”）、郑州商品交易所（以下简称“郑商所”）和大连商品交易所（以下简称“大商所”）。三家交易所的商品期货交易量在全球数一数二。全球各主要类别大宗商品的衍生产品（包括期货和期权）于2019年的交易量排名（按合约张数计）的首五家交易所，都至少见到一家内地交易所的身影（见图6）。

① 见〈2017年中国大宗商品贸易行业研究报告〉，载于联合信用评级的网站，2017年。

② 见〈大宗商品现货平台交易模式分析与法律风险防范〉，载于 *zhihu.com*，2017年12月7日。

③ 相关例子见〈让多家期货公司集体穿仓的PTA场外期权爆仓事件是怎么发生的？〉，载于 *yocajr.com*，2019年7月31日。

④ 《国务院关于清理整顿各类交易场所切实防范金融风险的决定》，国务院发布，2011年11月24日。

⑤ 资料来源：〈2019年现货贸易良心测评〉，载于 *yaobang-metal.com*，2019年10月20日。

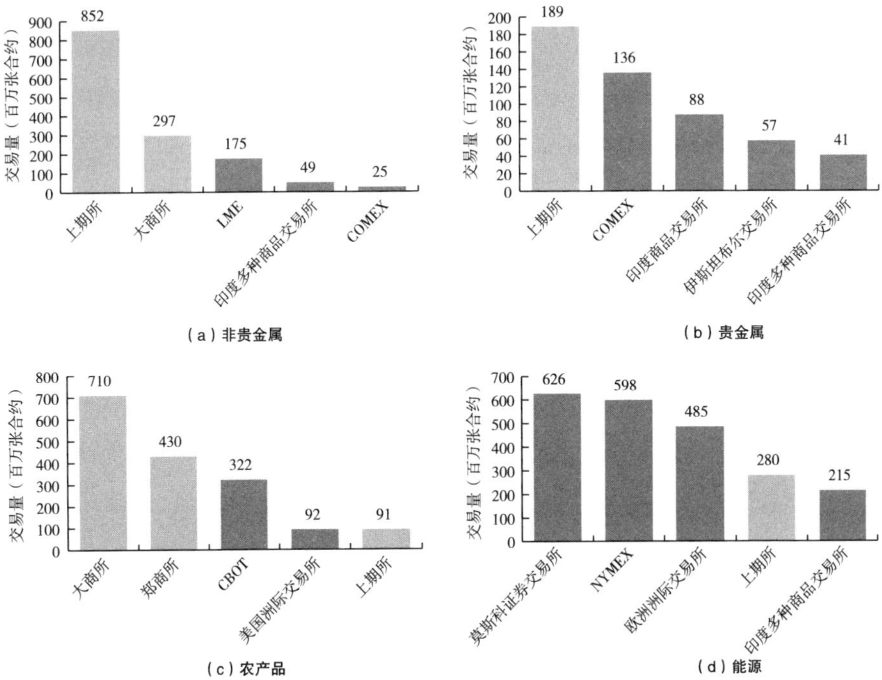

注：不同市场的合约单位差异很大。例如，金属合约的合约单位从 10 公吨到 100 公吨不等，农产品合约由 10 公吨到 127 公吨不等，原油合约由 10 桶到 1 000 桶不等。

资料来源：美国期货业协会月度统计数据（2019 年 12 月）。

图 6　主要类别商品交易量最高的五家期货交易所（2019 年）

伴随内地大宗商品期货交易所这样高的成交量，还有很高的成交周转率（即全年成交量除以年末未平仓合约数量）。2019 年，上期所、郑商所和大商所的成交周转率分别为 249 倍、247 倍和 140 倍，相对于 LME 和 CME 集团的分别为 73 倍和 46 倍[①]（见图 7）。这些数字可以理解为内地商品的持仓时间极短，意味着交易属高度投机性质。据估计，上期所于 2016 年的螺纹钢期货及大商所的铁矿石期货（2016 年前者的成交周转率约为 440 倍，后者约为 290 倍[②]）的平均持仓时间仅为 4 小时，远低于 CME

① 根据美国期货业协会月度统计数据中全年截至 12 月的数字计算（2019 年 12 月）。

② 根据美国期货业协会月度统计数据中全年截至 12 月的数字计算（2016 年 12 月）。

的铜期货和天然气期货的约 40 小时和 70 小时[①]。与此相关的是，内地商品交易所的期货合约单位一般较小 —— 例如上期所的铜期货合约单位为 5 吨，而 LME 的则为 25 吨[②]。

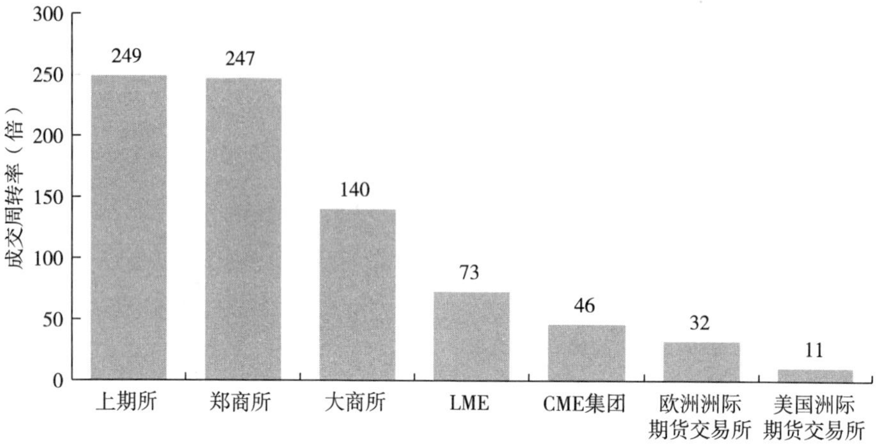

注：上期所的数字包含上海国际能源交易中心（简称“上期能源”）的产品；CME 集团的数字涵盖 CBOT、CME、COMEX 和 NYMEX 的产品。

资料来源：美国期货业协会月度统计数据（2019 年 12 月）。

图 7 部分交易所的商品期货期权全年交易量对年终未平仓合约量的比率（2019 年）

这些投机活动很可能是与个人投资者的高参与度有关。一项研究[③]指出，内地个人投资者账户持有的未平仓合约于 2016 年的占比超过 86%，美国的相应数字则只是 15%；同一项研究认为，个人投资者所得的信息很可能较少，易出现羊群效应，会引致高度投机的交易模式。

投机活动和散户买卖的占比相对偏高，会令大宗商品期货价格更加波动，并打击进行套期保值的意欲。不过，近年已有迹象显示内地期货市场

① 资料来源：〈持仓不足 4 小时足见中国商品市场狂热〉（“A life expectancy under 4 hours shows China commodity frenzy”），载于《彭博》，2016 年 4 月 26 日。

② 见上期所和 LME 的网站上所载的合约细则，2019 年 12 月 16 日阅览。

③ Fan，J. H 与 T. Zhang（2020）〈中国商品期货不为人知的故事〉（“The untold story of commodity futures in China”），载于《期货市场杂志》（*Journal of Futures Markets*），第 40 期，671–706 页。

上套期保值者的参与正在增加，有助于对衡散户投机交易的主要占比。以大商所为例，机构投资者占市场未平仓合约总数的比重已从 2016 年 10 月底的 44%升至 2018 年 7 月底的 54%[①]。

3.3 仓库网络相对狭窄

国际上发展成熟的大宗商品期货市场都有广泛的仓库网络分布世界各地（见上文第 2.1 节及 2.2 节），相比之下，内地大宗商品期货交易所用作实物交收的仓库网络相对狭窄。

首先，内地市场的仓库网络可能未有覆盖全国。例如，上期所的铜期货只透过位于上海、江苏、江西及广东的 17 个仓库提供实物交收[②]，而英国 LME 的铜期货则可利用全球 24 个地点的仓库作实物交收[③]。其次，大宗商品期货只可透过内地仓库进行实物交收。从事大宗商品跨境进出口和对外投资支持“一带一路”倡议项目的内地公司，不能因应业务需要而在离岸进行商品实物交收。再者，当局至今没有批准任何一家外地大宗商品期货交易所在内地设置仓库，为在其市场上交易并在内地有业务需求的公司提供大宗商品实物交收。在岸套期保值者虽然可以在出现价差时，透过附属公司在离岸市场买卖大宗商品期货，但只可透过离岸仓库交收再输入内地，因此需付额外的仓储及运输成本（见第 2.2 节）以及跨境交易税项（例如关税及进口增值税[④]）。

内地大宗商品期货市场的仓库网络覆盖范围狭窄，不足以迎合不同地点的套期保值者业务所需，使用起来也成本高昂，会降低市场用家透过内地商品期货进行对冲的意欲。

① 资料来源：〈期货市场投资者结构悄然变化〉（“The gradual change of investor composition in the futures market”），载于 *jrj.com.cn*，2018 年 9 月 9 日。

② 见铜期货的合约细则，载于上期所网站，2020 年 1 月 30 日阅览。

③ 〈2020 年 1 月仓库公司存货及轮候队伍数据〉（“Warehouse company stocks and queue date January 2020”），载于 LME 的网站，2020 年 2 月 20 日阅览。

④ 见《国务院关税税则委员会公告 2018 年第 5 号》，财政部发布，2018 年 7 月 24 日。

3.4 产品类别和交易货币种类不多

全球大宗商品期货市场涉及的大宗商品主要涵盖金属、能源、化学品及农产品。于 2020 年 1 月，CME 及洲际交易所集团（ICE）分别有超过 160 只及逾 1 660 只大宗商品衍生产品，涵盖多种类型的大宗商品（见表 1）。全球大宗商品衍生产品种类繁多，会满足到不同大宗商品用户的各种需要（包括对冲及组合投资）。相比之下，内地大宗商品期货交易所的产品选择相对较少，只有 70 多只大宗商品衍生产品，大部分是商品期货（2020 年 1 月底数字为 60 只），还有小量商品期权（2020 年 1 月底数字为 11 只）（见表 1），这样的选择恐怕未能满足内地不同行业的需要。

表 1　部分交易所的大宗商品期货及期权数目（按大宗商品类别划分）（2020 年）

大宗商品类别	ICE	CME	内地交易所			
			上期所（包括上期能源）	郑商所	大商所	全部
农产品	46	46	—	16	13	29
能源	1 546	80	3	—	2	5
金属	15	40	14	2	2	18
其他	58	—	6	8	5	19
总计	1 665	166	23	26	22	71

注：2020 年 1 月 22 日的数据。

资料来源：ICE、CME、上期所、大商所及郑商所的网站。

内地交易所的大宗商品期货只以人民币定价。虽然这能满足在岸的套期保值者在中国内地的业务需要，但未必能配合离岸业务的用途（例如“一带一路”项目）。据报不少“一带一路”相关项目都以美元融资[①]。由于内地的大宗商品期货没有外币计值，内地套期保值者很可能要转向于国际

① 见〈美元的制约可能令中国“一带一路”计划有更多多边方案〉（“Dollar constraints may lead to more multilateral approach for China’s Belt and Road”），载于 *chathamhouse.org*，2018 年 10 月 23 日。

其他大宗商品期货市场进行对冲。另外，在岸的金融投资者在大宗商品投资上的币种选择不多，未能满足投资组合多样化的需求。

3.5 市场开放及与全球市场互动不足

国际主要的大宗商品期货市场都是向国际投资者自由开放，但内地市场对外国投资者仍有不少准入限制，对内地用户参与海外大宗商品期货市场亦严加管制。

- 就外资参与内地市场而言，只有指定的大宗商品期货才直接向外国投资者开放。2020 年 2 月底，指定的期货产品计有上期所附属公司上海国际能源交易中心（以下简称“上期能源”）的原油及橡胶、郑商所的精对苯二甲酸（PTA）及大商所的铁矿石，其他的都只限在岸参与者（可包括若干中外合资公司）买卖。
- 内地用户参与海外市场方面，只有少数国有企业得到官方批准，可在全球大宗商品期货市场进行跨境对冲活动[①]。除此之外，在岸大宗商品用家也可透过离岸附属公司在国际市场进行对冲，但离岸对冲交收商品后再进口须缴交税项，就算以现金结算的离岸商品期货的现金流也备受限制。

因此，国际和内地的套期保值者与金融投资者都不能随意参与对方市场，国际与内地的大宗商品期货市场始终分割，价格互动并不充分。

由于内地农产品期货现时未开放予外资参与，从美国与内地市场的农产品期货未平仓合约数量的巨大差异就能看出投资者参与程度的不同。尽管内地经济对全球经济越来越举足轻重，但美国市场的农产品期货未平仓合约数量却远远高于内地市场（见表 2）。图 8 显示以大豆为例，中美大宗商品市场上的期货价格并没有趋同 —— 2008 年至 2019 年美国的大豆期货价格一直低于内地的期货价格。

---

① 2016 年有 31 家国企获准进行跨境对冲活动。资料来源：〈观韬解读：国资委取消央企境外商品衍生业务核准事项〉，载于 *guantao.com*，2016 年 8 月 30 日。

表 2 中美农产品透过期货的持仓量（2018 年）

大宗商品类别	美国（百万吨）（A）	中国（百万吨）（B）	（A）/（B）比例（倍）
小麦	114.78	0.02	5 001
豆粕	41.26	18.42	2
玉米	252.98	9.08	28
大豆	116.40	1.63	71
大豆油	13.34	4.91	3
谷物	0.73	0.00	—
棉花	6.17	1.05	6
糖	46.13	3.37	14
总计	**591.80**	**38.69**	**15**

注：2018 年 3 月 13 日的数据。由于四舍五入的误差，持仓量的个别数字相加未必等于总和。
资料来源：谢小卉（2018）〈从历史看大宗商品定价中心的形成及建议〉，载于《中国期货》，第 65 号（2018 年第 5 期），51–56 页。

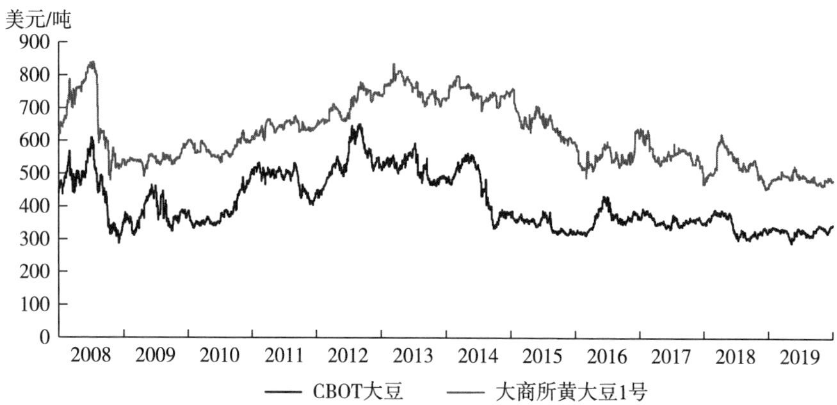

注：大商所黄大豆 1 号期货的价格按彭博的美元兑人民币每日汇价换算为美元。
资料来源：彭博。

图 8 CBOT 与大商所的大豆期货每日价格（2008 年至 2019 年）

4. 内地大宗商品期货市场如何能更好地服务实体经济

内地大宗商品期货市场若要更好地服务实体经济，就如环球大宗商品期货市场般，首先必须加强内地大宗商品现货与期货市场之间的联系。这会有助于大宗商品在期货市场的价格发现，从而使期货价格能成为现货交易的基准价格，而大宗商品期货也能有效促进对冲活动。其次，中国现在既已是全球大宗商品的消费及生产大国，内地大宗商品期货市场与全球市场理应有更多的互动，冀能逐渐提升中国在全球大宗商品方面的定价话语权，使内地的商品生产商及消费者也有机会参与全球大宗商品的价格制定，而不仅是价格接受者。以下是一些可望达到这两项目标的途径。

（1）整合现货市场的交易和提升交易透明度

整合现货交易平台会有助于形成基准现货价格，这或可透过政策推动。这能促使更多在不同地方的套期保值者及其他市场用家于整合了的平台进行自定义的大宗商品交易。同时，交易透明度也应有所提升，让市场用家看得到大宗商品现货市场的价格动态，包括与中央化的大宗商品期货市场价格的差距。这会鼓励套期保值者使用大宗商品期货价格作为现货交易的基准价格。

（2）加强监管以打击过度投机行为

过度投机会造成价格过于大幅波动，使期货价格偏离相关资产的基础因素，削弱期货作为对冲工具的有效性。要抑制过度投机行为，美国在实行监管措施方面的经验[①]显示禁止期货市场的高频交易是一可行方法。另外，在波动性较高的市场中，限制买卖盘大小并对降低持仓限额及 / 或提高保证金要求及时作出调整，也有助于打击过度投机行为。

（3）拓展并加强实物交收的仓库网络

内地大宗商品期货交易所的仓库网络的地理分布可以拓展，以减少交收在岸大宗商品的时间及运输成本。为了切合业务需要，仓库存货的管理效率和效能都应提高（例如采用高效的入库及出库程序），使物流时间更容易预计。另外，为支持跨境交易的对冲，当

① Berg，A.（2011）〈第 13 章：大宗商品的投机活动上升 —— 由受讨厌到受推崇〉（“Chapter 13. The rise of commodity speculation：from villainous to venerable”），刊于《在全球市场波动下保卫食物安全》（*Safeguarding Food Security in Volatile Global Markets*），联合国粮食及农业组织（FAO）。

局可批准更多“保税区”的仓库为内地及国际大宗商品期货的结算进行大宗商品的实物交收，以利用免税跨境交收的优势[①]。

（4）扩宽产品类别及货币种类的范围

要更好地满足不同行业套期保值者及金融投资者的不同需要，大宗商品期货市场应多方面拓展衍生产品的范围，包括产品种类（例如期权或掉期）、相关大宗商品类别（例如在规格上有更多不同选择）及定价的货币种类。

（5）进一步开放内地大宗商品期货市场

当局可考虑拓展市场双向的互联互通范围，增加与全球市场的互动。若有更多外资参与内地市场，将有助于内地的大宗商品期货纳入全球用家的看法而定价。可行的方式包括允许海外用家直接参与更多不同的指定产品的交易、让内地产品于离岸市场跨境上市、将合格投资者范围拓展至合格境外机构投资者（QFII）、人民币合格境外机构投资者（RQFII）[②]和其他海外用家。同样地，若让内地用家更多地参与海外市场，也将有助于提升内地用家在全球市场的定价影响力。可行的方式包括扩大合资格于离岸市场进行跨境对冲的内地用家的范围，以及允许离岸产品于内地市场进行跨境上市。此外，当局亦可设立像“沪深港通”及“债券通”一样的大宗商品互联互通平台，作为开放市场及便利市场互联互通的有效渠道。

就上文讨论的产品多样性及市场开放而言，内地大宗商品市场可利用香港市场的相对优势。香港市场能方便亚洲时区的用家买卖 LME 的金属产品，对内地大宗商品期货市场发挥着补足作用。作为内地及全球企业的“一带一路”融资中心，香港市场可汇集大宗商

① 见〈什么是“保税区”？〉（“What's the bonded zone？”），载于 *ftz-shanghai.com*，于 2019 年 12 月 17 日阅览。

② 有关 QFII 及 RQFII 获准进入内地商品期货及期权市场的建议规则修订已于 2019 年 1 月发布。见《关于〈合格境外机构投资者及人民币合格境外机构投资者境内证券期货投资管理办法（征求意见稿）〉及其配套规则的说明》，中国证券监督管理委员会发布，2019 年 1 月 31 日。

品用家及投资者。事实上，不少内地及全球大宗商品贸易公司已于香港设立办事处。内地与香港市场的“互联互通”机制亦可拓展至大宗商品领域，促进海外及内地用家互相参与对方的市场。这一切都有助于香港市场形成一个汇聚内地及国际大宗商品用家的生态系统，支持大宗商品期货市场发展，以及内地市场的进一步开放。

5. 总结

根据国际商品期货交易所的发展经验，大宗商品现货与期货市场之间的紧密联系非常重要，因为大宗商品期货须为现货市场提供基准价格，从而让实体经济的生产商、消费者及中介机构可利用其作为有效的对冲工具。透过全球性的仓库网络，大宗商品期货市场有助于降低在实物交收时间上的不确定性以及令其更具成本效益，与现货市场相辅相成。

反观内地的商品期货市场，则尚未能完全如上所述有效地服务实体经济。于内地较为分散的现货市场所作的定价，未必能为同一类别的大宗商品产生单一标准价，定价亦不常以大宗商品的期货价格作为参考价。内地大宗商品期货价格还未能成为现货价格的参考价，原因也许是投机交易活动造成的大幅价格波动、仓库网络相对狭小导致实物交收的运输成本高昂，以及产品类别和定价的货币种类选择不多等的因素所造成。这些因素也可能会削弱市场参与者通过内地的大宗商品期货进行对冲的意欲。此外，市场开放不足亦造成内地与国际大宗商品市场之间的期货价格差异。香港市场是位处中国大门的国际金融市场，大可担当大宗商品市场“超级联系人”的角色，以进一步增加内地商品期货市场与全球市场的互动，帮助内地大宗商品期货市场茁壮成长及更好地服务实体经济。

注：本研究报告参考了就大宗商品市场发展向内地及香港期货公司咨询所获取的意见及反馈。

11

前海联合交易中心在中国内地大宗商品市场扮演的独特角色

深圳前海联合交易中心有限公司

摘要

目前，国际上的大宗商品市场全球化特征明显。对中国内地而言，与实体产业密切相关的大宗原材料和工业制成品很多属于大进大出，也迫切需要真正市场化、国际化的商品交易平台。前海联合交易中心将有计划、有步骤地建设一个规范透明的全国性大宗商品现货交易所，促进现货市场有序发展；创新探索融资新业态，解决大宗商品实体企业融资难问题；联通境内外，分阶段逐步建设全球商品的人民币定价中心。

1. 前海联合交易中心的设立背景

中国是全球大宗商品最主要的贸易和消费国，但长期以来在全球市场上缺少定价权和话语权。其中重要的原因是内地商品市场的发展一直聚焦于商品期货等带有投机属性的商品衍生品，而真正服务实体产业的商品现货市场发展严重滞后，短板突出。本应由交易所扮演重要角色的现货交易、交割和实物结算、供应链金融等与实体经济密切相关的市场功能长期缺失，导致中国内地的基础产业和消费优势无从发挥，主要商品定价权仍然基本集中在伦敦、纽约和芝加哥等西方传统交易中心。同时由于缺少具备公信力的全国性商品现货交易所，无法提供满足金融风控要求的基础设施服务和行业标准规范，实体制造业和现货流通市场融资及物流成本居高不下，导致大量企业特别是中小企业和贸易商始终面临无法获得有效金融支持的难题。无论从争夺定价权还是服务实体的角度，中国内地现阶段都迫切需要加快建设规范透明的全国性商品现货交易市场，为产业链上、中、下游和机构参与者提供反映实体供需基本面的价格基准，从而与期货市场和其他衍生品市场共同形成一个完整、多层次和成熟的现代商品市场体系。

目前，国际上的大宗商品市场全球化特征明显。对中国内地而言，与实体产业密切相关的大宗原材料和工业制成品很多属于大进大出，也迫切需要有中国内地自己的、同时又是真正市场化、国际化的商品交易平台。

香港交易及结算所（简称“香港交易所”）集团自2012年全资收购伦敦金属交易所（LME）之后，于2016年4月在深圳前海合作区开始了前海联合交易中心项目的前期筹建工作，作为其全球商品市场布局的重要组成部分，并以切合国内市场和实体产业对于全国性商品现货平台的现实需求。2016年10月11日，深圳市人民政府金融发展服务办公室向项目发起的主要股东香港交易所集团［以HKEX Investment（China）Limited作为投资主体］及代表深圳市政府出资的前海金融控股有限公司（简称“前海金控”）下发了《关于批准深圳前海联合交易中心有限公司筹建的函》，同意两家公司共同发起设立前海联合交易中心（Qianhai Mercantile Exchange, QME）。

经过逾四年的探索布局，QME已确立了由大宗商品现货起步、实践服务实体经济的发展方向，将坚定立足前海自贸区的“先行先试”，通过交易所业态的创新探索，补齐内地商品现货市场的短板，为实体产业链企业提供打通境内外的商品仓储、交割、结算等现代供应链基础设施和公共服务，利用物联网、智能识别和区块链等前沿科技打造连接金融与实体的标准化资产体系，并与同为香港交易所集团旗下、长期作为全球大宗商品重要的美元定价中心的LME形成东西呼应，分阶段将QME建成为全球大宗商品重要的人民币定价中心，有力助推人民币国际化和制造业强国建设的国家战略。

2. QME的定位与目标

2.1 重构内地商品市场格局，形成现货价格基准

由于现货市场发展严重滞后于期货市场，目前中国内地大宗商品市场与实体产业链相关的现货定价大都被迫需要从期货价格进行倒算。然而期货市场的价格生成机制与现货市场不同，内地商品期货市场往往受到场内投机资金的主导，加之众多散户跟风，导致价格波动经常偏离市场的基本面，不能真实反映实体经济的供求平衡点，也无法满足产业链上、中、下游企业在实际生产经营过程中对于商品现货定价的需求。因此，当前迫切

需要基于真实现货交易的基准价格形成机制，通过现货市场的价格发现切实起到调节实体上下游供需的作用，同时也是为商品期货、期权等衍生品市场提供基于实体基本面的锚定价格。从这个逻辑出发，QME 作为面向实体企业和机构客户的商品现货交易所，将由服务产业起步，按照商品市场的发展规律，首先形成基于实体经济活动和真实贸易背景的现货基准价格，从而真正有效地服务产业链企业，满足实体企业对于公开透明的市场交易价格的需求，并为内地在特定行业（如有色金属、钢铁、煤炭等）的供给侧改革提供更加高效和更加市场化的管理调控工具。

2.2 打造标准化资产体系，破解实体企业融资难题

内地市场长期面临金融与实体脱节的难题，一方面大量实体企业特别是中小企业融资难、融资成本高，另一方面银行和金融机构找不到优质安全的资金投放标的，“资产荒”现象严重。内地的实体产业基础决定了市场上有大量底层现货资产流转，本来是开展基于动产和货权的贸易融资与供应链金融的有利条件，但一直未能真正开展起来。其主要原因之一是缺少商品现货的价格基准，使银行等金融机构在开展贸易融资和供应链金融业务的过程中无法有效评估资产价值；二是商品现货资产缺乏真实性、安全性和流动性保障，底层资产大多以场外非标准规格的形式存在，在交易、仓储、交收等流转环节中无法达到银行和金融机构对于风险控制的要求，类似“青岛港”[①] 和“钢贸危机”[②] 事件时有发生。

QME 除了协助形成基于实际成交的商品现货价格基准，还将着力打造

① 2014 年 6 月初，青岛港地区被揭发大宗商品融资诈骗案件，该地企业德诚矿业涉嫌利用同一批金属库存重复骗取融资贷款而遭到调查，多家银行牵涉其中。资料来源：〈青岛港融资诈骗案〉，百度百科（https: //baike.baidu.com），于 2020 年 2 月 9 日浏览。

② 2012 年以来，华东地区钢贸业的资金链突然断裂，钢贸企业出现大面积的信贷违约和贸易违约情形，钢贸商经营不善、甚至破产跑路的现象非常普遍，很多钢贸企业被连带追诉，整个钢贸行业受到震荡和冲击，此次事件被业内称为“钢贸危机”。资料来源：〈最高法法官：从钢贸危机看担保品管理的漏洞〉，载于财新网站（http: //opinion.caixin.com/2015-06-15/100819271.html），2015 年 6 月 15 日。

创新的仓储科技体系，把物联网、智能识别及区块链等最新技术应用于交易交收以及仓储物流等实体贸易的各个环节，通过科技赋能和系统对接实现商品现货全生命周期的可视化及可追溯，发挥要素平台功能，以真正市场化的方式为实体行业提供建设标准化资产体系急缺的基础设施和公共服务。现货交易所在市场上的重要优势便是能够作为各方均能接受的中立方，协同厂商，牵头生产、加工、贸易和终端消费企业以及仓库、物流企业、保险公司和银行金融机构等共同构建科技应用体系，通过统一的管理标准及技术标准打造以“区块链仓单”为载体的可信资产体系，将传统的商品流通现货转化为优质安全、可直接穿透至底层并且具备良好流动性的短期资产。这样一方面可推动银行和金融机构打通在可靠风控条件下支持实体的重要途径，协助企业特别是在传统信贷逻辑下很难获得融资的中小企业和贸易商解决资金链的后顾之忧，使企业能够专注于技术研发与产品升级，有助于提升中国内地实体制造业的竞争力；另一方面，实体企业将能够借助有公信力的现货交易所生成和背书的仓单体系大幅提升生产周转和资金运营效率，并向银行等金融机构源源不断输送基于实体经济活动和真实贸易背景的可证券化底层资产，在当前金融去杠杆和资管新规的背景下具有格外重要的意义。

2.3 联通境内外，建设全球商品人民币定价中心

就大宗商品领域而言，内地市场的最大优势是实体产业基础带来的现货贸易和消费体量，而非发展时间较短且过度投机化的商品期货市场。要争夺全球大宗商品的定价权，最好的策略一定是扬长避短，通过在国际市场有公信力的现货交易所形成的、实质基于内地实体产业链上下游真实交易形成的现货基准价格的输出，真正体现中国内地在全球商品市场和战略资源的定价权与话语权，并为内地企业在境外获取关键领域上游现货原材料带来议价优势和实实在在的利益。

作为香港交易所集团旗下在中国内地唯一运营的交易所法人主体和大宗商品现货交易平台，QME 在联通境内外商品市场方面具备成熟的条件和不可替代的特有优势，将充分吸收集团内 LME 长期形成的制度规则体系

和成功运作经验，并结合香港作为国际金融中心的优势，汲取粤港澳大湾区（以下简称大湾区）特别是深圳的科技创新活力，向内辐射中国内地的实体产业腹地，对外连接“一带一路”沿线的资源市场，分阶段逐步建设全球商品的人民币定价中心，真正发挥出与 LME 形成的东西配合效应（见图 1）。

图 1　LME 与 QME 联通

（1）仓储联通

基于 QME 仓单体系，打造与 LME 互认的仓储交割体系，在仓库、品牌认证及仓储管理系统等方面进行对接，以解决长期以来 LME 交割仓库无法进入中国内地的难题，有效满足企业需求。

（2）交易联通

基于仓单互认体系，便利客户开展跨市场交易、交割，降低内地实体企业的套期保值成本和市场对冲风险，提升人民币作为国际结算货币的地位。

（3）金融联通

发挥交易所场内平台优势，在闭环、限额的前提下打通双向资金流，探索资本项目有限度开放，便利金融机构在跨境贸易中提供全流程综合金融支持。

在跨境要素市场流通的基础上，QME 将充分依托香港交易所集团在境外市场拥有的完备金融牌照体系和产业与机构客户资源，打造内地市场对外开放的新高地，积极探索将内地形成的、基于内地企业实体供需和真实交易产生的、以人民币计价和结算的商品现货基准价格向境外输出，争取成为香港、伦敦等成熟衍生品市场相关交易品种的实际结算价格基准，通过现货交易所的价格传递真正加速实现全球大宗商品市场的人民币定价权。

3. QME 业务发展情况

3.1 交易业务情况

3.1.1 现货挂牌交易

QME 于 2018 年 10 月 19 日开业，推出的交易模式为现货挂牌交易。现货挂牌交易业务是指参与商根据 QME 相关业务规则，发布拟交易的商品种类、规格、质量、数量、价格等供求信息，并与接受其挂牌信息和条件的参与商达成交易的交易模式。一旦达成交易，则生成交收合同，进入交收流程。现货挂牌业务按照买卖方向的不同，分为销售挂牌和采购挂牌；按照履约担保方式的不同，分为仓单挂牌和担保金挂牌；按照履约担保金是否可以变动，分为固定担保金挂牌和浮动担保金挂牌。

现货挂牌交易是完全的现货交易。其特点是：首先，参与商自主发布销售或采购信息，参与商自主选择对手进行成交，不存在集中匹配成交的情况；其次，每笔成交均进行实物交收并开具发票，未进行实物交收或开具发票将构成交收违约；最后，参与现货挂牌的参与商仅限实体企业，没有自然人。

3.1.2 交易的仓单和商品

现货挂牌交易的对象包括标准仓单商品和无仓单商品。

标准仓单是指由指定交收机构按照 QME 规定的程序签发，且所载商品质量符合 QME 规定的仓单。标准仓单在仓单管理系统中以电子形式存在，不存在纸质形式的仓单。指定交收机构通过 QME 仓单管理系统签发的电子仓单为提取其载明商品唯一合法的提货权凭证。根据仓单签发主体的不同，标准仓单分为仓库标准仓单和厂库标准仓单。仓库标准仓单是指由指定交收仓库按照 QME 规定的要求和程序签发的提货凭证。厂库标准仓单是指由指定交收厂库按照 QME 规定的要求和程序签发的提货凭证。

无仓单商品是指上述标准仓单以外的其他商品，未在 QME 指定交收机构生成电子仓单的商品。

3.1.3 结算与交收

结算是指参与商达成交易合同后，货款的划转以及相关票据的流转。具体可分为线上结算方式和线下结算方式。采用线上结算方式的，交收货款的收付通过参与商结算账户划转办理。结算时，买方须保证其对应市场内结算账户内具有相应的资金。未能于结算时存入足额资金，视为交收违约，按照交收违约进行处理。采用线下结算方式的，参与商通过各自开户银行，使用各类结算工具办理交收货款划转，并在线下完成符合合同约定的合法发票流转。采用线下结算方式时，买方应在 QME 规定时间内通过 QME 系统上传支付凭证影像，卖方应在 QME 规定时间内通过 QME 系统上传符合合同约定的合法发票影像，QME 保留向相关机构查询交易双方的某项结算活动的权利。

商品交收，分为线上交收方式和线下交收方式。线上交收是指交易双方于规定的时间或期限内，通过 QME 系统转让标准仓单，完成货权转让的模式。线下交收指交易双方于规定的时间或期限内，自行安排无仓单商品的交付，完成货权转让的模式。

现货挂牌业务达成交易后，买卖双方进入结算与交收环节。买卖双方应在规定的期限内完成提交仓单或发货、支付货款、交付仓单或商品、验收仓单或商品、开票、验票等结算及交收义务，否则构成交收违约。

3.2 仓储科技

3.2.1 认证仓库布局

QME 努力布局全国范围内的认证仓库，从产业实际需求出发，通过标准化认证仓库为产业提供更加标准的服务，促进仓库物流效率提升。截至 2019 年 12 月，QME 全国范围内认证仓库数量达到 13 个，覆盖氧化铝、铝锭、铝棒、铜杆、电解铜等多个产品，为产业客户提供全方位的仓库与交易服务。

3.2.2 数字化仓库改造

仓储机构是商品存储确权的载体，在仓库部署物联网传感器设备，可以为货物真实性与货权唯一性提供保障。物联网传感器设备，需要纳入部署在云的统一管理平台管理，保证设备身份认证信息可靠、设备心跳数据正常、采集的数据不被篡改，建立可信的传感器网络。具有可信性的物联网方案使用技术对于商品货物进行持续监控，降低人为监控产生的不稳定因素，为仓库信用提供更强有力的背书。

使用安全工业网关连接仓储机构传感器与云端物联网管理平台，确保数据链路的保密性与可靠性，底层加密机制确保互联网上传输传感器数据的安全性，有效降低仓储机构部署传感器的成本及门槛，保障系统稳定运行。

物联网管理平台使用组装式设备注册方式，设备第一次注册使用其指纹信息便会被记录，后续停止监控、替换、更新等操作会被记录下来，确保可信的设备接入。同时，物联网平台提供成熟的用户管理及访问权限管理，不同批次商品对应不同传感器，仅允许利益相关方访问相关传感器数据，并提供更加完善的数据解析算法，确保传感器对于商品持续监控的有效性和可信性。

管理平台会根据利益相关方要求，存储历史传感器数据，或转发实时视频服务机构的内部管理需要。物联网平台保证系统性能和容量，并以较低成本让众多的设备共享到网络中。管理平台允许客户自定义传感器报警阈值和风险控制标准，使用机器执行监控规则，降低人为干预比重，降低人工操作风险并增强仓储生态的可信性。

3.2.3 仓单 2.0 开放生态体系

QME 推动打造仓单 2.0 开放生态，通过科技对仓储物流领域进行升级，并与银行、保险实现系统打通，为业务闭环提供基础。借助区块链技术可以解决两个问题，一是 QME 自身数据被认可的问题；二是物联网设备信息有效性及其自身安全性的问题。同时，可以在一个共同建设的平台上进行多方数据的交叉验证。

仓库智能物联网的建设，主要目的是为了加强信息准确性、货物真实性及货物安全性的保障，从而逐步通过科技赋能的方式降低对于仓库主体信用作个别认定的需要。区块链仓单平台的建设，可推动仓单资产生成与流转及生产要素流转的信息透明化，降低要素流通环节的壁垒与成本。此外，QME 采用仓单保险作为技术手段的补充，进一步加强了信息准确性、货物真实性及货物安全性的保障，对于金融机构等风险要求较高的参与商而言，可以很好地覆盖尾端风险。

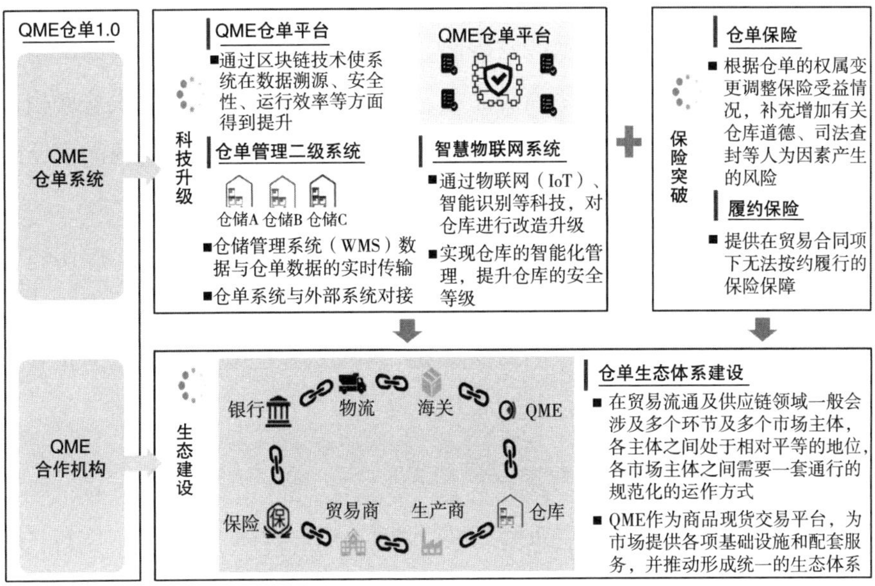

图 2　QME 仓单 2.0 开放生态体系

物联网和区块链技术为平台建设提供坚实基础，面向数以十万计的实体企业节点与贸易企业节点提供技术支撑。物联网平台需要开放包容、兼容各种传感器网络，形成结构性数据输出结果，并提供高效的视频等传感器数据及高容量的存储系统。区块链平台支撑大容量的节点覆盖，确保数字资产的安全性及隐私保护等。

仓单 2.0 的开放生态体系将改革传统要素流通方式，推动数字化平台经济加速发展。一方面促进产业与金融机构互联互通，推动金融资本服务实体经济，降低全产业链整体融资成本。另一方面推动产业链资源分配方式，依赖产能竞争和价格机制带来的资源分配，推动建立实时生产型资源分配方式，以平台生态再分配产业链收益。最终，为中国内地制造业实现规模平台经济打下基础，推动制造业高质量发展。

3.3 融资业务

3.3.1 大宗商品产业客户融资难的问题

以中小微企业为代表的实体经济“融资难、融资贵”是困扰中国内地宏观经济发展的一大难题。作为实体经济的基础，大宗商品行业长期以来也面临相同的问题。受分业经营限制，内地商业银行可经营的商品实物仅限于贵金属。对于其余大宗商品品种，内地商业银行尚未大规模开展相关的金融服务和自营交易。与境外同业相比，内地商业银行参与商品市场的广度与深度都有待进一步发展。

由于存在主体信用不足、底层资产不标准、底层设施缺失、操作环节复杂等实际原因，以银行为代表的主流金融机构从未真正进入大宗商品行业，导致了几十万亿元规模的商品融资市场无法从正规的金融机构获取融资服务，行业融资成本始终居高不下。

3.3.2 QME 提供的解决方案

大宗商品行业需要彻底重塑思维，以“去用户群体”的逻辑，实行“认货不认人”，让大量安全的、基于实体经济活动和真实贸易背景产生的优质底层资产实现盘活融通，最终为中小企业提供有效的资金流动性支持。以此为目标，QME 能提供以下的融资方式及相关平台：

（1）厂库仓单融资

厂库仓单带有信用仓单性质，是由指定交收厂库签发的提货凭证。QME 与合作银行对交易系统及银行系统等多个功能板块进行对接并实现信息同步交换，从而实现以 QME 电子仓单为可信资产标的的线上融资申请、线上质押、线上放款、线上管理等多项功能。首笔厂库仓单融资业务已于 2019 年 9 月推出。

（2）仓库仓单融资

区别于传统银行信贷业务对于授信主体的资质要求，仓库仓单融资的业务逻辑主要围绕交易标的，即 QME 的仓库标准仓单。采用包括市场风险、操作风险和流动性风险等各类风险管理手段，客观上极大地降低了融资的准入门槛。首笔仓库仓单融资业务于 2020 年 1 月落地。

（3）供应链融资

基于融资客户与卖方企业的采购意向，通过供应链企业为融资客户提供全流程在线融资服务。金融机构及供应链企业共同形成风险控制整体闭环，以控制仓单资产为风控手段。

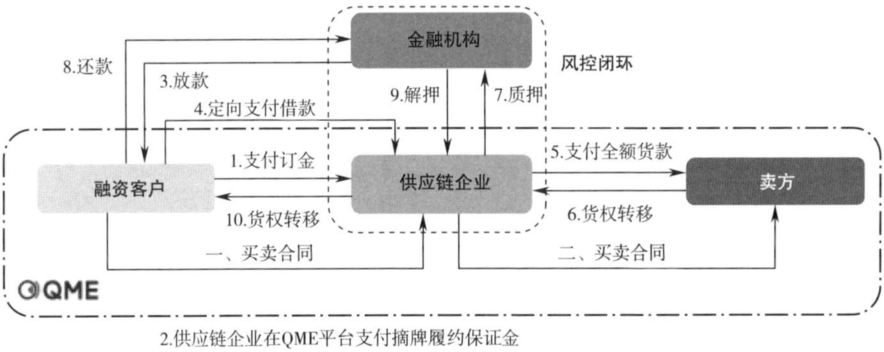

图 3　供应链融资模式示意图

（4）建设可批量生产标准化资产的金融基础设施

本着“立足现货、服务实体”的初心，QME 始终致力于金融基础设施建设，以交易所的身份，利用物联网等科技手段，将原本场外非标准化的现货转换成标准化电子仓单资产，为金融机构开展基于“控货”逻辑的供应链融资提供重要的业务前提和风控的核心基础。

下一步，QME 会继续协同科技公司、银行、保险、实体企业、仓储机构等行业参与者，依托区块链、智能识别和物联网等科技手段，进一步打造标准化商品数字资产生态，打通“资金与资产”联通的最后一道屏障。

3.4 境内外联通——“商品通”

2019 年 11 月 26 日，阿里巴巴回归香港上市，为此，香港交易所对其上市制度做了多项颠覆性的改革：允许同股不同权公司上市、允许已在境外上市的大中华公司选择香港作为第二上市地等。“立足中国、连接世界”，香港交易所致力于成为中国内地客户走向世界以及国际客户走进中国内地的全球性交易所，进而配合内地市场的对外开放战略。

如今，股票市场的“互联互通”已平稳运行了超过五年。为了更进一步对接“中国的货”与“世界的钱”，发挥中国全球工厂、供应链生产中心的巨大优势，香港交易所也在多资产策略三大核心支柱（股本证券、定息与货币产品及大宗商品）之一的大宗商品领域寻求互联互通，因此也就有了“BBC”发展战略，即“Buy one——买一个”：收购 LME；“Build One——建一个”：设立 QME；及“Connect——连接中国与世界”。

得益于《粤港澳大湾区规划纲要》的政策支持，QME 有望探索“商品通”，进而成为服务境内外客户的大宗商品现货交易平台。

3.4.1 QME 的独有优势

（1）地域优势

QME 地处新时代改革开放最前沿——深圳前海。背靠经济特区、先行示范区、粤港澳大湾区，集三区政策之利，前海可在重大改革上先行先试，充分发挥深圳与香港具有的比较优势，增强粤港澳三地的国际竞争力，进而为中国在实现强国梦的道路上踏出稳健、扎实的一步。

制度激发创新，创新注入市场活力。前海拥有内地优秀的制度突破与创新的环境及条件，在前海，QME 可以以最快速度、最佳方式探索创新商品交易所业态。

（2）香港交易所为其股东，具备较强国际化属性

大宗商品定价权长期被西方发达国家所垄断，在这当中大宗商品交易市场起了至关重要的作用，例如 NYMEX[①] 之于原油、LME 之于有色金属、LBMA[②] 之于黄金等。由于资本项目的限制，大部分中国内地企业无法直接参与境外交易所的交易，这是导致定价权旁落的重要因素。同时，受制于政治、文化等原因，内地官方交易所的市场组织、参与者的构成和形成的具体价格始终得不到国际市场的完全认可。鉴于此，建立一个同时能够吸引境内外大宗商品市场参与者的交易市场，形成境内外共同认可的成交价格，是中国获取大宗商品国际定价权必不可少的基础设施和先决条件。而由于股东背景等特殊条件，QME 先天具备了较强的国际化属性和基因，在打造国际市场认同度上具备较强的潜力。

（3）可与 LME 东西呼应，打造国际级大宗商品集散中心

经过近几年的发展，中国内地的自由贸易区和传统保税区建设已取得了较大的进步，但距离新加坡、迪拜等传统大宗商品贸易和集散中心仍存在较大差距。除地理位置、税收等因素以外，很重要的一点是内地缺乏类似于新加坡交易所（以下简称“新交所”）、迪拜商品交易所等全球化的商品交易所，而由交易所通过场内基础交易衍生的货权交割和场外交易比较欠缺，对境内外机构将实物商品运输和存放在内地保税区的驱动力较为缺乏。支持 QME 开展“商品通”跨境业务，与同属香港交易所的 LME 联动，可以吸引更多的境内外机构、汇集更多跨境资金和实物商品，提升整体的进出口贸易活跃度及贸易体量，有利于打造全球区域性的大宗商品贸易集散中心。同时，QME 的存在也为境内企业参与大宗商品跨境套期保值交易、对冲国际大宗商品价格波动、促进实物交割等提供了物理位置的便利，实实在在帮助企业降低离岸公司的管理成本以及实物资产的物流相关成本。

① New York Mercantile Exchange，纽约商业交易所。

② London Bullion Market Association，伦敦金银市场协会。

3.4.2 “商品通”方案简介

交易所国际化道路不仅可增加中国内地对大宗商品市场的影响力，更是为争取定价权提供了先决条件。为了使内地更积极地参与并逐步融入国际大宗商品市场当中，QME 计划在政策支持前提下比照“股票通”、“债券通”等实施模式，开展“商品通”业务。

（1）交易设计

“商品通”交易采用双向交易设计，包含“请进来”及“走出去”两种方案，提供境内外互联互通机制。

- **“请进来”**：香港交易所及 LME 的境外交易客户依托境外既有的交易路径，参与 QME 境内交易品种的交易。
- **“走出去”**：QME 的境内交易客户通过互联互通的机制安排，在限定额度内参与香港交易所和 LME 的指定品种的交易，满足境内客户跨境套期保值的需求。

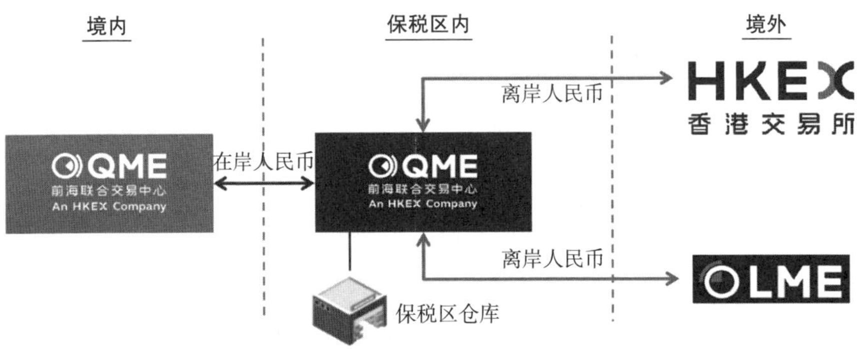

图 4 双向交易机制：“请进来”与“走出去”

（2）资金结算方案

跨境资金采用“闭环限额”原则管理，保证资金封闭安全运行，降低资金风险。

- **闭环**：参照“股票通”的实施经验，以交易所为跨境资金的清算主体。账户体系方面，均参照中国人民银行既有账户进行设置，保证资金封闭运行。

- **限额**：对每日跨境资金双边的流动设置双重额度，即设置境外投资者每日资金入境净头寸及境内投资者每日资金出境净头寸。

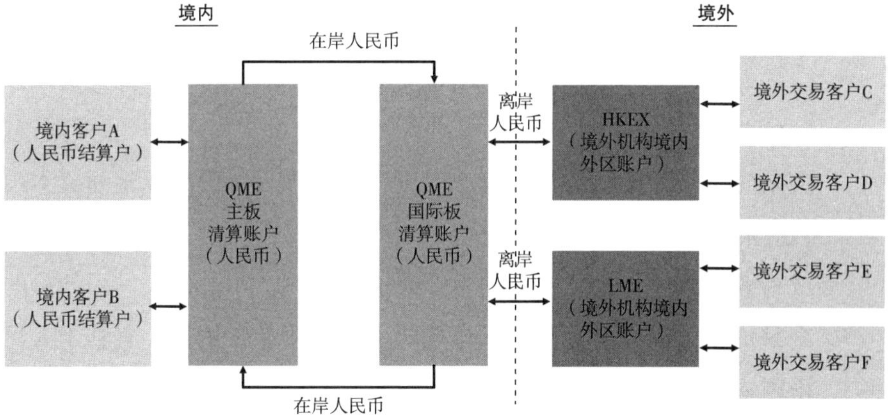

图5　“闭环限额”原则

3.4.3　“商品通”方案的意义

在“股票通”顺利起步、“债券通”一级市场信息平台上线后，中国内地商品市场的开放就更有其特殊意义。在QME率先开展“商品通”业务，可以真正探索服务实体经济的新模式，助推未来人民币国际化和制造业强国建设的国家战略。

（1）有利于深化大湾区全方位金融创新前沿的地位

深圳市目前还没有一家于全国具有影响力的大宗商品交易平台，支持QME开展“商品通”业务，有利于进一步深化大湾区全方位金融创新前沿的地位。一个交易活跃的大宗商品交易平台不仅可以直接为前海与深圳带来持续的经济贡献和就业机会，更能全面驱动大湾区的贸易、物流、金融、商业服务等多个产业的发展和繁荣。

（2）有利于提高中国内地大宗商品交易市场的整体水平

QME作为香港交易所集团旗下的大宗商品交易平台，拥有成熟的交易所运作经验和完整的交易所体系支持，具备能够被各行业广泛接受的交易所品牌和市场公信力，同时又是真正市场化、国际化的商业主体。通过搭建并运作公开、透明、高效的交易平台，QME

完全可以利用自身的交易清算与风险管理能力为内地商品交易市场体系的规范建设进行有益的探索，有利于提高中国内地大宗商品交易市场的整体水平。

（3）有利于进一步推进人民币国际化进程

人民币国际化始终是中国重要的战略部署，目前困扰人民币国际化主要的问题之一在于离岸市场缺乏稳定的人民币资产投资渠道。大宗商品作为重要的传统资产配置，是进行人民币国际化和资本项目开放探索的理想标的。跨境大宗商品交易平台的建立，不但可以成为离岸人民币配置资产的重要渠道，同时产生的以人民币计价的交易价格可以成为商品线下长单定价的重要参考依据，有利于人民币国际化进程。

3.5 衍生品与价格输出

目前，大宗商品衍生品市场中，除了通过实物交易和交割直接产生相关价格以外，还有其他一些形式，例如新交所的铁矿石掉期及期货、上海清算所的铁矿石掉期、芝加哥商品交易所（CME）的布伦特（Brent）现金结算原油期货等。这些品种所使用的结算价格都是参考了其他价格基准，这些价格基准大致可以分为如下三类：信息咨询公司通过询价方式采集形成的价格（简称“询价价格”）、其他交易所的大宗商品交易产生的价格（简称“外采价格”），以及自家其他商品产生的价格（简称“自有价格”）。

2008 年铁矿石市场的长期协商价格机制被打破以后，普氏能源（Platts）于当年 4 月推出了普氏铁矿石指数（Platts Iron Ore Index，简称 IODEX 或 IODBZ00），并开始在全球范围内推广。2009 年 4 月，新交所率先推出了基于钢铁指数（TSI）的铁矿石掉期合约。2009 年 5 月伦敦结算所（LCH）开始铁矿石掉期结算服务。2010 年 6 月，CME 也加入到铁矿石掉期的交易和清算服务行业中。但是从目前的交易情况来看，新交所的铁矿石掉期和期货产品是最成功的。这与新加坡的国际商品贸易以及风险管理中心地位有重要的关系，占据先发优势的新交所铁矿石掉期业务逐渐吸引了越来越多的钢厂和贸易商、矿企到新加坡设立分支机构。根据 2014 年新加坡公司注册局统计，其中约有 200 多家是来自中国内地金属和矿业的公司。

新加坡铁矿石市场交易量的增长出现在 2012 年左右，当时铁矿石价格一直在不断走跌，从每手 180 美元跌到 80 美元 ，许多企业认识到运用衍生品管理风险的重要性，纷纷开展了铁矿石衍生品业务，这也是为什么铁矿石交易会在 2012 年左右开始活跃起来的原因。

3.5.1 构建中国内地商品价格指数

从中国内地对全球多种大宗商品的需求占全球总需求的比例来看，中国内地需求在全球大宗商品市场占主导地位。而与这一地位极为不相符的是，中国内地长期缺乏在国际大宗商品市场的定价权，使其在全球大宗商品价格波动中常常付出巨大的代价。

有别于国内现有的期货交易所，QME 本着“立足现货、服务实体”的初心，致力于打造创新型交易平台及生态系统，持续为客户提供现货基准价格，建成服务境内外客户的大宗商品现货交易平台。通过服务实体经济和产业客户，重构国内商品市场格局，形成有公信力的现货商品价格基准，从而构建起大宗商品的“中国价格”。

3.5.2 境外上市发行衍生品

基于内地现货商品实际成交所形成的中国价格，QME 可以充分利用自身具备的天然优势，借助于香港交易所以及同为集团内的 LME，推出 QME 现货价格为基准的衍生品，以方便境外的投资者直接在香港及伦敦参与内地大宗商品的投资。

借鉴国际已有的成功经验，QME 可以通过直接授权的方式，以自己平台上交易形成的现货价格为基准，在 LME 或者香港交易所推出包括期权、期货、掉期等多种以包括人民币在内的现金结算产品；也可以通过和信息咨询机构合作的方式，把 QME 的价格以一定比例的权重纳入到境外现金结算衍生品的基准价格中去。

3.5.3 推动香港、伦敦大宗商品的离岸人民币结算价格

虽然中国经济的总量在迅速增长，但是人民币融入全球金融体系还处

于起步阶段。以香港、伦敦、新加坡为代表的各大国际金融中心，均看好未来人民币资产加速融入国际金融市场所带来的机遇，争相打造离岸人民币中心。与股票及债券市场联通一样，以QME现货价格为基准的“中国价格”在香港、伦敦的推出，以及境内外大宗商品互联互通的实现将拓宽离岸人民币的投资渠道，将会吸引境外投资者通过“商品通”投资内地市场，推动香港、伦敦大宗商品离岸人民币结算价格的形成，同时也为离岸人民币资金提供更多的投资工具。

4. 结语

作为香港交易所与前海金控合作投资的现货大宗商品交易平台，QME旨在能够于前海——“特区中的特区”——这一改革高地，打破行政化、历史原因造成的限制，真正贯彻落实“先行先试”政策指引，试点做制度性创新。紧紧抓住粤港澳大湾区、先行示范区“双区驱动”的重大历史机遇，在深港合作上步子迈大一些、做深做实，加速实现在前海建成重要金融基础设施的目标，打造深港合作标杆性项目。通过现货价格基准的形成、标准化资产体系的打造和境内外市场的联通，推动解决供给侧、融资难和定价权的痛点，真正探索服务实体经济的新模式。

12

LME 与中国内地大宗商品市场加强联系可带来的机遇

伦敦金属交易所

摘要

本文探讨让中国内地大宗商品市场与伦敦金属交易所加强联系，加上与伦敦金属交易所的母公司香港交易及结算所有限公司和其姊妹公司前海联合交易中心的协同效应，得以创造更大机遇。

1. 背景

香港交易所集团于2012年收购伦敦金属交易所（London Metal Exchange，简称LME）后，LME与集团内其他子公司紧密合作，一同探索如何加强中国境内外大宗商品市场参与者之间的双向联系。2015年10月，香港期货交易所（以下简称“期交所”）、香港期货结算有限公司（以下简称“期货结算公司”）、LME及LME Clear签署合作备忘录，准备在期交所与LME之间建立交易联系（称为“交易通”），以及在期货结算公司与LME Clear之间建立结算联系（称为“结算通”）。有关建议措施统一称为“伦港通”，为实现有关措施，相关工作已随即启动。

2. 中国在全球金属市场的地位

随着中国经济持续增长，外资参与日多，中国在海外市场的影响力不断提升。内地资本市场允许越来越多国际投资者直接参与其中，加快向国际市场开放的步伐。中国的大宗商品交易所也逐步向更多海外投资者开放，以提升其在海外市场的地位、提高其于大宗商品的定价能力，以及在人民币作为国际货币影响力越来越大的情况下促进全球贸易。

人民币近年在国际上的地位越来越举足轻重，不仅推动全球贸易，更获国际货币基金组织认可为“世界主要货币”之一。LME Clear的结算会员于2015年7月起可使用离岸人民币作为合资格现金抵押品，以符合其保证金要求。有关服务是LME Clear抵押品服务的重要一环，尤其是在越来越多的中国公司于 LME 进行交易的情况下更显重要。中资的中银国际环球商品（LME 首家中资公司会员）率先以人民币作为抵押品。

众所周知，中国基本金属的生产量及消费额约占全球总数的一半[①]，而更重要的是，其全球占比一直在增加。中国的增长需耗用大量资源，需要的原材料（尤其是工业金属）的数量亦越来越多。

市场对金属的需求源自高度工业化及广泛城市化项目，其中建筑工程、交通基础设施及通信网络带动了各种基本金属的消费。

中国对电池材料的需求大幅增长，尤其是用于电动车的制造。越来越多中国消费者偏好最先进及较洁净的电动车技术，加上政府推出减少污染及提升技术以降低电动车价格的政策，至 2025 年，中国拥有电动车的人口在全球的占比或可达 48%[②]。这将带动着市场对钴、镍和锂等电池材料以及铝和铜等其他金属的需求，此行业预计会达到几何级数的增长。

3. 中国与全球市场的联系

3.1 境内企业与投资者于境外市场的参与

近年，中国内地通过一系列重点计划协助境内企业与投资者参与海外市场，为大宗商品市场带来影响。有关计划及影响包括：

- 允许若干中央企业及其他国有企业可为套期保值目的于海外衍生产品市场进行交易，无须再另行取得监管批准。由于有关国企的实物大宗商品交易量庞大，它们很可能需要额外的对冲渠道来满足其需求。
- 计划推出的合格境内个人投资者（QDII2）计划[③]，以较早前推出的合格境内机构投资者（QDII）计划为基础，QDII 计划允许内地合资格的机构投资者投资于获中国证券监督管理委员会（以下简称

① 资料来源：彭博有限合伙企业、World Bureau of Metal Statistics、国际货币基金组织。

② 资料来源：《电动车的前景 2009》（*Electric Vehicle Outlook 2019*），BloombergNEF。

③ 可见如 2018 年 11 月 23 日发布的《国务院关于支持自由贸易试验区深化改革创新若干措施的通知》。当局尚未就 QDII2 计划而言，发布任何特定规则。

"中国证监会"）认可的海外证券市场。QDII2 计划可让内地个人投资者直接投资于海外资本市场，包括衍生产品市场。因此，QDII2 计划会在所设定的门槛范围内为内地投资者提供另一参与海外市场的途径，让投资者能更容易投资于海外证券及衍生产品。

- "一带一路"倡议的实施，旨在建设连接亚洲中部、西部及南部与欧洲及北非一带的铁路、高速公路、油气管道、电网等的经济带。这些基础设施项目必定会增加对建筑材料，尤其是基本金属的需求。此外，内地企业积极参与"一带一路"项目，会面对更多源自大宗商品供求升跌所产生的价格波动风险。为支持"一带一路"倡议，LME 于 2015 年 10 月与七家中国及英国金融机构签署合作备忘录，以期通过互相合作提升市场参与便利、提供风险管理服务，以及让更多中国企业与投资者进入全球大宗商品市场。

3.2 境外企业与投资者于内地市场的参与

目前，国际企业与投资者进入中国内地金融市场（包括大宗商品交易所）的限制相对较多。

内地的大宗商品期货交易现主要集中于三家交易所 —— 上海期货交易所（以下简称"上期所"）、大连商品交易所（以下简称"大商所"）及郑州商品交易所（以下简称"郑商所"）。这些交易所为境内参与者提供一系列的大宗商品期货产品，但境外参与者仍只能买卖特定的政府批准的人民币计价的期货产品，包括由上述三家交易所提供的纯对苯二甲酸（PTA）、橡胶、石油及铁矿石期货产品，并且只能通过特定的交易商进行买卖，有关交易商须为本地交易所的会员或获其认可的其他交易商。

中国作为领先的大宗商品大规模生产及消费国，有巨大的潜力进一步发展及向国际参与者开放自己的期货市场。现在全球大宗商品市场波动日益加剧，市场参与者对可以进一步参与能提供工具以管理价格波动风险的大宗商品交易所，必然会有更大需求。

在增加境外参与者于内地市场的参与度这方面，目前的最大障碍之一是中国的货币仍未能完全自由兑换（尽管中国确实有意于未来达到完全自由兑换）。人民币若可于国际市场完全自由兑换及买卖，将可吸引更多外部流动资金及投资资金的流入，从而促进内地金融市场的国际化，并让其大宗商品交易所与国际交易所更紧密结合。然而，虽然中国寻求以可控方式放宽资本管制并以此吸引更多外资的参与，但在实行上可能还需要一段时间。

在人民币完全自由兑换之前，也许我们可以先开辟一道“桥梁”，让境外参与者进入境内大宗商品市场，以及让境内参与者走进境外大宗商品市场，就有如沪深港三地证券交易所之间通过本地经纪及结算所买卖证券的“沪港通”与“深港通”，以及由中国外汇交易中心与香港交易所共同设立、促进中港两地债券市场互动的“债券通”等机制。在大宗商品互联互通的机制下，香港交易所及 LME 希望可开通与内地交易所之间的大宗商品期货交易网络。

通过建立香港与伦敦市场之间的联系，可在国际监管及交易标准的规范下，为内地参与者提供更多参与开放透明市场的渠道。同时，为吸引更多境外参与者走进来，内地市场该设法应对海外参与者对监管及市场政策透明度的要求。进一步开放内地市场的推动因素已然存在，全球相关企业与投资者莫不希望能参与其中。

本文以下部分会细说 LME 为全球市场参与者提供的服务特色，并概述 LME 与香港交易所如何协作提供解决方案，以提升内地与国际大宗商品市场的联通。

4. LME 可为全球参与者提供什么市场服务

LME 是全球工业金属的主要衍生产品交易市场。金属制造商、消费者及交易商都对 LME 的重视源于以下原因：

- 套期保值（即对冲）—— 制造商和消费者可通过 LME 对冲价格波动的风险。
- 价格发现 —— LME 每天为全球提供基本金属参考价格，定价过程公开透明。
- 参考价的定价 —— LME 交易平台上的定价，成为全球实物合约估值和交收的参考价格。

- 价格趋于一致 —— LME 合约可通过其分布全球的仓库网络作实物交收，确保 LME 合约的价格与实物金属的价格挂钩。
- 实物交收 —— 获得 LME 注册实物市场实际用到的品牌才能作为实物交收。
- 交割日架构 —— 只有 LME 才有种类如此多的远期合约选择（按日、按周、三个月及月度），市场用家管理持仓无比灵活。

4.1 中国内地客户参与 LME 的现况

上述 LME 市场的特点，吸引了许多中国客户通过多种不同方式与 LME 互动。尤其是自 21 世纪初起，内地政府开始批准越来越多的国有企业可以于海外市场做对冲交易，不少内地大型基本金属公司活跃于 LME 市场，与 LME 的业务关系趋于密切。许多内地公司也在香港、新加坡及伦敦等城市设立金属交易业务，为其参与国际贸易市场。

至 2020 年 5 月，有六家中资公司获认可为 LME 结算会员，另有近 80 个内地金属品牌符合 LME 的质量、形状和重量规格，获核准为适合在 LME 作实物交割的品牌。

中国与伦敦金属市场相隔万里，但交易流量却将二者联系起来：两个市场的价格差异带动金属的进出口业务，套利活动随之出现，其本身已经超越了实物参与者的范围，而包括更多的金融投资活动。这从近年 LME 各个金属合约在伦敦时间上午 7 时前（上海时间下午 3 时前）的所谓“亚洲时段”内交易量的显著增长中可见一斑 —— 过去十年，当亚洲市场处于交易日时（即非假日时），LME 市场平均每日成交量一般都较于亚洲市场假期的日子高约 10%[①]。有见亚洲时段交易量的增长，LME 于 2011 年为三个月 LME 铝、LME 铜及 LME 锌推出了“LME 亚洲参考价”。这些金属价格都以成交量加权平均价计算，定价和公布时间特意配合亚洲交易日的结

① 资料来源：LME 研究。

束时间，好尽早给区内用家有用、反映亚洲时区内市场活动的指引，在当日其中一个最重要及最高流动性的期间进行买卖。两边市场已形成一个在电子平台进行交易的网络，相互连接并因应两边市场的价格变动而进行交易。

4.2 进一步联通的需求

市场需要中国内地与LME之间有更紧密联系，主要受多项因素所驱动。

目前内地的基本金属交易主要是在场外（OTC）市场进行，但市场对场内合约的需求正与日俱增，部分原因是区内金属的消费急剧上升。尤其是，亚洲市场（包括中国内地）的机构投资者及专业个人投资者都渴望通过较小型、非实物交收的金属合约，增加参与全球大宗商品市场的机会。

5. 通过LME进入全球业界网络

5.1 全球仓库网络

为便利进行实物交收和切合国际用户的需求，LME设有核准登记仓库网络，主要分布于政治环境稳定、法律制度健全，税务及商业框架合规的金属消费地区。LME核准仓库遍及英国、欧洲大陆、中东、亚洲和美国。LME在全球有逾550个核准仓库，每年进出LME仓库的交收金属约有500万吨。表1列出亚洲的LME仓库地点。

表1 亚洲的LME仓库地点（2020年4月）

城市／国家	地点数目	核准仓库数目
日本	2	6
马来西亚	2	117
新加坡	1	17
韩国	3	111
中国台湾	1	22
总计	9	273

资料来源：LME。

亚洲有多个 LME 核准仓库，但在中国内地暂时还没有。将 LME 仓库体系带入中国是香港交易所集团的长远战略目标，LME 与香港交易所现正就此跟内地决策者紧密接触。

储存于 LME 核准仓库的金属均有“仓单”作记录。仓单是仓库公司对每批存于 LME 核准设施的 LME 核准金属发出的所有权文件，用于实物交收 LME 合约中的金属。LME 的仓库网络也广泛用于促进大宗商品的贸易融资。

LME 设有安全的电子仓单转移系统 LMEsword，便利 LME 仓单所有权的转移及库存报告等流程，也便利全球各地的金属进行高效的仓单互换交易。

5.2 全球金属贸易利用 LME 参考价定价及 LME 的合约

LME 市场对基本金属的定价是全球通用的价格。金属制造商与消费者之间磋商的实物供应合约，大都以这些价格为基础，再结合其他变量（例如地点及金属纯度）而协议溢价。这样，某个洲的制造商可与其他国家或地区的冶炼厂、加工厂及消费者订立实物合约。

5.3 伦敦的黄金市场及“LME 贵金属”

中国是全球黄金消费和制造大国，过去 20 年来已成为全球最大黄金市场。中国人民银行是全球最活跃央行之一，过去 15 年来一直在稳步增加其黄金储备[①]。

由此可见，中国内地黄金交易场所的流通量的票期相对较短：上海黄金交易所和上海期货交易所均少于一年，内地制造商难以通过现金流对冲来支持其作任何境内债务融资或股本投资。没有较长票期的流动性，意味着银行对冲风险就要转向西方市场，例如伦敦的场外市场，又或交易所场内市场，例如通过“LME 贵金属”平台（LME 的贵金属买卖及对冲方案）。

① 资料来源：世界黄金协会（https://www.gold.org/goldhub/data/monthly-central-bank-statistics）。

根据世界黄金协会数据所估计，场内交易可节省的资金成本约 50%~90%，主要是因为资本费用较低[①]。

黄金市场在日趋全球化之下，也为有意管理基础风险或对区内供求动态有其看法的市场参与者提供不少交易机会。在此方面，“LME 贵金属”提供公开透明的场内交易渠道，让市场人士可用之与全球其他交易所市场配合作交易。自 2017 年 8 月起，“LME 贵金属”已提供即日 LME 黄金及 LME 白银现货参考价，支持贵金属市场管理整个交易日的价格风险，与流通量高峰期一致。

5.4 与亚洲有密切关联的 LME 钢材合约

LME 在 2015 年 11 月推出现金结算的黑色金属合约系列，首两只合约为废钢及螺纹钢合约，自推出以来得到了亚洲参与者的高度参与，尤其是 LME 废钢，一经推出即看到客户的支持和参与。

目前 LME 所提供的钢材合约种类已扩大至热轧卷板期货，其中 LME 热轧钢卷中国离岸价（Argus）这产品应对了东亚市场的核心需求。这合约属意为中国钢材出口商以及主要出口市场的钢材进口商和消费者提供有效的风险管理工具 —— 越南、泰国及新加坡等东南亚进口国家的公司早已采用该合约。

6. LME 及香港交易所加强联通的最新发展

LME 及香港交易所一直尝试运用自身优势和专业知识，致力开拓有效途径，加强香港、中国内地与国际市场之间的联通。

6.1 香港交易所推出伦敦金属期货小型合约

香港交易所伦敦金属期货小型合约旨在满足亚洲参与者的需要，

① 资料来源：世界黄金协会、LME 及奥纬（Oliver Wyman）的分析。

让他们可以使用离岸人民币或美元计价的期货缓解金属价格风险或作相关的风险投资。小型合约属月度合约，合约期最长12个月，按相应的LME“母”合约的LME官方现货结算价进行结算。对区内参与者而言，此类合约的额外好处是可以在亚洲时段交易、能提供跨市场套利机会、合约单位较小以及收费相宜。

此类单位较小的合约在香港交易所的衍生产品平台上交易，用于买卖六种基本金属：铝、锌、铜、镍、锡及铅；并有两种交易货币可选择。

表2　香港交易所伦敦金属期货小型合约 —— 重点一览

项目	特征
相关资产	铝、锌、铜、镍、锡及铅
货币	以离岸人民币或美元交易及定价
合约单位及类型	单位小，月度合约
结算	按LME“母”合约的官方结算价格以现金结算
交易场所	香港交易所衍生产品平台

资料来源：香港交易所。

香港交易所离岸人民币伦敦金属期货小型合约的设计旨在帮助中国现货市场持份者管理其以人民币定价的商品合约的风险、协助建立亚洲时区内的金属人民币定价机制，并给市场提供期交所、LME与上期所之间的套利空间。铝、铜及锌期货于2014年率先推出，其后2017年进一步推出铅、镍及锡期货。小型合约为月度合约，合约结构标准化，对亚洲投资者的吸引力会较大，加上有期交所庞大的参与者及经纪网络做依托，机构与个人投资者会更容易地买卖这些合约。

为配合现有离岸人民币产品系列，香港交易所于2019年8月5日推出6只以美元计价的伦敦金属期货小型合约，为亚洲时区投资美元计价相关基本金属的投资者提供更多选择，并作为其既有以离岸人民币计价的期货合约产品的配套。

表 3 LME 基本金属合约和香港交易所伦敦小型合约的比较

	LME 基本金属合约	香港交易所伦敦小型合约
结算方式	实物结算	按 LME"母"合约的官方现货结算价以现金结算
合约单位（以公吨计）	单位较大： •铝 — 25 公吨 •铜 — 25 公吨 •铅 — 25 公吨 •镍 — 6 公吨 •锡 — 5 公吨 •锌 — 25 公吨	单位较小： •铝 — 5 公吨 •铜 — 5 公吨 •铅 — 5 公吨 •镍 — 1 公吨 •锡 — 1 公吨 •锌 — 5 公吨
合约类型	•日度 •周度 •月度（直至第 63 至第 123 个月）	•月度（直至第 12 个月）
交易时段	（伦敦时间） •交易圈：11 : 40 ~ 17 : 00 •电子交易平台 LMEselect：01 : 00 ~ 19 : 00 •场外办公室：24 小时	（香港时间，最后交易日除外） •T 时段：09 : 00 ~ 16 : 30 •T+1 时段：17 : 15 ~ 03 : 00
交易途径	通过 LME 会员	通过期交所参与者
主要参与者	•现货市场参与者 —— 生产商与消费者 •LME 会员与其客户 •金融界 —— 对冲基金、自营公司、投资公司 •场外市场参与者	•熟悉期货合约的金融业界 •私人投资者 •企业客户 •套利者 •亚洲投机者

资料来源：LME。

6.2 LME 与期交所之间的会籍互惠安排

为了扩大伦敦与香港之间的协作机会，LME 和期交所推出会籍互惠安排（RMA），方便 LME 会员或期交所参与者申请成为对方交易所的参与者或会员。RMA 为 LME 和期交所的产品扩大了市场准入，并为新产品提供额外的流动性。根据 RMA，LME 与期交所豁免对方交易所会员或参与者申请成为期交所参与者或 LME 会员的首年年费及手续费[①]。

① 详情见本书第 14 章〈香港交易所大宗商品市场 —— 连接内地与全球的互联互通平台〉。

6.3 与前海联合交易中心（QME）的协作

香港交易所在 2018 年 10 月，于中国广东省深圳前海建立大宗商品现货交易平台 QME，作为发展香港交易所集团为中国内地提供大宗商品服务的整体计划其中一环。目前 QME 提供多种金属，包括氧化铝、铝和铜杆，并计划进一步扩展业务。

LME 持续与 QME 合作，凭借两家交易所在仓储、交易及融资三大范畴的优势，致力实现加强内地与海外大宗商品市场联系的愿景。

LME 与 QME 正探讨如何将 LME 历史悠久而稳健的全球仓储系统与 QME 的本地仓库网络连接起来，初步目标是提供两个网络之间可供买卖的仓单掉期合约。同时，LME 继续与内地监管机构讨论设立 LME 认可仓库的可能性。这些措施加起来，会有助于减少将金属由境外 LME 仓库运送至内地客户所产生的较长货运时间、交通与清关等额外成本。LME 仓库网络若可扩展至中国内地，会有助于大宗商品交易真正全球化，从而促进内地金融市场国际化及便利中国境内金属存货通过 LME 融资。

另一目标是将 LME 的交易拓展至亚洲时区，同时提升 QME 的大宗商品现货价格发现的能力，吸引国际投资者参与。现货“基准”价格是大宗商品期货交易的基础，因为期货合约的价格都是根据商品实时交付的成本而厘定。QME 与 LME 正为此紧密合作，利用现有的 LMEbullion 及 QME 现货交易平台，也与其他内地交易所合作，希望可加强这方面的能力。LME 在 QME 的工作基础上再接再厉，力求为各类金属产品稳健地提供现货价格，这会有助建立与国际接轨的内地大宗商品价格基准，也可供 LME 未来用作推出新产品的基础[①]。

① 有关 QME 的详情以及 LME 与 QME 的关系，见本书第 11 章〈前海联合交易中心在中国内地大宗商品市场扮演的独特角色〉。

7. 未来发展方向

LME与香港交易所一直致力于更好地服务内地市场，让参与者获得更优质的产品及服务。

按照LME的技术路线图，其交易基础设施将进行全面的更新与升级，计划包括利用香港交易所的技术建立全新的交易平台。新平台的其中一项主要优点是：这全新的以网络为基础的交易商电子系统（“图形用户界面（GUI）”）会开放给亚洲客户让其直接进行交易，为亚洲区参与者（包括内地参与者）参与LME全球金属市场提供更具效率及成本效益的路径。

7.1 联通内地与国际大宗商品市场

LME致力走在大宗商品定价机制发展的最前线。LME与香港交易所紧密协作，希望善用各自于内地市场及大宗商品方面的相关经验为市场提供新的解决方案，能同时服务希望通过LME涉足国际金属价格投资的内地投资者，以及希望投资中国内地市场的海外投资者。

未来数年当陆续见到LME为提升内地与国际大宗商品市场联通而作出的努力（见上文第6节的相关近期发展）。

7.2 消除LME与中国内地之间建立更紧密联系的障碍

如要在LME与中国内地之间建立更紧密的联系，首先要克服阻碍准入的一些市场因素，包括：

- **LME会费：**会籍年费以及获得各类别会员资格必须持有LME B股的这项要求[①]，可能令中国内地参与者不愿直接成为LME会员。期交所和LME推出的RMA为两所成员提供了另一道较高成本效益的途径，让其在对方交易所的市场进行买卖。

① LME的第1类和第2类会员必须持有至少25 000股LME B股；第3类和第4类会员必须分别持有至少5 000股和2 500股LME B股。

- **间接进入市场所涉的成本高昂：**目前，亚洲客户可以直接参与 LME 市场交易的途径受到一定限制，间接买卖所涉的经纪费用及连接市场方面的成本会大增。建立与 LME 市场更直接联通的平台可有助于降低相关成本。
- **网络的信息延缓、成本及稳定性：**亚洲市场参与者倾向使用 LME 的电子市场，但经纪或供货商所提供的洲际网络连接可能会有更长时间的信息延缓、成本更高和稳定性偏低等问题。与 LME 之间建立更直接的交易链接有助提升进入市场的速度及稳定性。

7.3 展望未来

伦敦金属期货小型合约的设计与推出，让伦敦和香港市场的价格得以互动，使 LME 的价格可在期交所用作结算价格，充分利用期交所在亚洲的广阔客户群体。作为建立香港交易所与 LME 互联互通机制"伦港通"的第一步，这批合约让期交所参与者可以直接运用美元计价的 LME 价格。

香港交易所与 LME 建立"伦港通"的进一步措施尚有待确定，但预见 LME 将实行"头寸交接"（pass the book）模式，让 LME 与期交所各自的结算所能转移对方的未平仓合约仓位，以尽量提高清算及成本效益。最后一步则包括发展全面的"互联互通"机制，让香港交易所与 LME 的买卖盘记录"互通"。两所之间的联系更紧密之后，将有助于促进两边资金汇聚流动，并受惠于可兼享对方交易所的客户覆盖网络。

8. 总结

在中国经济的持续发展及逐步国际化的大环境下，实现更大的双向投资以及资本流动将是有力的催化剂，包括可促进人民币的进一步国际化。同时，为市场参与者提供更多参与全球大宗商品市场的渠道，可提高中国在全球大宗商品定价方面的影响力，以更真实地反映中国作为多种大宗商品（包括金属）的全球最大生产及消费国的地位。

LME 全力支持这一愿景，为中国企业和投资者创造更多场内交易的机会，为内地金属制造商及消费者提供更多管理金属价格风险的途径。

香港交易所、QME 与 LME 三者之间会持续协作求进，希望为市场带来解决方案，切合市场对大宗商品市场须公平、开放、透明及受妥善监管等需要和诉求。香港交易所的市场网络遍布全球，具备广泛的资本市场专业知识，更在与内地政府部门、监管机构及市场参与者合作方面有丰富经验。LME 在工业金属交易的全球领导地位源远流长，向来是全球有色金属参考价格的来源，也坐拥遍布全球的仓库网络，便利金属仓储及实物交收，创造贸易融资机会。另外，QME 提供一个内地大宗商品现货交易平台，结合国内仓储专业，与期货市场相辅相成。三家交易所当通力合作，寻求更多联系内地与全球市场的方法，以创造更多机会，尤其是寻求建立中国基准金属价格、进一步扩大 LME 在亚洲时区的交易，并探讨在互联互通计划中加入金属衍生产品跨境及国际交易以及跨境上市等各种可能性。

注：所有在文中提到在计划中或发展中的 LME 产品与服务均有待监管批准。

13

市场基础设施在“基本金属”市场发展中的角色

香港交易及结算所有限公司
首席中国经济学家办公室

摘要

基本金属大宗商品交易市场不仅仅是提供基本金属交易的场所，也是实体企业进行套期保值和风险管理的场所，健全完善的市场基础设施体系，对服务产业客户、服务实体经济的功能日益凸显。

西方的基本金属大宗商品市场都经历了从初期孕育到逐步成熟的发展过程。从美国的经验来看，市场在发展初期的秩序存在不够规范和标准化的问题，当中可体会到支持基本金属市场交易体系的主要基础设施和交易支持机制的完善健全，对基本金属市场的发展意义重大。基础设施和交易支持机制的标准化、现代化、信息化程度的提高可以增强市场参与者的经营效率和经济效益，同时也可以显著提升实体企业的内部管理效率，节约成本。

其中，完善的仓储物流体系被认为是最重要的大宗商品现货市场基础设施。仓储安全是大宗商品现货市场交易的基石，是开展各类相关业务的保证。能够为基本金属交易市场参与者提供可信的全球参考价格和终端市场的仓库网络，是现货金属市场最重要和最基础的组成部分。由于基本金属现货交易的资金回流存在滞后性，整个生产、物流周转过程往往需要大量的融资支持，特别是在经济处于下行周期时，融资往往成为基本金属生产商和贸易商面临的一个很大的问题，不合理的仓单质押融资方式存在仓单可信度无法保证的问题，从而导致融资效率低下。由于基本金属自身具有高价值、易运输、易储存、易变现和质量等级明确等特点，具有很强的金融属性，其仓单质押融资成为现货交易市场中的一项重要业务环节。2008 年全球金融危机的爆发，从一定程度上反映了市场参与者承受和抵御金融及经济动荡的灵活性和市场的透明度严重不足。以此为背景，全球各个层面的金融市场陆续开始采纳中央清算系统，以取代某些环节的双边结算体系，基本金属大宗商品的金融工具市场也不例外。

对于如何衡量大宗商品市场的基础设施和交易支持机制是否有效健全，最佳标准应在于其是否有利于资源的有效合理配置，从而有利于市场和行业有效降低交易成本。任何一个交易平台（包括期货交易所）存在的根本意义也在于此，其地位和利益应从属于这一标准。对于市场参与者来说，哪个定价中心更规范、更透明、参与者更多、更国际化及更公平有效地发挥价格形成和指导机制，就更愿意在哪个市场交易。这些考虑对发展中的、并趋于国际化的中国内地基本金属市场尤其重要。市场的发展和进步需要时间，最终市场会决定什么最符合行业需求，这些都值得我们密切关注。

1. 全球基本金属市场的主要基础设施和交易支持机制

全球基本金属市场主要由较为分散的场外交易（OTC）市场和一些集中的交易所市场组成，当中包括伦敦金属交易所（London Metal Exchange，简称 LME）。自 1877 年 LME 成立以来，基本金属（或称“有色”金属）一直在 LME 交易，随着这些交易的报价开始在金融报刊上公布，金属行业开始将这些价格作为其现货合约的可靠参考。这一情况延续至今，大部分国际基本金属仍采用 LME 的价格定价。2019 年，全球 75% 的交易所场内金属交易均于 LME 进行，总交易价值为 13.5 万亿美元[①]。美国在 20 世纪 70 年代后期停止采用生产商定价体系，自此纽约商品交易所（COMEX）主导美国市场；1990 年成立的上海期货交易所（以下简称“上期所”）逐步建立了中国有色金属期货市场，慢慢形成 LME、COMEX 和上期所的三角竞争关系[②]。

西方的基本金属大宗商品市场都经历了从初期孕育到逐步成熟的发展过程。从美国的经验来看，市场在发展初期的秩序存在不够规范和标准化的问题，仓储、运输等基础设施缺乏，信用程度较差，规范的市场秩序是在经历了一个漫长的发展过程后，最终逐步建立完善起来的。

① 资料来源：LME。

② 见魏佳与徐小雅（2019）〈LME 有色金属市场定价权形成机制研究〉，载于北京金融衍生品研究院《期货与金融衍生品》，第 105 期，2019 年 1 月。

由此可见，支持基本金属市场交易体系的仓储物流及结算系统等主要基础设施和仓单融资及其他第三方机构的专业服务等交易支持机制的完善健全（见图 1），对基本金属市场的发展意义重大。基础设施和交易支持机制的标准化、现代化、信息化程度的提高可以增强市场参与者的经营效率和经济效益，同时也可以显著提升实体企业的内部管理效率，节约成本。

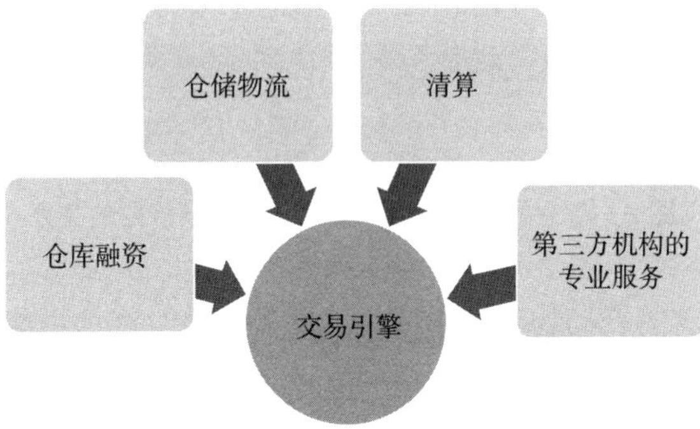

资料来源：香港交易所整理。

图 1　基本金属市场交易平台中的主要基础设施和交易支持机制

1.1　仓储物流

完善的仓储物流体系被认为是最重要的大宗商品现货市场基础设施。仓储安全是大宗商品现货市场交易的基石，是开展各类相关业务的保证。基本金属市场的发展完善也同样离不开仓库物流体系的逐步建立、健全和完善。

首先，由于基本金属大宗商品行业的贸易企业众多，货物周转次数较多，物流环节冗长且分散，缺乏规模效应，且面临货价在途风险和运输风险，实体企业的物流成本与市场仓储物流体系的标准化程度有密切关系。如果仓储物流缺少了安全保证，货物的数量、质量以及所有权将无法得到有效保障，也进而限制了现货业务规模的扩大。仓储货物安全，对于产业链企业、金融机构和投资机构，特别是广大的基本金属贸易商，都是非常重要的。一个专业高效的注册仓库网络，能够为基本金属市场行业带来诸多益处，支持市场的高效标准化运转（见图 2）。

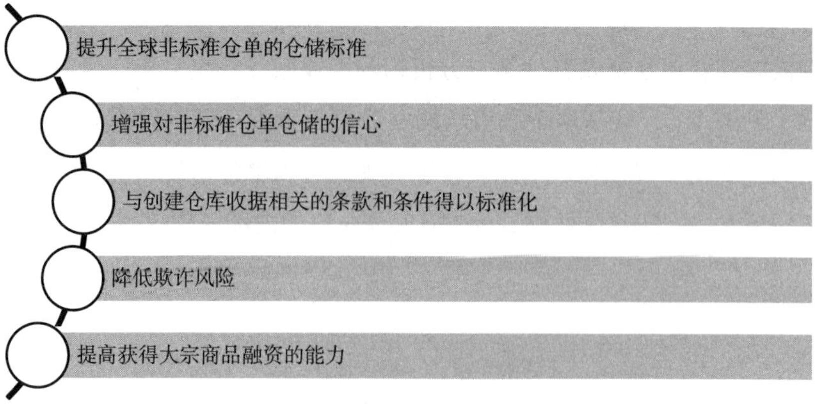

资料来源：香港交易所整理。

图 2　专业的仓库网络对基本金属市场行业的益处

其次，完善的仓储物流体系使得“期现结合”成为可能，即现货交割机制能在期货交易中发挥重要作用，从而确保了大宗商品交易平台向全球基本金属消费者和生产商提供套期保值和风险管理的功能得以充分发挥。

在大宗商品交易中，尽管实际发生现货交割的数量在期货交易总量中的比重很小，现货交割机制在期货价格和实体经济中的现货交易之间起着重要的纽带作用。海外市场上的商品交易所都在商品的集中消费地或集中供应地或物流中转中心，广泛的设有供交割使用的标准仓库，作为现货贸易的最终手段，或辅助手段，在供应过剩时吸纳过剩供应，在供应短缺时提供紧缺的供应，实时反映现货体系里的边际供求变化，客观上起到一个蓄水池的作用。因为有了现货交割机制的保障，确保了期货价格与现货价格的变化是趋同的，不会脱节，也同时使得交易所库存数据的变化成为市场供求基本面变化的“晴雨表”。一个注册仓库网络广泛，和现货交割制度完善的交易所形成的期货价格，更能凸显出交易所期货价格形成的“价格发现机制”，也使得形成的价格更具有价格指导意义。套用于基本金属市场，覆盖面广泛的注册仓库网络是将金属期货价格与现货价格联系在一起的关键一环。当期货合约越接近到期日之时，期货合约价格就越趋向现货价格。尽管最终只有小部分的期货合约以实物交割来结算，但正是这个进行实物交割的可能性，确保了金属期货价格不致过分偏离现货价格。期货价格紧贴现货价格十分重要，因为这是生产商与消费者有效对冲金属价格波动的基础。正是完善的仓库网络将大宗商品的期货交易及风险对冲与金属业实体经济紧紧地捆绑在一起。

在实物合约中产生一个被广泛接受的参考价格，在大宗商品市场——尤其是基本金属市场——是一种非常普遍的做法。生产商和消费者之间的合约通常参考全球公认的价格，但也会根据购买或销售的原材料进行相关的折扣和溢价谈判①。根据有信誉的参考价格（不包括成本溢价）对材料进行定价的做法，由于其对公司透明度、效率和可选性的好处而越来越普遍。现货市场上的交易如涉及未来交割金属，自然会面临一些风险，在达成交易合约和最终完成交割之间的时间可以跨越几天、几周、几个月甚至几年——在这段时间里，金属价格可能会发生很大变化。因此大多数生产商和消费者，也就是金属生产商和金属制品生产商，会利用有现货交割基础的期货市场中产生的可信的全球参考价格来对冲价格风险。

能够为基本金属交易市场参与者提供可信的全球参考价格和终端市场的仓库网络，是现货金属市场最重要和最基础的组成部分，因为它使得大宗商品交易平台如下两个功能的实现成为可能：

（1）价格发现：产生及时、透明、可信和真实的参考价格，这些价格是用风险资本发现的，真正反映了全球的供求关系。市场的对冲能力取决于这些价格的发现。

（2）价格趋同：交易合约通过安全可靠的全球仓库网络进行实物结算交割。这一点很关键，因为这意味着在市场上发现的期货价格与实物金属趋于一致（见图3）。

① 当然也有例外，钢铁市场历来在合约中使用固定价格，包括所有生产成本、费用、保险费等，或直接采用现货市场价格，面临市场环境波动对价格影响的风险。

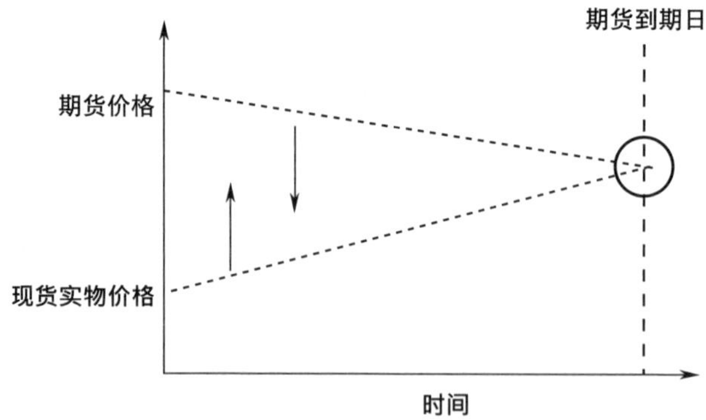

注：当处于期货价格高于现货价格的情境。

资料来源：香港交易所整理。

图 3　大宗商品市场现货实物价格与期货价格的趋同

将实物合约与参考价格挂钩的主要好处可以从以下几方面来探讨：

- 在全球经济的碎片化和复杂的价值链中，生产者和消费者越来越难以持续击败市场。通过同意以市场价格进行交易，企业可以从这些价格发现组织和机制提供的更高透明度中获益。因此，企业可以更好地将精力集中在基本金属与特定产品之间的溢价或折扣的谈判上。这些溢价或折扣可以基于许多因素，包括一些最常提到的因素如地理位置、材料等级、杂质和交货条件等。
- 通过为价格发现提供一个健全的、受监管的交易场所，允许参考其价格的公司在任何时候都能有效地了解市场的现况。这就消除了企业需要投入大量资源来收集信息，以便持续自主地发现金属的市场价格。
- 那些参考全球公认价格的公司，可保留对冲其对标的金属价格风险敞口的选择权，而无须承担该风险敞口的任何基础风险。

在此值得指出的是，仓库作为交割地点，必须毗邻金属消费方，即利用金属制造下游产品的地点。过去，北美和北欧是全球主要基本金属产业链的制造中心；今天，越来越多的制造业已迁往亚洲。以 LME 的仓库体系为例，LME 在亚洲的核准地点渐多，比如高雄、仁川、横滨等地。中国经过几十年的经济腾飞，如今成为全球第二大经济体①，已经是名副其实的“世界工厂”，LME 在亚洲的核准仓库要比世界其他地方的仓库更能为亚洲（特别是中国）的金属消费者提供便捷的服务。覆盖全球的交割仓库能确保满足实物交割的需要，即有能力通过全球认可的仓库网络进行实物金属交收，以满足现货企业和实体经济的需要。

1.2 仓单融资

由于基本金属现货交易的资金回流存在滞后性，整个生产、物流周转过程往往需要大量的融资支持，特别是在经济处于下行周期时，融资往往成为基本金属生产商和贸易商面临的一个很大的问题，不合理的仓单质押融资方式存在仓单可信度无法保证的问题，从而导致融资效率低下。由于基本金属自身具有高价值、易运输、易储存、易变现和质量等级明确等特点，具有很强的金融属性，仓单质押融资成为其现货交易市场中的一项重要业务环节。从实体用户的情况来看，部分企业面临着资金周转压力大、成本高、融资管道有限的问题，具体表现在：

- **交易环节** —— 传统销售层级包括生产商、大型贸易商和多级代理商等，信息成本高，不同层级加价导致交易成本上升；
- **生产环节** —— 原材料采购、固定资产投资到最终生产，面对先投入后产出带来的巨大现金流压力；
- **贸易环节** —— 赊销为主的交易模式导致贸易商面临巨额垫付带来的周转资金不足和应收账款回笼的困难和时滞。

综观全球大宗商品市场，因为诸多鲜明的结构性特征，比如大量的初始资本投资、漫长的全球航运路线和漫长的生产周期，实体用户利用大宗商品融资来支持其交易及运营管理方面已经较为广泛并形成一定规模。大宗商品融资在基本金属行业同样被广泛采用，许多量身定制的融资安排已

① 2010 年中国经济总量超过日本，成为世界第二大经济体，2010 年日本名义国内生产总值为 54 742 亿美元，比中国少 4 044 亿美元，排名全球第三。资料来源：《人民网》（http://politics.people.com.cn/GB/1026/13594169.html）。

经被基本金属市场的参与者使用了几十年，甚至几个世纪，其中包括矿山、贸易和库存融资[①]。这些融资业务的一个共同特点是利用公司资产的未来经济价值，无论这些资产已经作为精炼材料存在，还是正在开发中，还是尚需要从地下开采。下文从贷款人和借款人的角度讨论大宗商品融资带来的益处。

从贷款人角度来说，总体上，贷款人可以要求借款人对其用于抵押的金属进行套期保值，由此帮助贷款人减少自身面临的多种风险（如下所述），从而获得更好的经风险调整的资本回报。

首先，套期保值降低了贷款本身的风险，因为抵押品的价值在贷款期间是有保障的。在发生违约和随后丧失抵押品赎回权的情况下，资产的价值不会受到当前市场价格的影响，因为贷款人可以以当前市场价格出售资产，并通过对冲操作来弥补差额。这是放贷机构对抵押品以较低估值折扣奖励那些进行对冲的借款人的主要原因。

其次，套期保值可以降低借贷交易中的对手方风险，因为做了套期保值安排的借款人往往承担较少的价格风险。这使得贷款机构可以根据其自身情况增加对某些公司的风险敞口。

从借款人角度来说，套期保值（或称对冲）在融资交易中，也会给借款人带来很多好处。

首先，对抵押品予以较低的估值折扣意味着借款人在同样情况下可以借到更多的钱，从而减少了对更昂贵融资形式（如无担保债务或股权融资）的需求，从而提高其营运资金的使用效率，例如借款人可以利用更多的营运资金向客户和供货商提供更具竞争力的付款条件，或将其再投资于企业或发展项目等。

其次，对冲通常会降低价格风险敞口，降低金属价格波动对利润的影响。对冲安排可以帮助借款企业有余力更多地关注其核心业务，而不是花

---

① 资料来源：《仓单融资：借款人和贷款人如何从场内市场商品对冲活动中获益》（“Commodity financing：how hedging on-exchange can benefit both borrowers and lenders”），载于 LME 网站的 *LME Insight*，2018 年 8 月。

很多精力猜测其资产的未来价格走势。

在融资交易中使用抵押品的套期保值有两种主要方式，即套期保值操作可分别在场内市场（即交易所市场）或场外市场（即 OTC 市场）中进行。场内市场提供集中的交易场所，为交易对手提供共同的流动性和透明的价格。场外市场则主要是双边交易，通常仅限于两个交易对手。表 1 列出在通过场内市场或场外市场构建融资交易对冲时需要考虑的一些关键问题。

表 1　场内市场商品融资或场外市场商品融资的比较

考虑因素	影响	场内市场商品融资	场外市场商品融资
管理对冲的保证金要求	由于必须管理初始保证金和变动保证金，公司需要考虑这对增加其营运资本的影响。	初始保证金和变动保证金可以由贷款人自己或第三方专业机构通过三方协议融资。	场外交易通常不要求保证金，但面临较高的交易对手风险，这可能导致更广泛的利差，以包括面对信用风险所增加的成本。
为匹配融资的对冲需要（包括任何摊销）	套期保值的不匹配(过多或不足）会给交易双方带来风险。	场内市场提供流动性充足的交易环境，允许交易对手方对其对冲安排随时进行调整，以配合融资安排上的任何变化。	场外交易的条款是按双方要求制订的，任何进一步的调整都需要获得交易对方的同意。
在违约的情况下，对冲和贷款应该同时退出	这两种头寸在平仓过程中的不协调可能会造成不平衡和未能对冲头寸。	交易所交易头寸可以与新的交易对手在市场上平仓。	由于场外交易是双边交易，在交易开始时双方必须就违约对冲的解除过程商定适当的条款。

资料来源：香港交易所整理。

通过上述讨论和比较可以发现，在商品融资中作适当的风险管理安排（如套期保值）能让资金更有效地分配，并为交易各方带来利益。借款人可以以较低的成本获得更多的金融资源，从而改善其资本结构。贷款机构则一方面可增加其在某些公司和行业的风险敞口，而另一方面也能降低其希望规避的风险（例如金属价格风险）。另一个值得再次强调的关键点是，贸易融资的有效操作，同样需要大范围的仓库网络。

1.3　清算及交收

基本金属大宗商品现货交易场所往往集合了交易、清算、交收、存管等在内的全部各项职能。而交易场所往往缺乏对清算与交收（合称结算）环节所涉及资金进行有效管理。由于贸易链冗长，且缺乏专业的风险管理机制，整个贸易链面临交易违约、价格波动、货权归属和融资信用等风险。在达成价格协议后，贸易合约的交收履约往往由于市场价格的变化引发违约风险。商品贸易以点对点交易为主，缺乏统一的支付结算体系，此外还可能存在现货市场交易资金的安全性问题，以及因信用体系脆弱，导致缺乏交易完成后各环节履约行为的约束力。

2008 年全球金融危机的爆发，从一定程度上反映了市场参与者承受和抵御金融及经济动荡的灵活性和市场的透明度严重不足。具体来说，由于部分衍生品市场缺乏透明度、产品越来越复杂、并且渗透到金融市场内的各个领域，被认为是导致全球性金融危机和系统性风险的重要因素。特别是部分场外衍生产品的交易缺乏监管，加上本身显著的双边交易的特点，国际主要监管机构在反思危机之后均认为这是导致市场缺乏透明度和明显动荡的重要原因之一。以此为背景，中央结算系统得以在全球各个场外金融市场陆续开始被采纳，基本金属大宗商品市场也不例外。

清算的作用是让交易合约双方确知其结算后所要承担的交付责任。在中央结算系统下，结算所充当中央交易对手方（Central Counterparty，简称 CCP）—— 即对每一个买家作为卖方，对每一个卖家作为买方 —— 从而保障交易各方不受对方违约的影响。一旦交易进入中央结算，CCP 和每个结算成员（买方和卖方）之间就会建立一个合约作为交收依据。

交易双方都被要求提供担保以覆盖与交收相关的风险。在清算成员违约的情况下，CCP 能够在不使其非违约结算成员承担任何损失的情况下完成合约执行。在某些情况下，抵押品可以随客户头寸转移到另一个结算成员 —— 这一过程称为移植（“porting”）。因此，CCP 作为系统风险管理者，可以显著降低结算成员的交易对手信用风险。这有助于限制金融危机（如 2008 年金融危机）造成的连锁效应，并防止单一违约向整个市场的蔓延。

是什么让中央结算如此具有系统重要性？对市场参与者而言，当中的直通式事务处理和实时风险管理是其中两项具有吸引力的特点。此外，中央结算系统还通过简化贸易管理和合约执行，在降低参与者的业务成本方面发挥了重要作用（见图 4）。最重要的是，使用 CCP 可以简化和分离场外交易市场中可能存在的复杂交易网络，实行多边净额结算简化了交易对手之间的关系，降低了可能在整个金融领域引发冲击波的传染性风险，同时提高了整体市场的营运效率。

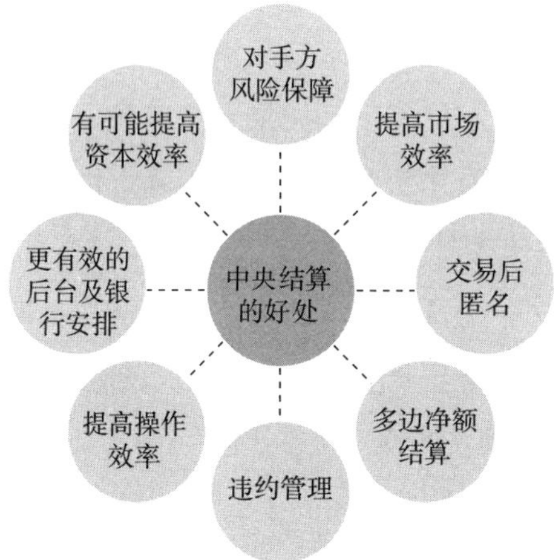

资料来源：香港交易所整理。

图 4　中央结算在基本金属大宗商品市场中的优势

正是在中央结算下信用风险的显著降低，以及在违约发生时 CCP 采取的有效风险控制，使结算环节在这方面的改进成为监管机构关注的焦点，用于防止 2008 年那样的金融危机再次发生。通过将自己置于买方和卖方之间，CCP 对于金融市场非常重要，因为它们能够厘清复杂的交易关系，实现交易的净额结算和压缩，并在违约情况下提供有效的风险管理。另外，它们的存在对于向市场灌输信心也非常重要，使它们能够在市场极端波动和交易对手违约的情况下保证市场的公平有序运转。

2. 市场基础设施建设是支持中国基本金属市场未来发展的关键环节

2.1 针对市场的需要出发、寻找对市场长远发展的最有利方案

对于衡量大宗商品市场的基础设施和交易支持机制是否有效健全，最

佳标准应在于是否有利于资源的有效合理配置，从而有利于市场和行业有效降低交易成本。任何一个交易平台（包括期货交易所）存在的根本意义也在于此，其地位和利益应从属于这一标准。对于市场参与者来说，哪个定价中心更规范、更透明、参与者更多、更国际化及更公平有效地发挥价格形成和指导机制，就更愿意在哪个市场交易。

站在中国内地的基本金属大宗商品消费者和生产商的角度，面对内地与国际市场两个不同的定价体系，如果无法有效地进行价格的顺畅对冲，可能会承受经济上的损失并面对经营上的不确定性。市场的发展和进步需要时间，最终市场会决定什么最符合行业需求，这些都值得我们密切关注。

展望未来，建立一个良性循环的生态系统将在长期有利于市场的健全发展，而这个生态系统应至少包括以下四方面的功能或特质（见图 5）：

（1）服务实体经济和现货市场

这应当是一个良性循环的生态系统最关键的功能，即确保这个生态系统能够提供价格发现、风险管理及终端市场服务。

（2）确保市场公平运作

市场的公平有效在一个良性循环的生态系统中处于中心位置，公平有效不仅是指市场按照监管规定公正无差别地对待市场参与者，更应该将其原则拓展并深深植根于市场机制的设计和运转方式当中。这其中可以包括并不限于：

- 市场接入，使尽可能多的市场参与者可以平等地进入市场中作投资和风险管理；
- 相比 OTC 市场，场内市场应尽可能大的发挥其在产品和流程标准化方面的优势，创造比 OTC 市场更加公平的交易环境。

（3）增加市场参与者的选择

从市场结构的角度来看，场内市场的一大特点就是所有市场参与者都应遵循同样的交易规则。然而，在保证不影响其他市场参与者的前提下，可以对市场结构作多方面的改进以向部分市场参与者提供更灵活的操作选择。此外，一个良性循环的生态系统还应在产品种类和策略方面不断创新，以满足投资者多元化的投资和风险管理需要。

（4）交易效率和资本使用效率的最大化

交易效率和资本使用效率的提高，符合市场参与者、交易所和整个市场的共同利益。如果一个市场参与者因为交易的“摩擦成本”而选择不执行一项具备经济收益的交易（不论作套期保值或纯投资），那么该市场的交易效率及资本使用效率则会被视为不够水平。

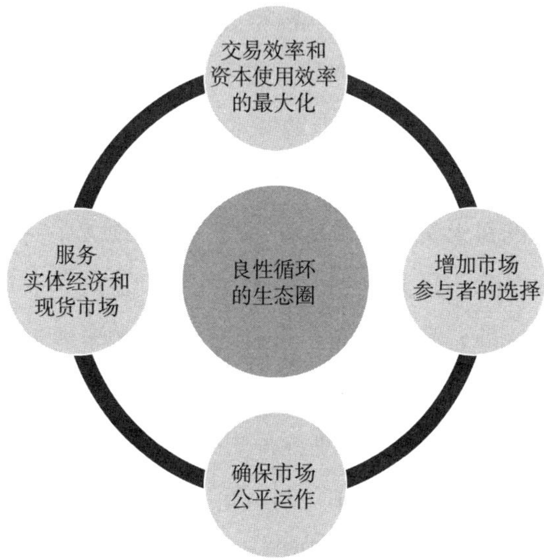

资料来源：香港交易所整理。

图 5　寻找对市场长远发展的最有利方案 —— 建立一个良性生态圈

2.2　香港交易所和伦敦金属交易所支持中国内地市场参与者参与国际基本金属市场的战略定位

中国是全世界第二大经济体及最大的大宗商品进口国和主要消费国[①]，香港地区作为位处中国门户的全球金融中心，一直是中国内地与全球其他地区之间的超级联系人，有很好的条件服务大宗商品市场参与者，

① 资料来源：〈从历史看大宗商品定价中心的形成及建议〉，载于《中国期货》，2018 年第 5 期（总第 65 期）。

为中资企业、区域大宗商品贸易公司以至它们的全球商业伙伴在风险管理需求方面提供更佳的服务。

在基本金属这一大宗商品市场方面，LME 是香港交易及结算所有限公司（简称“香港交易所”）的全资子公司，LME 的结算价是全球基本金属生产及其原材料现货贸易的指导性定价基础。LME Clear 是专门为在 LME 交易的金属远期、期货和期权而设立的中央结算所，该公司在风险管理方面采用了最新技术，例如实时清算（使其能够实时监控和管理风险敞口），使市场更加稳健和安全。在抵押品的多样化方面，LME Clear 接纳包括 LME 仓单在内的各种类别的抵押品。使用仓单作为抵押品可以帮助企业释放其他类别的抵押品，以提高企业的资本效率[①]。

LME 过去 140 多年来服务实体经济的成功经验表明，遍布世界的核准仓库网络和完善的每天交割实物交收制度，是实现大宗商品“定价权”的重要基础和根本保障。截至 2020 年 3 月，LME 在 33 个获认可的交割地点共设有 550 多个核准仓库，覆盖了全球绝大部分的金属消费地、供应集中地和流转中心，可以很方便地让市场参与者在供应过剩时通过交易所进行交割变现，在供不应求时从交易所仓库里提取库存。因此，LME 的库存数据是全球基本金属基本面变化的“晴雨表”。

中国企业参与 LME 交易活动由来已久，最早可以追溯到 20 世纪 90 年代[②]。

LME 的仓库体系有以下特点：

- 第一，仓库所有权不归属 LME，具体的经营活动由不同的仓储公司负责。LME 负责前期对仓库的位置、仓储公司及具体仓库的审核与批准，仓库在获核准之后，日常的管理与运作包括仓库的盈亏完全由各自的仓储公司承担。之后，LME 对其批准的仓库进行持续审计，以确保它们继续符合其规定的标准。此外，仓库公司有义务雇用经

① 有关 LME 的市场及其运作详见本书第 6 章〈伦敦金属交易所 —— 全球工业金属交易及定价中心〉。

② 资料来源：LME。

批准的独立第三方审计师进行年度百分之百的库存盘点。

- 第二，LME 对仓储公司的批准要求严苛，除了对仓储公司的资本实力的要求外，还对仓储公司的管理能力和经验有严格的要求，只有具备相当资本与素质的仓储公司，才能满足 LME 严苛的要求，成为其仓储运营商。目前 LME 的仓储公司基本都是一些从事金属仓储多年、具有丰富经验、信誉良好的专业机构[①]。
- 第三，只有获得 LME 批准通过的仓储公司才能申请在交收点设立核准仓库。LME 还对交收点仓库的物流设施、管理人员经验、出入库及库存规模都有相应的要求。
- 第四，LME 成立了一个仓储委员会。该委员会由核准仓库的代表所组成，强化了 LME 与仓储公司之间的关系，满足各自的要求，实现了双赢，这有助于 LME 巩固其作为全球基本金属商品交易中心的地位。

LME 全球仓储体系的进化历程对内地大宗商品交易的发展具有很好的启示意义。通过完善商品交割仓库，将现货和期货的“距离”拉近，可以更好地支持实体经济的发展，对争取形成大宗商品的人民币定价机制有积极的意义。

表 2　LME 的全球仓库地点

区域	地点	
美国	1. 马里兰州巴尔的摩 2. 伊利诺斯州芝加哥 3. 密西根州底特律 4. 加利福尼亚州洛杉矶	5. 阿拉巴马州莫比尔 6. 路易斯安那州新奥尔良 7. 肯塔基州奥文斯伯勒 8. 俄亥俄州托莱多

① 资料来源：“A detailed guide to the London Metal Exchange”，载于 LME 网站，2018 年 .

续表

区域	地点	
欧洲	1. 比利时安特卫普 2. 德国不来梅 3. 德国汉堡 4. 意大利热那亚 5. 意大利里窝那 6. 意大利的里雅斯特 7. 荷兰莫而狄克 8. 荷兰阿姆斯特丹	9. 荷兰鹿特丹 10. 荷兰弗利辛恩 11. 西班牙巴塞罗那 12. 西班牙毕尔巴鄂 13. 瑞典赫尔辛堡 14. 英国赫尔 15. 英国利物浦
亚洲	1. 南韩釜山 2. 南韩光阳 3. 南韩仁川 4. 日本名古屋 5. 日本横滨	6. 中国台湾高雄 7. 马来西亚柔佛 8. 新加坡 9. 马来西亚巴生港 10. 阿拉伯联合酋长国迪拜

中国内地在改革开放的新形势下，内地大宗商品期货市场的对外开放是一项十分重要而紧迫的战略任务。以目前主力“引进来”的对外开放模式过程漫长，在相当长时间内恐怕难以承担起增强国际定价话语权的重任。内地商品期货市场要在新一轮对外开放中有担当有作为，就需要双方向、多路径积极推动对外开放，通过“引进来”和“走出去”相结合，将投资者、交割仓库、价格与国际市场打通，从而帮助中国企业提升参与国际竞争的能力。

其中之一可以考虑的可行方案是允许 LME 在内地批准仓库成为其核准交割仓库，这将有力推动境内外的基本金属交易中心相互融通，增强内地与海外市场的价格互动，协助内地大宗商品期货市场更好地发挥服务实体经济的功能，加快提升中国的国际定价权。如果在中国内地引入国际认可的交割仓库，还可以积累经验，为将来内地交易所的交割仓库“走出去”做准备。在内地设立 LME 核准仓库后，中国企业在平等参与国际定价、降低交割成本、便利实物交割的同时，也能熟悉和进入国际交割网络体系；内地的交割仓库也能了解和掌握按国际标准认可的仓库的管理模式，所有这些都为将来中国的企业走出去、交割仓库走出去乃至中国的大宗商品期货市场走出去做好准备。

3. 总结

基本金属大宗商品交易市场不仅仅是提供基本金属交易的场所，其完善的仓储物流体系与仓单质押融资机制，以及有效的中央清算系统，既是最重要市场基础设施和市场健康有序发展的保证，也是对服务产业客户、服务实体经济的重要基石。有效健全的大宗商品市场的基础设施和交易支持机制应该有利于资源的有效合理配置，从而有利于市场和行业有效降低交易成本。这些考虑对发展中的、并趋于国际化的中国内地基本金属市场尤其重要。

展望未来，中国内地基本金属行业的平衡发展，提高对资源和环境的利用效率，需要内地客户更好地利用国际期货市场实现风险管理，也需要中国内地期货交易所在促进实体经济发展、推进供给侧结构性改革方面发挥更积极的作用。LME 在国际有色金属市场中的影响力源于其服务产业经济的发展战略，这对中国内地商品期货市场有重要的借鉴意义。

14

香港交易所大宗商品市场

—— 连接内地与全球的互联互通平台

香港交易及结算所有限公司

大宗商品发展部

摘要

本文载述香港交易及结算所有限公司（以下简称“香港交易所”）怎样计划成为全球主要大宗商品市场交易平台。为达到这个目标，香港交易所收购伦敦金属交易所（LME）、设立前海联合交易中心（QME），并致力开发新产品及联通基础设施。

近年来，香港交易所成功推出黄金期货、基本金属期货及黑色金属期货。香港交易所也拟将“沪港通”及“深港通”（合称“沪深港通”）的模式套用于大宗商品交易及结算，透过连接 LME 及 QME 来接通内地与国际大宗商品市场的定价。香港交易所推出了会籍互惠安排，以鼓励 LME 的会员与香港期货交易所（简称“期交所”，香港交易所的附属公司，为衍生产品交易所）的参与者，共同支持香港交易所衍生产品市场推出大宗商品产品。香港交易所于 2019 年推出 LME 金属小型期货，标志着香港与伦敦互联互通（“伦港通”）的第一步。此外，香港交易所也与多家机构（特别是内地机构）签订了一系列合作备忘录，为内地大宗商品市场与国际大宗商品市场无缝接轨做好准备。

1. 香港交易所大宗商品市场的特殊地位

1.1 香港交易所如何定位为内地及全球市场的平台

香港交易所的大宗商品策略集中于两方面：“走出去买”和“走进来建”。对外，香港交易所于 2012 年成功收购具有 140 年历史的伦敦金属交易所（LME），踏出收购国际金融基础设施的第一步。对内，香港交易所实行以中国为中心的战略，与内地监管者和市场机构紧密合作，并利用香港的特殊地位，务求搭建一个扎根内地、服务实体、守法合规的全新大宗商品现货交易平台，期望它能打通金融与实体经济联系的管道。因此，设立前海联合交易中心（QME）成为了香港交易所大宗商品发展战略中重要的另一步。

香港是全球人口最稠密的城市之一，缺乏可促进大宗商品交易的发展环境及传统背景。我们要发展大宗商品市场必得另辟蹊径，务求应对香港的现况、善用本地优势并且满足本土需求。因此，香港交易所开始探求“两条腿并行”的“双赢”大宗商品策略：“期货”策略——与内地交易所“互联互通，互挂互惠”；以及“现货”策略——买入现成而具备所需专业的平台，再建立内部实物交收设施。

“走出去买”和“走进来建”战略的最终目标，是透过香港在亚太区的特殊地位，将从外收购回来的平台与内部自建的平台有效接通，并利用香港的国际金融基础设施促进内地大宗商品市场国际化，以达到国际大宗商品定价移向东方。这对中国“一带一路”倡议也至关重要。“一带一路”倡议涉及超过60个国家，预计十年内中国与这些相关国家的交易量将达2.5万亿美元[①]，当中大部分会涉及大宗商品资源，发展潜力极其庞大。对内地来说，如何有效管理大宗商品价格波动造成的风险也将直接影响到“一带一路”倡议下的许多具体项目的推进。香港及伦敦都是“一带一路”沿线的两大国际金融中心。若能成功实行上述“双赢”策略，香港交易所将可结合伦敦与香港方面的国际经验，满足中国实体经济的需求。

1.2 香港交易所为成功发展成为大宗商品市场互联互通平台所作的举措

香港交易所大宗商品业务近年最重大的发展包括：（1）于2012年收购LME；及（2）于2018年设立QME。两者均是对应互联互通机制及“买入及建立”策略所作的重大举措。

1.2.1 收购LME

LME是全球工业金属的主要定价中心，全球超过80%的有色金属期

① 资料来源：“China's Xi: Trade between China and Silk Road nations to exceed $2.5 trillion”（〈习近平：中国与丝绸之路沿线国家交易额将达2.5万亿元以上〉），《路透》，2015年3月29日。

货合约均于 LME 平台买卖[①]。金属定价一直是 LME 的核心功能之一。各大宗商品的主要基准价格（包括 LME 官方价及 LME 收市价）均是于 LME 交易日固定时段在伦敦的“交易圈”（公开喊价交易大堂）进行买卖时所“发现”的价格。交易圈的公开喊价历史悠久，可追溯至 1877 年，至今仍维持极高成交量。

经慎重评估及广泛咨询后，香港交易所于 2012 年成功收购 LME。收购 LME 有两大原因。其一是 LME 位于欧洲及美国市场交易时区，又是离岸美元融资中心及领先的货币市场。其二是香港交易所是领先的离岸人民币交易中心，又是亚洲市场交易时区的衍生产品交易所。

这次收购是香港交易所建立大宗商品平台的重要举措，尽管未能解决发展自身大宗商品交易及结算平台时遇到的所有困难，但也至少踏出了第一步，向全球宣示香港也能成为世界级的大宗商品交易中心，为中国内地大宗商品市场参与者提供迈向国际化的渠道。尽管 LME 位于伦敦，与亚洲有不小的时差，但透过 18 小时运作的 LME 电子交易系统，LME 早市时段与亚洲午市时段重叠，而 LME 涉及亚洲的交易活动每年都有增加。源自亚洲的交易量越大，就越需要于亚洲交易时区内发现价格，以反映亚洲的供需情况。

香港交易所收购 LME 后的第一阶段工作主要集中于优化 LME 现有的亚洲业务。在这一阶段，金融投资或基础设施重整不多，但香港交易所进行了不少工作去将 LME 的交易平台变得更简便及符合亚洲客户的需求。其后于 2013 年，中国台湾高雄港成为第九个 LME 认可的亚洲交收地点，其他亚洲交收地点位于新加坡、马来西亚、韩国及日本。2014 年，香港交易所首次与 LME 合作推出会籍互惠安排。在有关安排下，若干 LME 会员也成为香港期货交易所（以下简称“期交所”，是香港交易所旗下衍生产品市场的营运者）的合资格参与者，令两边相互交易更为简易。此项计划将继续进行，有关会籍互惠安排的详情于下文另有分节介绍。

策略的第二阶段是建立香港交易所开展新篇章所需的基础设施。这一阶

① 资料来源：LME。

段所需的时间及成本更多，但回报不限于财政上，也体现在战略方面。其中一项主要投资是设立 LME Clear（LME 的结算所）。在 LME Clear 的设立之前，LME 须透过外部结算所进行结算，因此无法完全控制自身发展步伐，尤其是推出新产品的速度及灵活性。在设立 LME Clear 之后，LME 的结算流程完全自主，向市场推出新产品可以加快之余，也为 LME 带来结算收入。此外，在 LME 信息技术方面的发展由当时的外判模式转为交回公司内部自行营运发展，这除了提升效率外，还将 LME 的信息技术转化为战略资产。

第三阶段是吸纳更多客户。这一阶段的策略包括实现产品的跨境上市及跨地区授权交易安排，并与其他大宗商品市场主要参与者及机构建立战略合作关系（当中基于内地市场的规模及其对国际化的需求，内地大宗商品市场的主要机构将是我们的主要合作伙伴之一）。透过这些合作关系，我们的发展由基本金属开始，进一步拓展至其他大宗商品。自收购 LME 后，香港交易所前后推出了多只产品，包括：离岸人民币计价的 LME 金属小型合约、双货币（美元及离岸人民币）计价的黄金合约、铁矿石期货合约，以及于 2019 年推出的以美元计价的伦敦金属期货小型合约。

1.2.2 设立 QME

深圳与香港相邻，在中国改革开放进程中各有其特殊任务及优势。中央政府于深圳设立“前海深港现代服务业合作区”，为深圳及香港提供紧密融合的平台。前海也是中国国家主席习近平于 2012 年中国共产党第十八次全国代表大会后视察广东的第一站。习近平主席特别下了政策指示，指前海要“依托香港、服务内地、面向世界”[①]。在 2019 年全国人民代表大会及中国人民政治协商会议期间，总理李克强提出须研究及制定“粤港澳大湾区”发展规划，以进一步促进及深化粤港澳合作关系。

然而，作为国家经济发展规划的主要地区之一，华南地区仍缺乏全国性的大宗商品交易市场。经过多年的准备，在深圳市政府的支持下，香港交易所与前海金融控股有限公司合作，充分利用前海的特殊政策优势，共

① 资料来源：前海深港现代服务业合作区管理局网站（http: //gh.sz.gov.cn）。

同创立 QME。

QME 自创立以来，一直与监管机构及行业客户积极探讨政策执行及深度合作方案，希望利用香港交易所的独特优势，建立一个扎根内地、连接世界的大宗商品现货平台。这也是首次有香港的主要金融基础设施实体于内地设立金融平台。

QME 于 2018 年 10 月 19 日正式开业，开市首日的交易品种为氧化铝。首宗现货交易是国有中国铝业公司中铝国贸与厦门象屿以每吨人民币 3 030 元的价格成交 3 000 吨氧化铝，录得内地市场首个基于实际成交的氧化铝现货基准价格。

经过数年间的探索及改进，QME 已有能力应付大宗商品现货及实体经济市场。未来透过科技、跨境安排及融资等方式，QME 将建立标准化的资产类别，让企业可取得资金解决集资方面的困难，并借助现在已属香港交易所旗下的 LME 所带来的东西方协同效应，逐步达到将 QME 打造成全球大宗商品人民币定价中心的战略目标。

QME 既要借鉴先前 LME 的经验服务于实体经济和产业客户，又绝对不能完全抄袭，必须契合中国国情。QME 就是要创造性地借鉴 LME 服务实体经济的经验，服务内地实体经济，培育以机构客户（尤其是中小企业）为主的现货市场。具体而言，QME 准备先建立可靠的仓储及便利的物流，建立 LME 式的交收仓库网络及行业信用，然后围绕企业需求，为大宗商品用户、贸易商、物流商和金融中介等各方提供安全、高效的大宗商品现货交易、融资、仓储物流及供应链管理等一系列综合服务。另外，QME 将创新服务模式，以尽量降低企业的资金成本及交易成本（特别是降低中小企业套期保值的成本），并为企业提供更个性化的服务。

2. 平台的发展前瞻

2.1 战略性产品的开发

除了最近推出的黄金、基本金属及黑色金属的期货合约外，香港交易所将继续引入其他资产的合约，务求涵盖与亚洲大宗商品市场中各类交投活跃的相关资产，令市场产品组合一应俱全。

除商品期货外，香港交易所也考虑推出或正积极开发其他可供买卖的商品衍生产品以及各种形式的 Delta-1 产品[①]，以期帮助包括生产商和消费者在内的各种商品行业参与者有效率地对冲商品风险。

2.1.1 黄金

香港交易所于 2017 年 7 月 10 日推出实物交收的美元黄金期货及人民币（香港）黄金期货合约（统称“黄金合约”）。

此黄金合约是世界首对双币黄金期货，在香港以实物交收，备有全球交割机制，并符合由中国内地及全球投资者认可的千克金条标准。黄金合约的对象主要是：（1）实物市场参与者，例如黄金冶炼厂、制造商及珠宝商等需要对冲金价风险的人士；（2）金融业参与者，例如银行及基金利用衍生产品市场与其黄金相关投资产品联系挂钩；（3）套利者透过在岸与离岸市场之间的价格差异进行买卖，并就汇价及利率差异部署其他交易战略；及（4）其他可能有意涉足黄金交易的投资者及交易商。

凭借自由市场和转口港贸易中心的背景，香港是黄金运往中国内地的主要通道。

中国内地拥有极其活跃的现货金交易市场，是世界主要金市之一，因中国是世界上最大的黄金消费国[②]及进口国 —— 2018 年该金属的进口量约为 1 500 吨（相等于全球进口量的三分之一）[③]。虽然至 2019 年 9 月香港在中国黄金进口所占比例已跌至 40%左右（主要由于香港政局动荡），

① Delta 是用来量度金融衍生品对标的资产价格变化的敏感度。Delta-1 产品就是 Delta 值等于 1 的金融衍生品，反映按百分比计算，衍生品价格的变动幅度是直接追踪标的资产的价格变化。

② 资料来源：“中国黄金消费量连续 6 年全球第一”，《新华网》（http://www.xinhuanet.com），2019 年 1 月 31 日。

③ 资料来源：〈消息人士指：中国放宽黄金进口限制〉（“China eases restrictions on gold imports: sources”），《路透》，2019 年 8 月 22 日。

但在2012年至2016年，香港所占的比例平均维持在60%左右[①]。对现货黄金的主要需求来自香港的邻近城市——深圳占中国珠宝销售总额近70%[②]。香港毗邻内地，与深圳尤近，在服务内地黄金市场方面具有无可比拟的优势。

同时，香港是全球最大的离岸人民币中心[③]，在促进人民币国际化方面有着独特角色。香港推出双币黄金合约正是实现这一目标的踏脚石。

香港交易所推出黄金合约的战略价值如下：

- 推出全球首只双币黄金期货，使香港黄金市场同时包含活跃的实物市场和衍生产品市场，从而提升香港作为主要黄金交易中心的地位；
- 吸引香港、内地、亚洲其他地区以及西方时区的投资者参与，以期建立香港公斤金条的亚洲基准价格并增强亚洲的商品定价能力；
- 推出香港历史上首只实物交收的商品期货，有助于香港交易所建立其实物交收的力量。

香港交易所于2019年6月24日推出6只以美元及离岸人民币（香港汇率）计算的黄金期货指数（以下简称“黄金指数”系列），包括“超额回报指数”、“总回报指数”及“现货指数”，作为准备推出更多贵金属衍生产品的关键第一步。此系列指数旨在独立、透明及适时地追踪香港市场的金价变动情况。指数追踪美元及人民币（香港）黄金期货合约的价格，以2017年7月10日为基准，并根据国际证监会组织（IOSCO）的金融市场基准原则编算及管理。这些指数可作为未来发展相关交易所买卖基金（ETF）及/或ETF期权产品的标的指数。

经过大量市场研究，香港交易所准备推出更多新产品，例如白银期货和各种形式的黄金衍生产品，以扩大贵金属产品系列的现有版图。

① 资料来源：〈香港黄金市场在政治动荡中黯然失色〉（“Hong Kong gold market losing shine amid political unrest”），《路透》，2019年9月13日。

② 资料来源：《香港贸发局经贸研究》（http://china-trade-research.hktdc.com/business-news/article/中国消费市场/中国珠宝首饰市场概况/ccm/tc/1/1X000000/1X002MMK.htm）。

③ 香港于2019年6月的人民币总存款达人民币6 278亿元，为全球最大离岸人民币业务枢纽。资料来源：〈财智汇港〉，香港金融发展局单张，2019年9月。

2.1.2 基本金属

香港交易所于 2019 年 8 月 5 日推出以美元计价的伦敦铝、锌、铜、镍、锡及铅期货小型合约（统称为“美元伦敦金属期货小型合约”），作为同一批商品的现有人民币伦敦金属期货小型合约（分两批于 2014 年 12 月及 2015 年 12 月推出）的配套产品。

全球对基本金属的需求持续激增，增幅主要由中国近数十年的经济扩张所带动。1983 年至 2018 年期间，中国国内生产总值的年均增长率前所未有地达到 9.7%[①]，相信中国已成为大多数基本金属的全球最大消费国。需求上升在结构上推动了近几年实物金属和相关期货合约的价格上涨。在芝加哥商品交易所（CME）和 LME，基本金属合约的交易量也有稳定增长[②]。基本金属市场的交易形态（原本由传统实物市场参与者主导）也已彻底改变。正如美国商品期货交易委员会（CFTC）官网上发布的“CFTC 交易人持仓报告”所指出，现时活跃于这类资产交易活动的金融投资者、专业交易商和资金管理人越来越多。

基本金属期货在全球场外市场都交投活跃，另外在某些交易所 [例如 LME、CME、上海期货交易所和印度多种商品交易所（MCX）] 也有挂牌上市。香港交易所于 2012 年收购 LME 后也初步推出这些基本金属产品，以利用 LME 的品牌和会员网络及其受全球实体市场广泛认可的基本金属 LME 参考定价机制。美元伦敦金属期货小型合约旨在为在亚洲时区投资以美元计价的基本金属的用户提供额外的交易机会。

金属期货小型合约的每手买卖单位较小（相对 LME 的标准基本金属合约而言），并且是可以现金结算。每手买卖单位较小主要是希望这个传统上以大型实物市场参与者或机构交易者为主的市场会有多一些散户参与。为了鼓励 LME 会员及其客户参与，期交所与 LME 推出会籍互惠安排，让 LME 会员或期交所参与者申请成为对方交易所的参与者或会员时可获得

① 资料来源：世界银行数据（https://data.worldbank.org）。

② 可参阅美国期货业协会的统计数字。

豁免大部分费用。

2.1.3 黑色金属

黑色金属是商品市场中的基础性产品，种类广泛，可分为铁矿石、钢、焦煤和金属废料等产品类别，全为非标准化产品。各类别产品又涵盖多个产品类型。现时，全球衍生产品市场在每个产品类别都只提供几种主流产品，而市场参与者对期货市场推出非主流产品的需求却不断上升。中国是最大的铁矿石进口国和钢材生产国①。中国每年的大量黑色金属进出口，引发了实物和金融市场参与者对使用衍生产品进行对冲、套利或投机的强烈需求。

香港交易所 2017 年推出第一只黑色金属产品 —— 铁矿石期货（TSI CFR 中国铁矿石 62% 铁粉期货），便是其进军黑色金属市场战略的第一步。透过适当的专设激励计划和市场促销活动，全球专业投资者在此市场的交投日益活跃，有助积累流通量。同时，通过积极伙拍合作伙伴在中国内地和南亚市场进行营销和业务发展，在 2019 年于该市场进行买卖的交易所参与者和实物市场交易者数量有所增加。在 2019 年，香港交易所与内地的多家报价机构（包括上海钢联）签署了备忘录，准备进一步涉足商品市场，把握其他黑色金属产品的潜在机遇。详情见下文第 2.2 节。

2.2 基建联通

2.2.1 LME 与 QME 的平台联通

按香港交易所的集团策略，过去的工作主要是通过海外买（LME）与内地建（QME）奠定了全球商品策略的基石，未来十年则要开始加速联通内地与海外商品市场。未来我们需要努力复制“沪深港通”模式实现商品交易通和清算通，通过产品互挂及建立价格基准等方式让内地商品市场和国际商品市场的价格接轨，加快内地在岸实物交割的国际化进程。同

① 2018 年，中国铁矿石总进口量为 10.644 亿吨，粗钢产量为 9.283 亿吨（占全球粗钢总产量 18.084 亿吨的一半以上）。资料来源：世界钢铁协会，2019 年 3 月资料。

时，我们也希望利用科技帮助重塑中国内地大宗商品市场的交易和融资生态。

2.2.2　会籍互惠安排

会籍互惠安排（RMA）是于 2014 年 11 月首次推出，旨在鼓励更多 LME 会员成为期交所参与者，以配合支持香港交易所于 2014 年 12 月推出的大宗商品产品（即人民币（香港）伦敦铝、铜及锌期货小型合约）。RMA 最初为期一年，于 2015 年再延长多一年。在该两年间，收到数份通过 RMA 成为 LME 会员及期交所参与者的申请。

根据 RMA 的原有条款，LME 与期交所豁免对方交易所会员或参与者申请成为期交所参与者或 LME 会员的首年年费及手续费。RMA 于 2019 年再度推出，基准与之前大致相同（见表 1）。重推 RMA 正符合香港交易所开发大宗商品业务的策略，包括推出以美元计价的伦敦金属（铝、锌、铜、镍、锡及铅）期货小型合约（已于 2019 年 8 月 5 日推出）等新产品及其他可与 LME 产品产生协同效应的大宗商品产品。

为了鼓励 LME 会员及其客户积极参与新推出的美元伦敦金属小型期货合约，从而扩大准入、提高流动性并促进国际参与度，申请加入期交所的 LME 会员或其联属公司将可获期交所根据 RMA 条款豁免其参与者费用。另外，LME 也在同一时期推出其 RMA，对申请加入 LME 的期交所参与者或其联属公司豁免会员费。

有更多 LME 大宗商品交易商成为期交所参与者，相信会有助于联系伦敦和香港市场。参与者同时拥有 LME 和期交所的会籍，他们和客户在产品之间进行套利以及管理风险等都会更加容易和妥当。可进入期交所市场的 LME 会员也能够以庄家或流动性提供者的身份，为美元伦敦金属期货小型合约提供合理的基本金属价格。

RMA 安排仅涵盖期交所和 LME 的交易所参与者费用，而不包括期交所及 LME 结算参与者费用。就期交所参与者的申请而言，费用豁免将适用于以下申请：期交所视作完备（指已提交所有相关证明文件者），并附有证据（如适用）证明其期交所参与者的申请和其于证券及期货事务监察委员会（简称“香港证监会”）第2类牌照的审批均正在处理中。所有其他申请成为参与者的现行标准和费用保持不变。

表1 RMA概要

交易所	推广期	会员费用豁免	合资格申请人
期交所	2019年7月29日至2022年7月29日（包括首尾两日）	期交所交易权费用（一次性）：500 000港元[①]；及交易所参与者首年年费：6 000港元	任何LME会员或其联属公司
LME		LME会籍申请人[②]申请使用下列服务的首年（年度）年费（包括每项服务的手续费（如适用））：（i）LME第1至5类会员；（ii）LMEprecious一般清算会员、个人清算会员以及非清算会员；及（iii）已注册的中介经纪人	任何期交所参与者或其联属公司

注：①期交所一次性交易权费用方面，此计划的合资格申请人将支付1港元名义费用，而非500 000港元。

②LME会员申请资料载于LME网站（https://www.lme.com/CN/Access-the-market#tabIndex=0）。

2.2.3 “伦港通”

香港交易所推出伦敦金属期货小型合约可说是朝着“伦港通”迈出了第一步。这批小型期货合约源自LME的产品，参照的是LME基本金属合约的细则，是亚洲时区首批同类产品， 将丰富和涵盖亚洲及伦敦时区的基本金属交易。接下来的第二步，LME正考虑实行“账簿交接”（pass the book）的模式，让期交所与LME两边的市场参与者能透过若干协议安排而在两个时区接续买卖及对冲仓盘。最后一步则包括发展真正的“互联互通”计划，让期交所与LME的买卖盘记录真正“互通”。

2.2.4 签署合作备忘录以发掘更多机遇

承接香港交易所三年策略下的“互联互通”计划，进一步延伸大宗商品业务策略，香港交易所前后与四家中国报价机构及业界组织签署四份合作备忘录，它们分别是上海有色网信息科技股份有限公司（以下简称“上海有色网”）、北京安泰科信息股份有限公司（以下简称“安泰科”）、上海钢联电子商务股份有限公司（以下简称“上海钢联”）及无锡市不锈钢电子交易中心，都是基本金属或黑色金属业的信息及指数服务供货商（见表2）。

表 2　2019 年香港交易所与专业大宗商品服务供货商签署的合作备忘录

合作备忘录签署方	日期	地点	业务范围
上海钢联	2019 年 5 月 7 日	香港	铁矿石及其他黑色金属
安泰科	2019 年 5 月 24 日	北京	铝及基本金属
上海有色网	2019 年 10 月 30 日	伦敦	基本金属
无锡市不锈钢电子交易中心	2019 年 5 月 7 日	香港	不锈钢及其他钢材

我们与上海有色网签署合作备忘录，是希望建立战略合作关系，进一步推动双方在金融和大宗商品领域的发展，最终提升中国内地大宗商品价格的国际影响力。据市场参与者反映，上海有色网的指数广受内地市场认可，若在香港推出合适的对应衍生产品，全球客户将有机会接触到中国的相关资产。

与安泰科签署合作备忘录旨在进一步拓展双方在有色金属现货市场领域的广泛合作，共同推动中国内地有色金属现货价格的国际化进程。

与无锡市不锈钢电子交易中心签署合作备忘录是为了加强长效沟通合作机制，推动双方在金融和大宗商品领域的业务发展。

与上海钢联签署合作备忘录是希望提高中国内地大宗商品价格的国际影响力。香港交易所一直在研究开发以中国相关资产为标的的产品设计，丰富旗下大宗商品的产品组合，务求令现货市场参与者获取真实的市场价格，也为金融参与者提供最有效的平台执行其投资策略。

透过与业内的内地伙伴（像签订上述合作备忘录的机构）合作结盟，香港交易所进一步建立其在中国内地的网络和资源。

我们也正与内地各交易中心积极探索商机，寻求将互联互通策略扩展至大宗商品板块。

3.　总结

香港交易所集团开始部署大宗商品方面资产业务的发展策略之前，亚洲区的大宗商品消费者及制造商主要经伦敦、纽约及芝加哥的相应基准合约对冲实物市场的风险，以致亚洲交易时段内都要面对重大的基准风险及流动性风险。中国近数十年来不断壮大发展，时至今日已成为全球大宗商品的最大消费国，在这种情势下，拉近亚洲现货与衍生产品市场之间的差距已是香港交易所有必要处理之事。

香港交易所“走出去买、走进来建”的“两条腿并行”策略（即海外并购及设立直接与内地互联互通的“商品通”）预期可发挥香港自身的国际金融基建优势，大力推进中国大宗商品市场国际化，继而促进国际大宗商品转来东方市场定价。

2012 年对 LME 的收购令香港交易所能直接进入全球公认的工业金属定价中心。随后 LME 将交易平台合理化、在台湾设立交收港以及与期交所订立 RMA 等，令亚洲客户接触 LME 的机会增加不少。

及至 2018 年成立 QME，更是香港交易所迈向设立一个立足中国、连接全球的大宗商品现货交易平台的重要一步。

另外，香港交易所平台上一再推出新的大宗商品产品，也进一步推动中国与其他亚洲区用户的互联互通。以美元及离岸人民币计价的 LME 金属期货小型合约有助于亚洲贸易商对冲，以及让亚洲投资者有更多交易机会；实物交收的黄金合约（也是双币计价合约）可迎合中国内地这个全球最大金市的需求，有助于推动人民币国际化的进程；而铁矿石期货则可为市场提供对冲中国内地（世界最大铁矿石入口国兼产钢国）的铁矿石现货市场的高效工具。

此外，香港交易所又与中国报价机构和业界组织签署合作备忘录，加强合作，推动各方在金融和大宗商品领域的共同发展，希望最终提升中国内地大宗商品价格的国际影响力。

所有这些（以及未来更多的）举措，都是希望建立并巩固香港交易所的互联互通平台的地位，以有效连接内地与全球大宗商品市场。

促进大宗商品现货与期货交易良性互动、更好地服务实体经济

在当前全球贸易格局转变、金融市场动荡加剧、新冠肺炎疫情的冲击等背景下，全球大宗商品市场不断呈现新的发展趋势。

第一，在全球货币宽松潮下，地缘政治及贸易争端引发避险需求攀升，导致全球大宗商品市场波动加大，新的风险管理需求不断涌现，商品类期货合约成为国际金融市场新的增长动力。第二，大宗商品衍生品呈现明显的多元化特征，新的合约标的不断推出，特别是与中国、亚太经济活动紧密相关的新型能源、金属合约，近年来陆续在全球各主要交易所挂牌，为进一步打通东西方大宗商品市场、满足实体经济在全球范围进行风险管理提供新的金融工具。第三，在新兴市场国家崛起的大背景下，中国需求对国际大宗商品价格的影响力不断提高。中国现已成为铁矿石、铜、镍、煤炭、棉花等主要大宗商品的最大消费国，中国经济增速对国际大宗商品价格走势已起关键性作用。第四，中国内地市场开放的创新举措持续推进，原油期货、精对苯二甲酸（PTA）期货、铁矿石期货与 TSR20 橡胶期货被列为境内特定品种，陆续开放给境外参与者交易，使得中国市场对价格的把控能力逐步提升，内地与国际价格之间的互动关系从被动接受国际定价逐步转而向国际输出中国定价。因此，在环球金融体系发生巨变的大背景

下，大宗商品市场参与者需要对中国境内外的大宗商品体系进行全面审视，不仅要了解现货市场，还需要了解中远期市场和相关衍生品市场；不仅要对当前全球大宗商品市场的金融创新进行深入考察，还需要重新审视内地市场会在未来全球大宗商品体系中建立的主导地位。

这正是我们着手准备组织编写这本《探索中国与全球大宗商品市场的互动新模式：从现货到期货》图书的初衷。全书从“全球大宗商品市场的格局”、“内地与香港大宗商品市场的演变”和“大宗商品现货与期货市场的互联互通”三个维度，对中国境内外大宗商品的多个板块进行了深入分析。在相关题材领域中，相信本书是市场上第一本系统介绍中国境内外大宗商品市场的专著，同时覆盖了香港、伦敦和内地多个大宗商品市场。在这个领域内，伦敦金属交易所（London Metal Exchange，简称 LME）与前海联合交易中心（Qianhai Mercantile Exchange，简称 QME）接受邀请介绍各自的市场与发展。为了向市场分享有关国际大宗商品市场发展的第一手经验和行业见识，我们也邀请了于大宗商品市场具有丰富业务经验的国际专业人士协作完成各章节。

在图书内容方面，本书覆盖了从现货到期货，从金属、能源到农产品等不同商品形态，让内地与海外市场参与者对整个大宗商品市场的宏观系统和金融生态圈获得整体的认识。另外，本书还有专门章节探讨内地与海外大宗商品市场“互联互通”的各种金融创新模式，如中国内地可通过与香港、伦敦的合作实现的市场开放，伦敦、香港的商品业务可进入内地市场，以及伦敦和香港之间的业务合作等，为市场参与者了解内地与国际在大宗商品市场的互联互通模式提供了创新性的观点。最后，本书特别介绍了香港在大宗商品市场的战略性布局和独特地位。香港交易所通过收购 LME 涉足国际大宗商品市场，又于内地的深圳前海设立 QME，将 LME 的国际标准、发展经验融入内地的大宗商品现货市场，并拟利用与内地联通的独有优势开辟内地大宗商品市场的发展新路径，冀望香港在这一领域的探索创新可以对内地大宗商品市场国际化有所裨益。

本书第一篇“全球大宗商品市场的格局”从国际视野角度出发，为读者展现了全球大宗商品现货及衍生产品市场的全景画面。首章由香港交易所集团总裁李小加主笔，系统介绍了香港交易所在收购 LME 及在内地建立 QME 的总体布局和发展理念，以及如何支持内地大宗商品市场国际化进程的构思。

大宗商品覆盖了金属、农产品、能源等多个领域的现货和期货市场，关系国家基础资源建设，但内地市场参与者及政策制定者对相关的国际市场操作和市场结构还相对陌生。因此，本书第一篇还邀请了上海有色网信息科技股份有限公司、中粮期货有限公司、花旗环球金融亚洲有限公司、LME 等机构，分别就国际市场的金属、农产品市场等的发展现状与实务操作等范畴撰写章节进行具体阐述，加上香港交易所首席中国经济学家办公室关于全球大宗商品衍生产品市场的一章，让读者更全面了解国际大宗商品的现货与衍生产品市场的最新发展和实际操作。

作为全球第二大经济体，中国已经成为全球最大的商品生产国和消费国之一。如何进一步提高内地对于大宗商品的定价能力，吸引国际机构更为活跃地参与内地市场交易是其中一个重要条件，而让海外市场参与者更多地了解中国内地的大宗商品市场是引导国际机构参与的关键因素。为此，本书的第二篇“内地与香港大宗商品市场的演变”首两个章节介绍了内地大宗商品市场的整体发展历程、交易品种、对外开放、现货与期货的关联等方面，相信内地大宗商品期货市场通过不断开放，将进一步增加市场流动性，吸引境外机构参与，可为亚洲时区经济活动提供商品价格指标。同时，本篇另有章节专门介绍了香港的大宗商品市场，特别是期货市场的产品与具体操作，以及其为香港作为国际金融中心可努力的发展方向。

本书第三篇“现货与期货市场的互联互通”，围绕大宗商品现货与期货市场的联通，以及内地大宗商品市场与全球互联互通的创新途径而展开。本篇首章对全球大宗商品现货及期货市场的互动做一概览，阐述了大宗商品期货市场对现货定价等经济活动的重要性。本篇同时邀请了 LME、QME 和香港交易所大宗商品发展部分别阐述他们在中国内地大宗商品市场的发展路途上可以扮演的独特角色，介绍了可利用伦敦（LME）、香港和内地平台（QME），将 LME 交易延伸至亚洲时区，拓展亚洲时区大宗商品现货价格发现能力的愿景。此外，由香港交易所首席中国经济学家办公室撰写的一个章节，分析打通市场基础设施如仓储网络对大宗商品期货与现货市场联系的重要性，有助于改善内地市场现有的“现货弱、远期强”的行业发展痛点，并为期货市场夯实基础，形成真实有效的中国现货价格基准。在内地大宗商品市场国际化的进程中，香港作为中国接通国际金融市场的大门，大可担当大宗商品市场“超级联系人”的角色，以进一步增加内地大宗商品期货市场与全球市场的互动。

在此，我要特别感谢香港交易所集团总裁李小加先生对本书的鼎力支持并为本书撰写了第一章，分享了他对内地大宗商品市场国际化发展的深刻洞察和行动战略。同时，香港交易所的大宗商品发展部、合规团队、法务团队、企业传讯团队、翻译团队等相关部门在本书的编撰过程中鼎力协助，使本书得以成功出版。我们也有幸各相关交易所及市场专业机构接受邀请为本书撰写文章。最后，本书的出版发行得到了中国金融出版社的专业配合出版，在此一并表示诚挚的谢意！

推进内地大宗商品市场国际化，有许多可供选择、各具特点的开放路径。既可通过“引进来”吸引全球相关企业与投资者积极参与，促使中国大宗商品价格得到国际市场的广泛关注和使用；也可以通过 LME、QME、认证仓库的建设，提升内地的现货交易能力，更好地服务内地实体经济；还可以通过商品市场的互联互通，打通大宗商品期货与现货跨境交易网络，从而多措并举共同推动内地大宗商品市场的国际化。这些不同的开放方式可以适用于不同的群体，也各有优势。在此市场逐步开放的过程中，希望本书的出版能为市场带来更多有益的专业观点和思考。

基于全球大宗商品市场发展的内在逻辑，本书尝试将大宗商品的现货与期货市场作实务对接，书中缺点错漏在所难免，敬请广大读者批评指正。

巴曙松　教授

香港交易及结算所有限公司　首席中国经济学家

中国银行业协会　首席经济学家

2020 年 5 月

绿色环保从我 [illegible] 丛书

远离雾霾

唐在林 主编

化学工业出版社

·北 京·

《绿色环保从我做起丛书》用趣味漫画诠释科普知识，传达全新的科学学习理念，教会孩子用科学的方法探索知识，感知自然的奇趣、科学的奇妙，激发青少年的好奇心和想象力，养成科学的思维方法。

《远离雾霾》通过生动有趣的漫画和深入浅出的文字，向读者介绍了气象基础知识、雾霾对人体健康的影响、正确应对雾霾、重点关注人群防护、国家应对雾霾的举措及几款常用的护肺养肺药膳等内容。

《远离雾霾》旨在普及环境知识，倡导环保理念，适合所有对环保感兴趣的读者和青少年阅读。

图书在版编目（CIP）数据

远离雾霾 / 唐在林主编．—北京：化学工业出版社，2015.9（2020.1重印）
（绿色环保从我做起丛书）
ISBN 978-7-122-24779-7

Ⅰ．①远… Ⅱ．①唐… Ⅲ．①空气污染－污染防治－青少年读物 Ⅳ．① X51-49

中国版本图书馆 CIP 数据核字（2015）第 176214 号

责任编辑：刘兴春　卢萌萌　　装帧设计：尹琳琳
责任校对：宋　玮

出版发行：化学工业出版社（北京市东城区青年湖南街 13 号　邮政编码 100011）
印　　装：北京虎彩文化传播有限公司
710mm×1000mm　1/16　印张 $7\frac{1}{4}$　字数 150 千字　2020 年 1 月北京第 1 版第 3 次印刷

购书咨询：010-64518888　　售后服务：010-64518899
网　　址：http://www.cip.com.cn
凡购买本书，如有缺损质量问题，本社销售中心负责调换。

定　　价：29.8 元

《远离雾霾》编写人员

主编： 唐在林

参编人员：

王旅东	白雅君	刘　培	齐丽娜
陈江宁	何　影	李　健	张期全
范小波	郝晓雨	高英杰	夏新明
黄智鹏			

前言

当“雾里看花”成为每日生活的常态，雾霾已经成为中国许多地区挥之不去的阴影。雾霾与每个人的健康都息息相关，一时间中国多地区雾霾污染问题成为舆论沸腾、万众揪心、全球关注的焦点！同时也反映出我国广大公众对雾霾天气、对细颗粒物污染尚缺乏科学、清醒的认识，因而也缺乏理性、积极的应对措施和行动。

那么，什么是雾霾？个人应该如何科学和积极地应对雾霾？为了满足读者对雾霾的求知愿望，帮助读者认识和了解雾霾，特编写了这本《远离雾霾》。本书主要内容包括：气象基础知识、雾霾对人体健康的影响 、应对雾霾、重点关注人群防护、国家应对雾霾的举措及未来工作及几款常用的护肺养肺药膳。

《远离雾霾》通过生动有趣的漫画和深入浅出的文字，旨在普及环境知识，倡导环保理念，适合所有对环保感兴趣的读者和青少年阅读。

在本书的编写过程中，编者认真搜集相关内容，同时参考了大量最新的文献与资料，在此对其著作者一并致谢！

限于编者水平有限，加之编写时间仓促，本书不足和疏漏之处在所难免，恳请各位读者批评指正。

编者

2015 年 8 月

目录

第一章 气象基础知识 /1

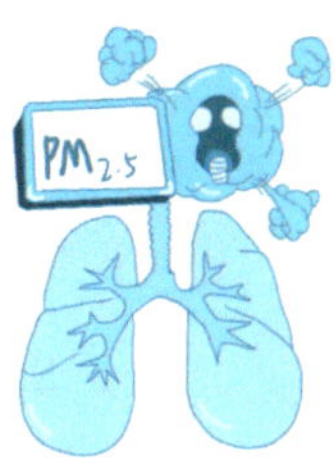

第二章 雾霾对人体健康的影响 / 26

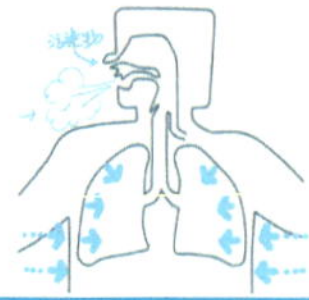

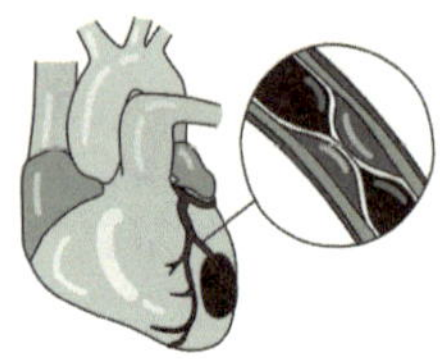

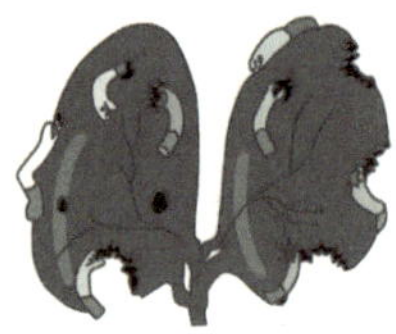

第三章 应对雾霾 / 36

空气净化器

第五章 国家应对雾霾的举措及未来工作 / 88

附：几款常用的护肺养肺药膳 / 95

第一章
气象基础知识

1. 什么是雾
2. 什么是霾
3. “雾”与“霾”的区别
4. 新气象符号——“霾”预警信号
5. 雾的预警信号等级
6. 霾的预警信号等级
7. 雾霾有哪些组成成分
8. 隐藏在空气中的尘埃家族
9. PM_{10} 与 $PM_{2.5}$
10. 形成雾霾天气的气象帮凶
11. $PM_{2.5}$ 从哪里来
12. $PM_{2.5}$ 里究竟有什么
13. 风和降水对雾霾有什么影响
14. 一天中什么时候雾霾污染最严重

1. 什么是雾

雾是由大量悬浮在近地面空气中的微小水滴或冰晶组成的气溶胶系统，是近地面层空气中水汽凝结（或凝华）的产物。

大气中因悬浮的水汽凝结（或凝华），并使目标物的水平能见度降低到 1000 米以内，这种天气现象就称为雾。

2. 什么是霾

霾是指大量细微的干尘粒等均匀地悬浮在空中，使水平能见度小于10千米、空气普遍混浊的现象。我国部分地区也将受到人类活动显著影响的霾称为灰霾。其判识条件为能见度小于10千米，排除降水、沙尘暴、扬尘、浮尘、烟幕、吹雪、雪暴等天气现象造成的视程障碍。相对湿度小于80%，判识为霾；相对湿度为80%～95%时，按照地面气象观测规范规定的描述或大气成分指标进一步判识。

3. “雾”与“霾”的区别

近年来，雾霾在我国已经成为与沙尘暴相仿的灾害性天气。尽管雾和霾都是一种天气现象，但是“雾”和“霾”是两个不同的概念。

“雾霾”是“雾”和“霾”的组合词。雾霾现象常见于城市。我国不少地区将“霾”并入“雾”，一起作为灾害性天气现象进行预警预报，统称为“雾霾天气”。雾是由大量悬浮在近地面空气中的微小水滴或冰晶组成的、使能见度降低的自然现象，是近地面空气中的水汽凝结（或凝华）的产物。当空气中的湿度较高（相对湿度高于 90%）、气温稍低、风速很小时便容易出现雾。这也是秋冬季节的清晨容易出现雾，而中午则雾容易消散的缘故。由于水

汽或冰晶组成的雾对波长不存在选择性散射，因而雾看起来呈乳白色或青白色和灰色。

由于雾是由水滴或冰晶组成的，它虽然降低能见度、影响汽车行驶或飞机起降，但是一般来说对于人体健康的影响不大（除非空气中含有较多的大气污染物）。

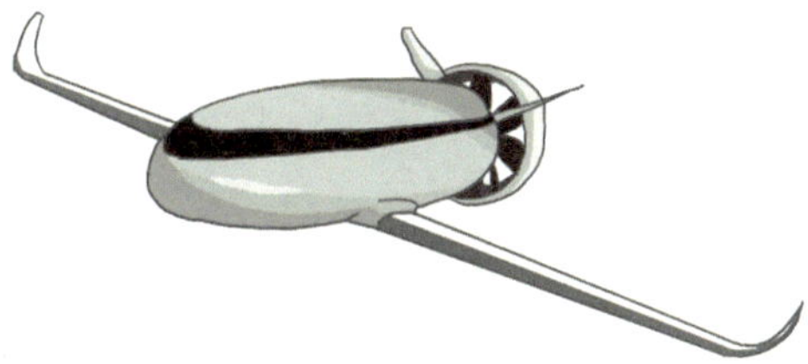

霾则是由于空气中悬浮着大量的微细颗粒物（俗称为“尘埃”）所导致的混浊天气现象，也是大气遭到严重污染而出现的混浊天气现象。霾可使水平能见度降低到 10 千米以下，甚至可降至为零。

形成霾的空气湿度并不一定很大（相对湿度低于 80%），这是雾和霾形成的气象条件的最大区别。相对湿度介于 80% ～ 90% 之间时的大气混浊、视野模糊所导致的能见度恶化是雾和霾的混合物共同造成的，但其主要成分是霾。由于霾中的微细颗粒物散射波长较长的光比较多，因而霾看起来呈黄色或橙灰色。

在有霾的天气里，由于形成霾的微细颗粒物上黏附着相当多的有毒有害化学物质，有的微细颗粒物本身就是有毒有害化学物质，因此，霾对人体健康有害。

4. 新气象符号——“霾”预警信号

中国气象局于2013年1月组织专家讨论了“霾”的强度标准，建议把“霾”分为轻度、中度、重度三个级别，并以黄色、橙色、红色表示，按照这一标准发布“霾”预警信号。

2013年1月28日，我国中东部地区出现了大范围的雾霾天气，导致空气质量持续下降。中央气象台在“大雾”蓝色预警之外，也同时发布了“霾”的黄色预警信号。从此，在中央电视台的气象预报节目里，增添了“霾”这个天气图标——“∞”。

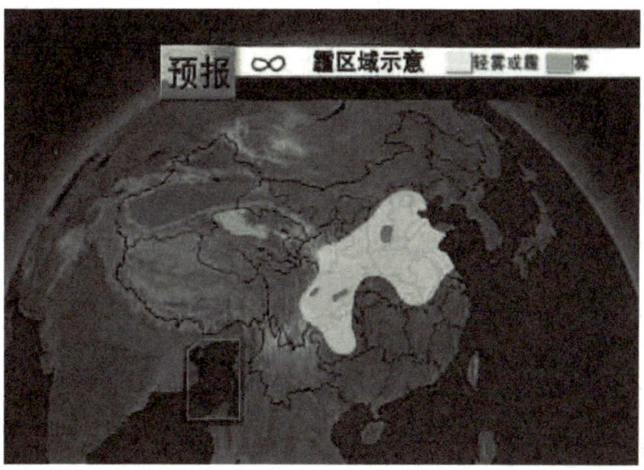

5. 雾的预警信号等级

（1）大雾黄色预警

空气相对湿度≥ 95%，200 米≤能见度< 500 米。

（2）大雾橙色预警

空气相对湿度≥ 95%，50 米≤能见度< 200 米。

（3）大雾红色预警

空气相对湿度≥ 95%，能见度< 50 米。

6. 霾的预警信号等级

（1）轻微霾

空气相对湿度≤ 80%，
5 千米≤能见度＜ 10 千米。

（2）轻度霾

空气相对湿度≤ 80%，
3 千米≤能见度＜ 5 千米。

（3）中度霾

空气相对湿度≤ 80%，
2 千米≤能见度＜ 3 千米。

（4）重度霾

空气相对湿度≤ 80%，
且能见度＜ 2 千米。

7. 雾霾有哪些组成成分

雾霾天气是雾和霾两种不同的天气现象混合在一起出现，虽然它们都是视程障碍物，但雾与霾的组成却有很大的差别。

相对霾来讲，雾的组成比较简单。雾是由大量悬浮在近地面空气中的微小水滴或冰晶雾滴组成的。

霾的组成成分非常复杂，有害物质通常大部分富集在细颗粒物（$PM_{2.5}$）上。目前已知的主要成分包括：硫酸盐、硝酸盐、铵盐、重金属、地壳物质、含碳颗粒（包括元素碳和有机碳，元素碳主要产生于高温燃烧过程，有机碳则主要来自相对低温过程的不完全燃烧产物）等。

8. 隐藏在空气中的尘埃家族

空气，也叫作大气，是指笼罩在地球外表面的一层气体，分布在距地球表面数千千米的高度范围内。空气实际上是混合物，它的成分很复杂。在空气中，除了几乎不变的恒定成分氮气、氧气以及稀有气体之外（约占 99.9% 以上），空气里还或多或少地含有极微量的灰尘等悬浮物杂质。可别小看了只在空气中占 0.1% 以下的悬浮物杂质，它们的作用可是非同小可。如果没有它们，光线就不能被散射，地球就会成为没有光的世界。然而，空气中的尘埃如果过多，尤其是含有有毒有害物质的尘埃过多，空气就变得混浊，空气质量会明显恶化。

9. PM_{10} 与 $PM_{2.5}$

“尘埃”的科学名字叫作“大气颗粒物”，“颗粒物”的英文缩写为 PM，泛指悬浮在空气中的固体和液体的微粒，是由尘埃、烟尘、盐粒、水滴、冰晶及花粉、孢子、细菌等组成的。这些颗粒物十分微细，其粒径范围从几纳米到 100 微米。人类的头发丝直径仅有 50 ～ 70 微米，也就是说，空气中最大颗粒物也比头发丝粗不了多少。

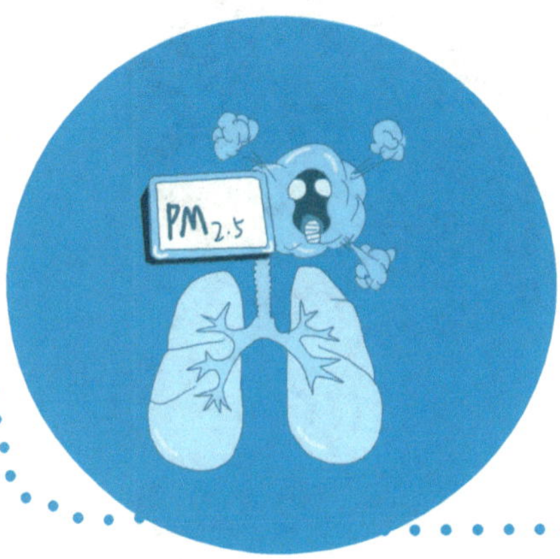

在大气颗粒物中，对空气混浊度和人类健康影响和危害最大的是粒径小于（或等于）10 微米和 2.5 微米的两类，分别叫作 PM_{10} 和 $PM_{2.5}$。它们是尘埃中的“同胞兄弟”，PM_{10} 个头儿大，$PM_{2.5}$ 个头儿特别小。

10. 形成雾霾天气的气象帮凶

大气中的 $PM_{2.5}$ 由于太小、太轻，在空气中与水滴、冰晶等均匀地混合在一起，很难沉降下来，会长久地悬浮在空气中，而且它的浓度受到气象条件与地理环境的影响，存在着明显的季节变化和地域差异特征。

一般来说，我国北方地区的$PM_{2.5}$浓度通常高于南方地区，在远离人为活动的森林和沿海地区则相对较低。

在我国各地尤其是北方城市区域及周边地区，$PM_{2.5}$ 的平均浓度在冬季最高，秋季与春季次之，而在夏季则最低。

这是由于冬天干旱少雨、风速缓慢，气象条件不利于污染物扩散，尤其是出现“逆温层”的概率很大，空气的垂直、水平流动和交换能力明显变弱，大量的 $PM_{2.5}$ 被滞留在低空大气层中，并逐渐积聚而形成霾。

而夏天潮湿多雨，降水多而频繁，有助于让雨水冲刷、夹带空气中的 $PM_{2.5}$ 沉降下来，大气中的尘埃总量会明显下降，因此，夏季 $PM_{2.5}$ 浓度较低，不易于形成霾。

由此可见，雾霾天气形成的直接原因是空气中的污染物尤其是 $PM_{2.5}$ 和雾气无法扩散。它们聚集在一个小的区域范围内，相对浓度加大，再加上空气对流较弱，因而较容易形成霾。

不过，当刮风时，空气对流明显增强，空气中的污染物尤其是 $PM_{2.5}$ 和雾气很快被风吹散，$PM_{2.5}$ 的浓度会迅速降低，大气的自净能力加强，特别是雨雪过后的晴天空气湿润，大气中的一部分污染物尤其是 $PM_{2.5}$ 会附着在雨滴或雪花上被去除；而刮风又可以明显地起到清洁空气、使大气污染物扩散的作用，因此，在刮风、雨雪天气过后，雾霾天气会很快好转。

嘟~
嘟嘟嘟~
嘟嘟~
好大的雾啊
幸好起风了！雾散开了点，不然就撞上啦
妈呀，这是哪儿啊？我开丢了！！！

11. $PM_{2.5}$从哪里来

$PM_{2.5}$的来源非常广泛和复杂，除了火山爆发、森林火灾、飓风、土壤和岩石的风化等自然因素之外，更多的是我们的经济活动与日常生活消费活动所产生的。

目前，能够被确认的$PM_{2.5}$的人为来源，包括燃料燃烧、工业烟气与粉尘、建筑工地扬尘、交通运输中的汽车尾气、人们不合理的生活消费活动等。

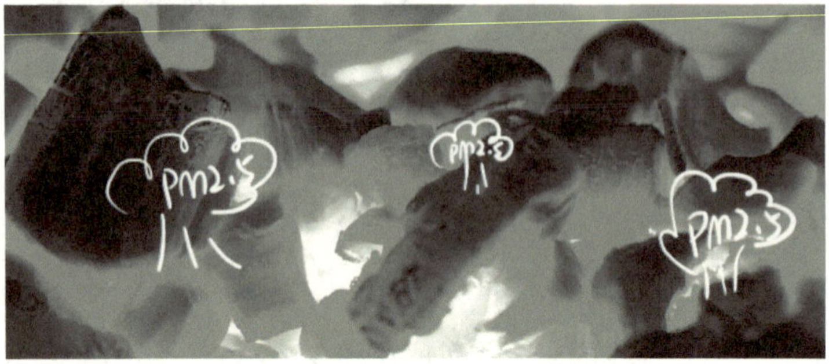

煤炭作为我主要的能源，其消费量在 2010 年达到 33.86 亿吨，超过全球煤炭消费总量的一半。这不仅会消耗掉大量不可再生的一次性能源，而且还会产生 $PM_{2.5}$ 等污染物。

由于我国大多数燃煤设施的除尘设备效率较低，一般只能脱除粒径较大的颗粒物，无法阻止像 $PM_{2.5}$ 这样小的微细颗粒物进入大气，从而形成污染。而且，燃煤所产生的烟尘中多富集着有毒有害的重金属（如铅、铬、汞等）及多环芳烃等有机污染物，容易致癌或致突变，因而对人体健康危害极大。

我国北方地区冬季取暖大多通过燃煤锅炉供热，烟尘中夹杂着大量的 $PM_{2.5}$，所以北方地区冬季的雾霾天气尤为严重。

汽车尾气污染

汽车尾气中含有大量的污染物已经是众所周知的事实，殊不知，汽车尾气中的微细颗粒物更是城市 $PM_{2.5}$ 的主要来源之一。

其中，柴油车的尾气中超过 92% 是直径 2.5 微米以下的微细颗粒物，原油燃烧排放气体中 2.5 微米以下的微细颗粒物更是占到了 97%！此外，汽车的燃油，尤其是含硫量较高的汽油和柴油，以及汽车运行中车轮对地面尘土的反复碾压磨碎，更是加剧了 $PM_{2.5}$ 的产生量。

建筑工地扬尘

扬尘泛指产生于地球表面风蚀等自然过程，以及道路、农田、堆积场和建筑工地等人为产生的颗粒物。其中，建筑工地扬尘、裸露地的扬尘与道路扬尘也是 $PM_{2.5}$ 的主要来源之一。据监测和研究，仅在北京地区，扬尘占全市 $PM_{2.5}$ 产生量的 10% 左右。

燃煤污染

毫无疑问，工业生产中所产生的烟气和粉尘同样是大气中 $PM_{2.5}$ 的主要来源之一。其中，燃煤锅炉和工业窑炉，以及冶金、建材、化工、炼焦、有色金属冶炼、水泥、砖瓦等行业所排放的烟气和粉尘，是大气中 $PM_{2.5}$ 的主要来源。

12. $PM_{2.5}$里究竟有什么

$PM_{2.5}$不仅颗粒度极其微小，能够长期悬浮在空气中，而且其组成十分复杂，包含的化学成分多达数千种。

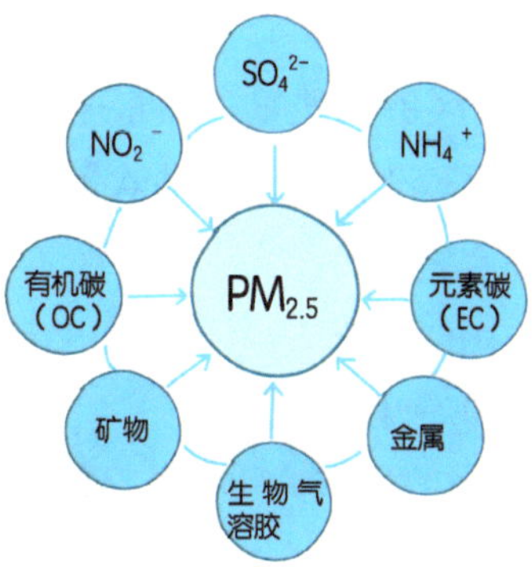

产生$PM_{2.5}$的物质，有些自身就是各种各样的环境污染物的微细尘粒；有些则是大气中的微小水滴所吸附的这些污染物。由于$PM_{2.5}$中的污染物多是有毒有害化学物质，有些甚至还是具有致癌、致畸、致基因突变（俗称为“三致”）的，因而一旦被吸入肺部，对人体健康的伤害特别大。

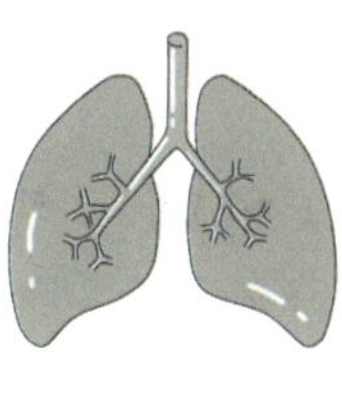

13. 风和降水对雾霾有什么影响

大风可吹散污染物，有助于雾霾的减轻

城区的雾霾比郊区更为严重，其最主要原因就是城区里的建筑物减弱了风速。由于没有大风帮助吹散污染物，导致污染物不断累积，从而加剧雾霾天气。大风可以吹散空气中的污染物，如悬浮颗粒及有害气体等，会使空气质量有所提升，也能适当减轻雾霾。

降水可以稀释空气，有助于雾霾的消散

出现霾时空气会相对干燥，空气相对湿度通常在 60% 以下。究其成因是由于大量极细微的尘粒、烟粒、盐粒等均匀地浮游在空中，使得空气的水平能见

度极低。而降水则可吸附空气中的悬浮颗粒，使其直接降落地面，从而在一定程度上起到净化空气的作用，同样也能适当减轻雾霾。

14. 一天中什么时候雾霾污染最严重

据环保部门监测的数据显示，清晨 5 时至上午 10 时的雾霾污染最严重。午后污染物的浓度值会逐渐下降至谷底，然后夜间又逐渐上扬，直至次日的清晨，呈一个周期性的变化。因此，建议大家不要在此时间段外出晨练，尤其不要剧烈运动，应尽量减少外出，即使必须外出时也要佩戴好口罩。

简单来说，造成这个时间段雾霾严重最主要的原因有以下两点。

受逆温现象影响

大气逆温变化通常是从夜间开始，清晨达到最大，然后逐步减退，直到中午左右消失。而逆温现象会严重影响大气污染物的扩散能力，导致空气污染物的累积，从而使得雾霾的污染程度也就随着逆温现象出现规律性的变化。

受污染物集中排放影响

早晨是污染物排放的集中时段。各种饮水炉灶集中排放污染物，而机动车和行人出行密集，尤其是机动车的尾气排放量较大，废气污染和扬尘污染都比较严重。

第二章
雾霾对人体健康的影响

1. $PM_{2.5}$对健康的危害不可小觑

$PM_{2.5}$对健康的影响与危害是多方面的。

由于$PM_{2.5}$属于可入肺颗粒物，一旦被吸入肺部，长期作用可使部分支气管和肺泡的换气功能下降和受损。尤其是那些吸附着有害物质的$PM_{2.5}$会刺激或腐蚀肺泡壁，削弱呼吸系统的防御功能，引发支气管炎、咽喉炎、肺气肿和支气管哮喘等呼吸道疾病，甚至会使心肌缺血、心肌梗死、心力衰竭、心律失常和脑卒中等心脑血管疾病发生风险增高。

研究表明，大气中 $PM_{2.5}$ 的日平均浓度每升高 10 微克 / 米 ^{3}，肺癌死亡率会增加 8%。

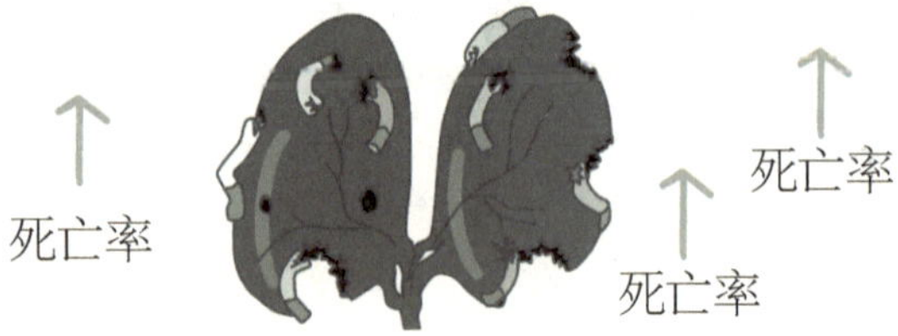

2. 雾霾天与呼吸系统的关系

毫无疑问，雾霾对人体的危害首当其冲的便是呼吸系统。雾霾天的空气中含有大量的污染物和致病微生物，会对我们的呼吸系统造成强烈的刺激，容易引发各种呼吸道疾病，如反复咳嗽、哮喘、慢性阻塞性肺病等。因此，不少老年人、患有呼吸系统疾病的人在雾霾天气里经常遭遇到呼吸系统病变和病情反复的困扰。

3. 雾霾天与结膜炎的关系

霾的主要成分是空气中的灰尘、硫酸、硝酸等颗粒物。当这些物质附着在人的眼睛黏膜上时，就有可能引起角膜炎、结膜炎，或加重患者角膜炎、结膜炎的病情。概括来说，其症状表现为眼睛干涩、酸痛、刺痛、红肿和过敏等。一般结膜炎的患者，视力不受影响，检查可发现眼睑红肿，睑结膜充血、乳头滤泡增生，球结膜周边性充血，有时水肿及结膜下出血，结膜囊内有分泌物，严重者需要到医院进行专业治疗。

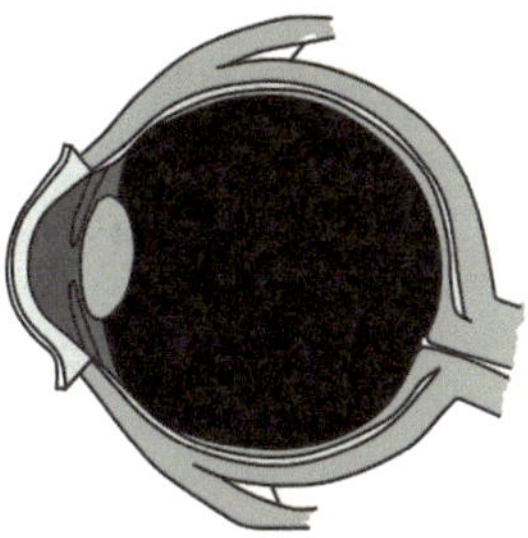

在雾霾天气里，老年人、用眼频繁的青少年和对着电脑的上班族最有可能被结膜炎困扰，因此，这类人群尤其要注意用眼卫生和保护好眼睛。

4. 雾霾天如何保护眼睛

雾霾天尽量不要佩戴隐形眼镜。因为隐形眼镜的镜片容易附着灰霾中的刺激物，且不容易被清理，比一般眼镜更容易让眼睛“受伤”。此外，隐形眼镜镜片阻碍泪液的流动性，加之镜片上附着的颗粒物，就极有可能造成结膜刺激物集聚而引发炎症。所以，在雾霾天气里最好佩戴传统眼镜出门，这样有助于抵挡部分颗粒物对眼睛的伤害。

在阴霾天气里外出，回家后还要记得清洗眼睛，以减少细菌、颗粒物附着在眼结膜上。那么，该如何清洗眼睛呢？可以使用保健眼药水，以增加眼结膜表面的光滑度并稀释附着于其上的刺激性物质。此外，用煮沸的水，待凉后清洗眼睛也是一个好方法。但值得注意的是，煮沸的水待凉过程中务必做好防护措施，避免更多的空气细菌掉落到水里，以防引起眼睛的二度感染。

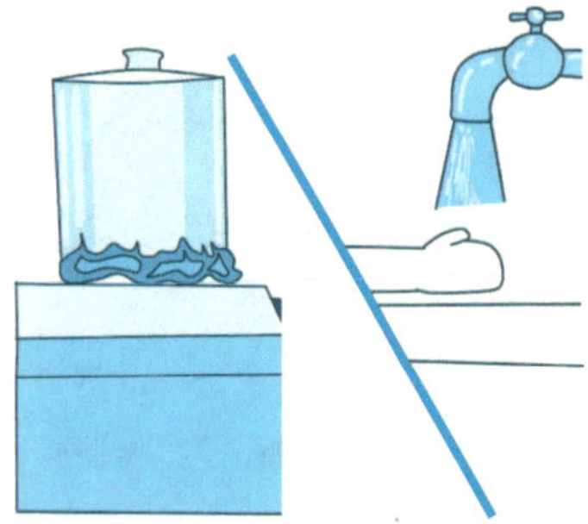

5. 雾霾天与心脑血管的关系

雾霾天气里各种污染物明显增多，会随着人体呼吸进入身体里。当这些污染物附着在血管内壁时，就会产生血液流动缓慢的现象，从而导致动脉粥样硬化斑块的发生，影响心脑供血，引起胸闷、气短、心慌、头晕等症状，甚至导致原有的心脑血管病病情复发或恶化。

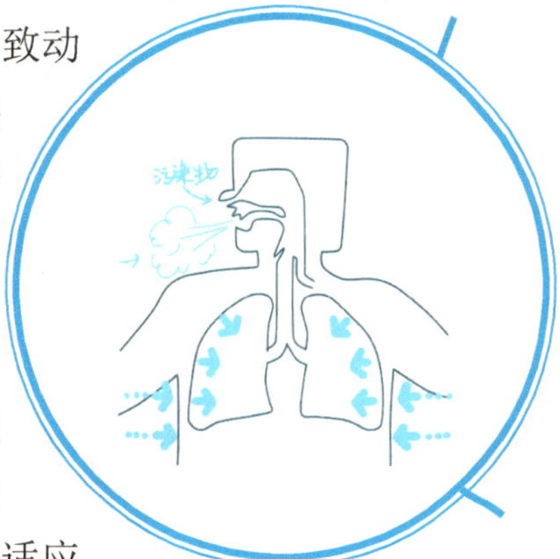

我们知道，雾霾天气多发在潮湿寒冷的日子。潮湿寒冷的雾气突然被吸入温暖的人体时，体内的血管无法适应突如其来的低温刺激，很容易发生血管痉挛。血管痉挛会使血管腔变狭窄，阻碍血液通过。此外，潮湿的气体还可以使血管内已经有斑块的患者发生斑块破裂，形成血栓堵塞血管，彻底切断心脑血液供应，严重者可导致休克和死亡。

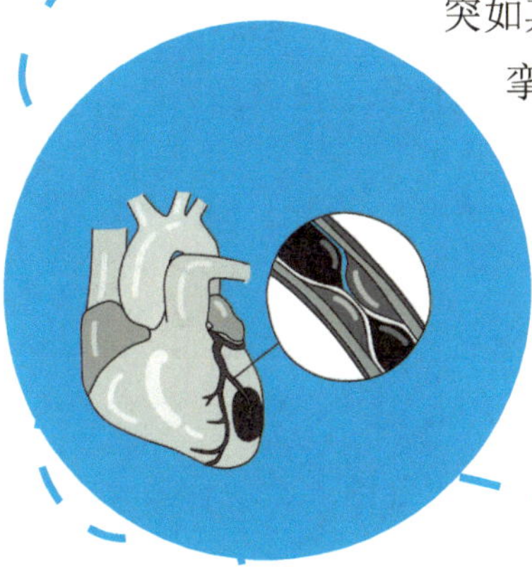

6. 雾霾天多吃“一氧化氮”

最新研究表明，一氧化氮（NO）是保护心脑血管疾病患者的明星物质。研究发现，一氧化氮能够扩张血管，帮助控制血液流向人体的各个部位，以起到保持血管清洁、预防卒中、维持正常血压的作用，有效减轻心脏负担，从而达到预防心脏病的效果。那么，如何获得一氧化氮呢？

从饮食中摄取一氧化氮对心脑血管疾病患者具有重要意义。在我们日常的食材中，水果和蔬菜中一氧化氮的含量比较高。此外，瘦肉、鱼、虾、贝类、薯类、豆类及其制品、坚果、蛋类、橄榄油中都富含一氧化氮。当然，为了防止摄取的量不足，心脑血管疾病患者还可以在医生的指导下选择富含一氧化氮的保健品。

7. 雾霾比香烟更容易钻入肺部

雾霾中含有各种对人体有害的细微颗粒，有毒物质达 20 多种，包括酸、碱、盐、胺、酚及尘埃、花粉、螨虫、流感病毒、结核杆菌、肺炎球菌等，这些有毒物质在雾霾中的含量是普通大气水滴的几十倍，其中，$PM_{2.5}$ 的危害尤其大。

我们知道，$PM_{2.5}$ 是指大气中直径小于或等于 2.5 微米的颗粒物。这类物质可直接被人体吸入肺部，由于其穿透力强，并黏附在人体上下呼吸道和肺叶中，不仅易引起鼻炎、支气管炎等病症，长期来看还会诱发肺癌。所以，当我们吸入 $PM_{2.5}$ 的时候，多数有害物质残留在肺叶中，而香烟里的有害物质（如尼古丁等）会随着吐气把部分带出体外。因此，从进入人体后残留的程度上看，$PM_{2.5}$ 的残留物所占的比例高于香烟。

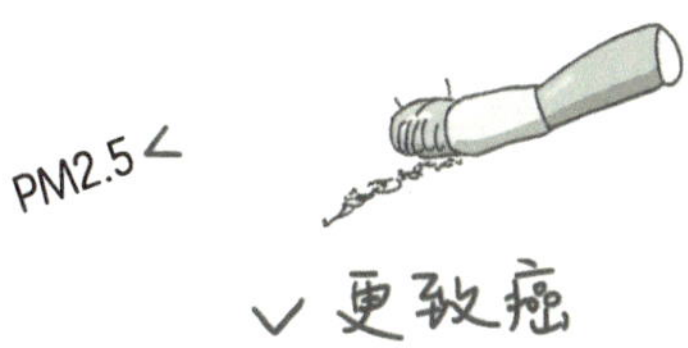

如果从有害物质的成分上分析，$PM_{2.5}$ 和香烟的关系是包含和被包含的关系。室内 $PM_{2.5}$ 的主要来源是香烟，当然还有大气中的各种污染物。毫无疑问，香烟所含的致癌成分要比 $PM_{2.5}$ 少得多。

8. 长期雾霾天易诱发心理问题

在灰蒙蒙、伸手不见五指的雾霾天气里，还要去上班确实是一件令人沮丧的事。可是，躲在家里也未必就有好心情。心理学家研究发现，持续 3 天以上的雾霾天气就容易诱发人们的各种负面情绪。

产生郁闷情绪

在雾霾天气里，受到低气压的影响，多数人的心情都是压抑的。有的人觉得心口发闷，心里堵着一口气，无处发泄。有的人则干脆躺在床上一动也不动，干什么都没兴致，缺乏动力。在这样的天气里，如果还遇上节假日，那么情绪就更会跌至谷底。

产生逃离冲动

在雾霾天气里，有的人会时刻感到胸口好像憋着气，呼吸不顺畅，进而对现实环境产生失望的情绪，常常有种想逃离的想法。心理学家认为，这是雾霾的低气压导致人体生理产生的反应，进而诱发心理疾病。同时，心理学家也指出，人们产生想逃离现状的根本原因并不是因为雾霾，而是因为人们对自己的现状感到不满意，希望逃避自己的现状，而雾霾天气只是表面的诱因。

以上是雾霾天气影响人们心理的三个层次，从浅到深，大家不妨对照一下，当发现自己也有类似的情绪时就要及时进行心理疏导。如在雾霾天要注意多与亲友交流，注意转移注意力，饮食宜清淡，多听听音乐，让自己的身心适度放松，为坏情绪开一扇窗。此外，如果这些负面情绪严重，则有必要及时去医院诊治。

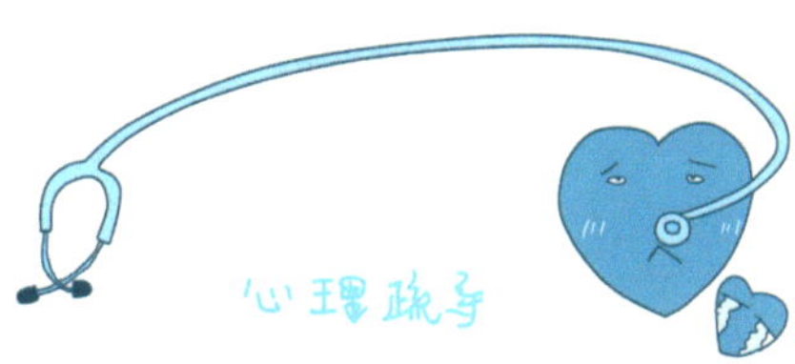

第三章
应对雾霾

1. 选择什么样的口罩

雾霾对人体的侵害主要是在户外，所以出行最有效的防护用品就是口罩。对于选购口罩，大家一定要具备基本的常识，因为有些口罩商利用大众对于雾霾的无知和恐惧，在商品上加入伪科学的元素，大肆夸张口罩的效果。例如，商家打着活性炭过滤片的招牌吸引消费者。事实上，活性炭吸附的主要是有害气体，而 $PM_{2.5}$ 要远远小于气体分子，因此，活性炭对于雾霾根本就是无效的。所以，口罩选购不能马虎，否则戴着劣质的口罩却照样吸着 $PM_{2.5}$，同样危害健康。

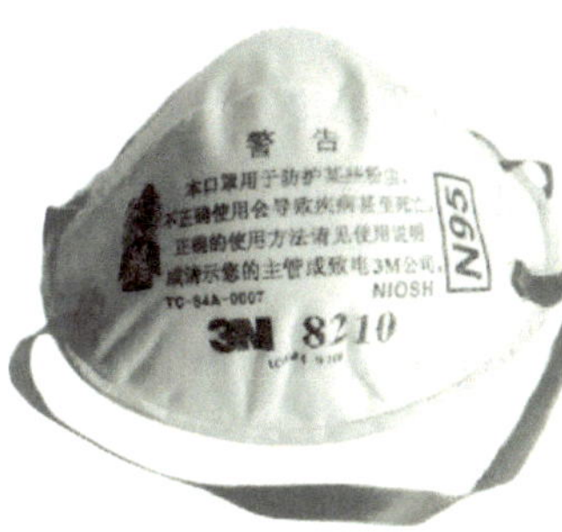

到底什么样的口罩才真正有效呢？首先，要看包装及产品本身上是否标有明确的、已认可的口罩执行标准，如“N95”“KN95”“FFP1”。雾霾的所有成分都属于非油性颗粒物，因此这类口罩才能有效防霾。例如，N95 的口罩可以达到过滤率≥ 95%，一般大众选此类口罩即可。

下面推荐几款优质的防霾口罩：

品牌 :3M 口罩
生产国 ：韩国
适合对象：
适合大众

品牌 :Kowa 三次元口罩
生产国 ：日本
适合对象：适合大众

品牌：重松口罩
生产国 ：日本
适合对象：
适合大众

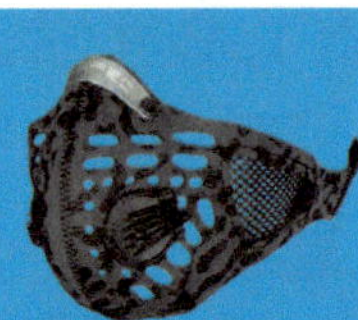

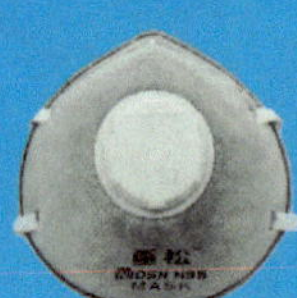

品牌 :respro 口罩
生产国 ：英国
适合对象：骑行者

注：①戴眼镜的人士，因佩戴口罩会使眼镜有轻微起雾现象，推荐使用带有排气阀的口罩。老人、患有呼吸系统疾病或者心血管疾病者也适合此款口罩，在呼吸上会感觉舒服些。

②防霾口罩一般是针对六岁以上人群使用的，若用于婴幼儿，需看口罩说明。

2. 如何正确佩戴口罩

雾霾天，要注意口罩佩戴方法，否则不仅易导致口罩防尘效果差，还容易使人出现气闷、眩晕等问题。下面介绍口罩的正确佩戴步骤。

第一步：

将口罩固定带每隔 2 ～ 4 厘米拉松。

第二步：

戴上口罩，将固定带分别置于头顶及脑后。

第三步：

按压口罩边上的金属条使口罩贴合自己的脸型。

第四步：

检查口罩的密闭性，轻按口罩并进行深呼吸。

在做最后一个步骤的时候，要求呼气时气体不从口罩边缘泄漏，吸气时口罩中央略凹陷。符合以上两点要求，才能判断为正确佩戴了口罩。

3. 防霾口罩不宜长时间佩戴

在雾霾天气里外出，我们应该佩戴专业的防霾口罩，以减少有害物质对呼吸系统的侵袭。不过，必须提醒的是，佩戴防霾口罩时间不宜过长，到室内后应及时取下；如有呼吸困难、头晕目眩等情况发生也应及时摘下防霾口罩，并将自己的症状及时告诉身边的人，谨防意外发生。

通常情况下，专业的防霾口罩由于透气性较差，并且佩戴者没有长期佩戴的习惯，因而容易使佩戴者产生缺氧的现象。鉴于此，非专业人士佩戴防霾口罩不宜持续超过 2 小时，如果感到身体不适，应该及时取下口罩，让自己透透气。

对于特殊人群（如儿童、老年人、孕妇、患有呼吸系统疾病和心血管疾病的人）来说，防霾口罩更是要谨慎佩戴，且佩戴时间应相对缩短，以免引发其他的负面影响。

4. 什么是空气净化器

空气净化器是从空气中分离和去除一种或多种污染物，用来净化室内空气的家电产品，又称空气清洁器、空气清新机。空气净化器可以通过吸附、分解或转化，降低各种空气污染物，有效提高空气清洁度。

空气净化器有多种不同的技术和介质材料。常用的空气净化技术有低温非对称等离子体空气净化技术、吸附技术、负离子技术、负氧离子技术、分子络合技术、光催化技术、HEPA 高效过滤技术、新一代静电式高频高压除尘灭菌技术、活性氧技术、室温催化氧化甲醛和催化杀菌等。介质材料主要有光催化剂、活性炭、合成纤维、HEAP 高效材料等。国内市场现有的空气净化器多为复合型，即同时采用了多种净化技术和材料介质。

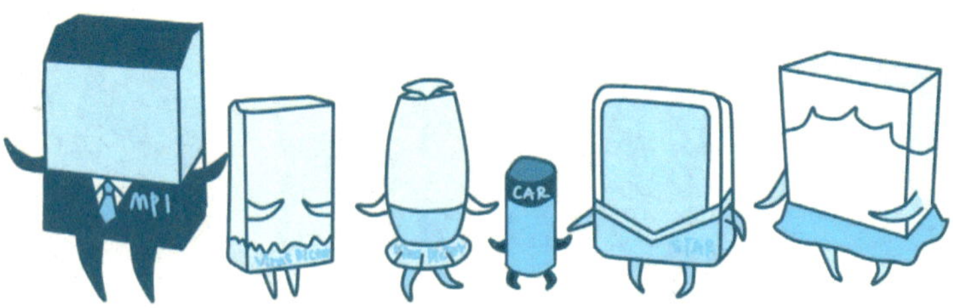

5. 空气净化器的挑选

（1）

必须保证室内空气达到一定的换气次数，即要求空气净化器内置的风机有一定的风量，保证在适用面积里每小时换气 5 次。

（2）

空气净化器的净化效率（通常用洁净空气量即 CADR 值表示）越高，表明空气净化器就越好。

（3）

购买时应考虑空气净化器的净化能力。如果房间较大，应选择单位时间净化风量较大的空气净化器。例如，30 米^{3}的房间应选择 120 米^3/ 时的空气净化器。可参考样本或说明书中的介绍来选择。

（4）

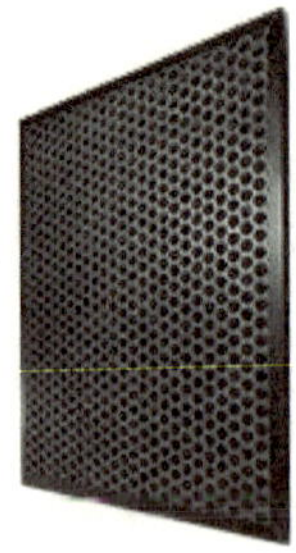

应考虑净化器的使用寿命，维护保养是不是简便。随着使用时间的增加，净化器净化能力下降，需要清洗、更换滤网和滤胆，用户应选择具有再生能力的净化过滤胆（包括高效催化活性炭），以延长使用寿命；也有些静电类产品无需更换相关模块，只要定期清洁。

（5）

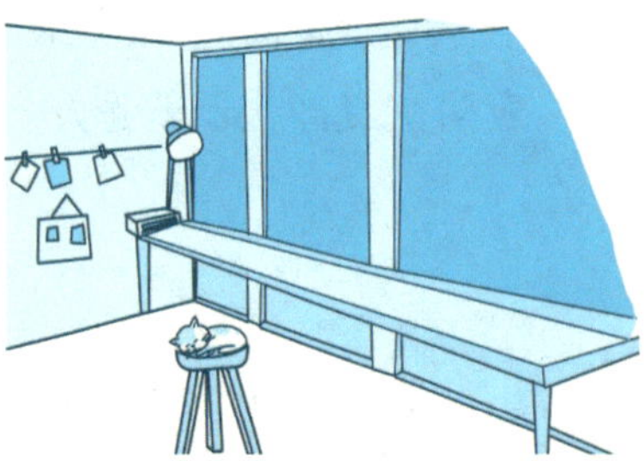

应综合考虑房间的格局与净化器的匹配。空气净化器进出口风的设计有 360° 环形设计的，也有单向进出风的。由于房间格局会影响净化的效果，若想在产品摆放上实现随意性，则应选择环形进出风设计的产品。

（6）

应考虑净化器的安全性。

6. 怎样使用空气净化器

（1）适用场所

①刚刚装修或翻新的居所。

②有老人、儿童、孕妇、新生儿的居所。

③有哮喘、过敏性鼻炎及花粉过敏症患者的居所。

④饲养宠物及牲畜的居所。

⑤较封闭或受到二手烟影响的居所。

⑥酒店，公众场所。

⑦希望享受高品质生活的人群的居所。

⑧医院。

（2）适用人群

孕妇

孕妇在空气污染严重的室内会感到全身不适，出现头晕、出汗、咽干舌燥、胸闷欲吐等症状，对胎儿的发育产生不良的影响。

儿童

儿童身体正在发育中，免疫系统比较脆弱，容易受到室内空气污染的危害，导致免疫力下降，身体发育迟缓，诱发血液疾病，增加哮喘的发病率，使智力大大降低。

办公室一族

在高档写字楼里上班是一份让人羡慕的职业。但是在恒温、密闭、空气质量不好的环境中，容易发生头晕、胸闷、乏力、情绪起伏大等不适症状，影响工作效率，引发各种疾病，严重者还可致癌。

老年人

老年人身体功能下降，往往多种慢性疾病缠身。空气污染不仅会引起老年人气管炎、咽喉炎、肺炎等呼吸系统疾病，还会诱发高血压、心脏病、脑出血等心脑血管疾病。

呼吸道疾病患者

在被污染的空气中长期生活，会引起呼吸功能下降，使呼吸道疾病患者的症状加重，尤其是鼻炎、慢性支气管炎、支气管哮喘、肺气肿等疾病的患者。呼吸纯净空气具有辅助治疗的效果。

司机

司机长时间在车内，容易缺氧，并且汽车尾气污染严重，会对司机健康造成一定的危害。

（3）若使用不当，空气净化器会变污染源

空气净化器最核心的是滤材，有的滤材“擅长”过滤花粉，有的则专门去除颗粒，如果使用不当，空气净化器也可能会变成“污染源”。每一台净化器都有若干层功能不同的滤网，如过滤网脏了，用水是无法洗干净的，必须更换。滤网最好常换，即使在空气质量较好的情况下也不能超过半年，否则滤材吸附饱和之后会释放有害物质，变成“污染源”。

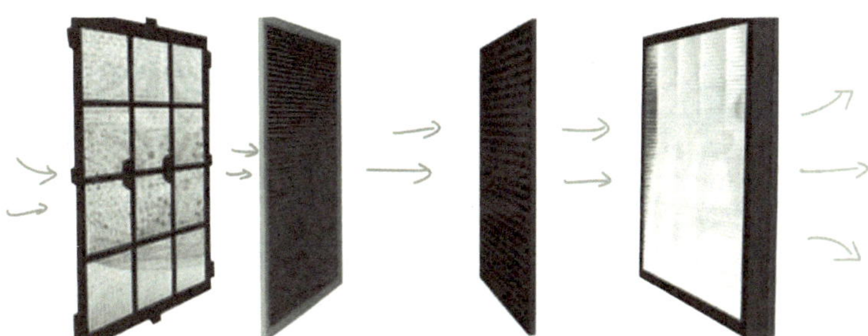

更换滤网后

7. 雾霾天饮食注意事项

饮食清淡多喝水，多吃蔬菜和水果

灰霾天空气干燥，多饮水，不仅可起到润喉的作用，同时也会加快体内新陈代谢，促进毒物的排出。

多吃新鲜蔬菜和水果，这样不仅可补充各种营养物质，还能起到润肺除燥、祛痰止咳、健脾补肾的作用，例如，梨、枇杷、橙子、橘子皮等清肺化痰的食物。少吃刺激性食物，如辣椒等。山药、白萝卜、百合、绿豆、荸荠等都是不错的润肺食物，但食用时要懂得食物的药效。还可喝些清肺、润肺的茶，如罗汉果茶、菊花茶、桂花茶、枸杞茶、黄芩贝母茶、党参银花茶等。

多吃增强免疫力的食物

免疫力是人体自身的防御机制，是人体识别和消灭外来侵入异物（病毒、细菌等），识别和排除“异己”的生理反应。面对恶劣天气和寒冷的气温，增强免疫力很重要，可多食菌类、酸奶、富含维生素 C 与维生素 A 的食物等。

8. 勤洗脸及护肤品的使用

灰霾天，空气中含有各种酸、碱、盐、胺、酚、尘埃、粉尘、病原微生物等有害物质。人体不仅会通过呼吸系统吸入灰霾中的污染物，也会通过裸露在空气中的皮肤表面吸附污染物质。长时间接触后，污染物质也可能被机体吸收。皮肤表面的油脂会吸附空气中的细小颗粒，其中包括 $PM_{2.5}$。因此，回家后，应及时脱掉被污染的衣物，清洗脸部和裸露的皮肤，最好洗个澡，将附着在身上的有害物质颗粒冲洗干净，这样可以防止 $PM_{2.5}$ 在室内的二次污染。遇到灰霾天气时，最好涂抹一些隔离霜之类的护肤品，减少皮肤与颗粒物的直接接触。

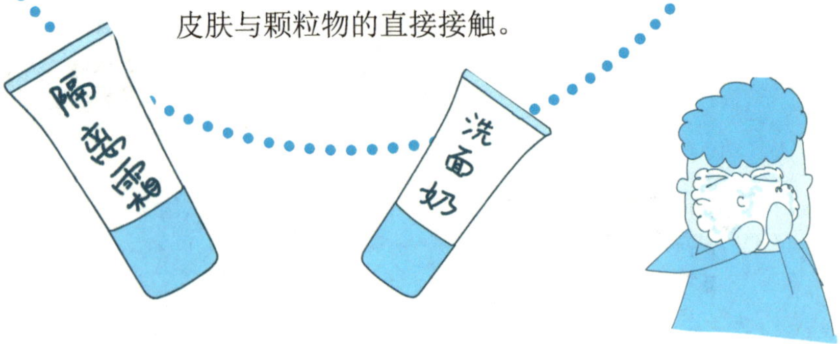

9. 吸烟是室内污染的重要源头

你或许没有意识到，吸烟是室内空气污染的重要源头。研究发现，在有人吸烟的室内，来源于二手烟的微颗粒物约占室内 $PM_{2.5}$ 总量的 90%。烟尘颗粒的粒径几乎都等于或小于 2.5 微米。因此，吸烟者一口香烟吸进去的颗粒几乎 100% 都属于 $PM_{2.5}$。

而且我们已经知道，吸进大量的 $PM_{2.5}$ 会大大提高致癌的风险。事实也的确如此，吸烟也是罹患肺癌的重要原因。

国际卫生组织公布，如果一个人吸烟指数大于 400，就可以定义为肺癌的高危人群。那么，如何判断自己吸烟的指数呢？很简单，只需将一个人每天吸烟的平均支数乘以吸烟年限即可。举个简单的例子，如果一个人每天平均吸 20 支烟，已经有 20 年的吸烟史，那么他的吸烟指数就是 20×20 ＝ 400。如果每天吸 30 支烟，已经有 15 年的吸烟史，吸烟指数就是 30×15 ＝ 450。根据计算出来的指数，我们就可以知道自己的肺部健康与罹患肺癌概率的大致关系。

此外，不仅吸一手烟会影响自己的身体健康，吸烟过程中产生的“二手烟”还会影响他人的身体健康。

“二手烟”危害表

人群	危害
宝宝（1～3岁）	刚出生的宝宝在二手烟中呼吸会很吃力，容易患上新生儿呼吸综合征；长期生活在二手烟中的宝宝，更容易患感冒、肺炎、支气管炎、哮喘等呼吸系统疾病，增加猝死、白血病的发病率；二手烟还会影响宝宝的生长发育，造成体格发育迟缓、哭闹不安等
儿童	长期吸入二手烟会影响儿童的呼吸系统发育，增加患气管炎、肺炎、哮喘的概率；二手烟影响儿童的神经系统发育，易造成智力低下；长期被动吸烟还会埋下日后的健康隐患，增加罹患心脑血管疾病的风险
女性	长期接触二手烟的女性衰老得更快，出现典型的“烟民脸”（皮肤灰暗、面容憔悴、皱纹横生）；二手烟易导致生理周期紊乱，出现月经不调、痛经、绝经期提前等不适；增加慢性阻塞性肺病、冠心病、肺癌、子宫颈癌的发病率

人群	危害
孕妇	孕妇是二手烟的最大受害者，可增加孕期患癌及妊娠合并症（如妊娠高血压、妊娠糖尿病）的发病率；二手烟中的有毒物质可通过胎盘危害胎儿发育，易造成早产、流产、发育畸形等恶果
老年人	老年人长期吸入二手烟易患冠心病、慢性阻塞性肺病、哮喘、支气管炎、肺癌等疾病；经常与二手烟接触的老年人患上阿尔茨海默病（老年痴呆症）的概率大大增加

最新研究还指出，吸烟时产生的“二手烟”和空气中的有害颗粒物会附着在人的头发、皮肤、衣服、地毯、沙发和汽车座套上，这些污染称为“三手烟”。当老人和孩子接触到这些受到“三手烟”污染的物品后，就会在无形中受到有毒物质的侵害。因此，无论是为了自己还是为了家人的健康着想，请尽快戒烟。

走啊。去赌一把？
早就不玩了！
那，来根烟？
不不，我戒了！
你怎么连烟都戒了？
戒了省钱买彩票，我还中了大奖了呢！

10. 雾霾天开窗通风有讲究

我们知道，在正常情况下，每天都应该打开窗户，让室内和室外的空气对流，使室内空气变得新鲜起来，这样更有利于我们的健康。但在雾霾天气里，室外的空气中 $PM_{2.5}$ 的浓度明显高于室内，这时候再打开窗户就会造成室内 $PM_{2.5}$ 浓度上升。可是，如果在雾霾天气里不打开窗户就会使得室内的二氧化碳浓度上升，含氧量下降。在这样的环境里超过 2 个小时，人就会产生昏昏欲睡、头昏脑胀、呼吸困难的症状。由此可见，雾霾天气里不开窗通风也不好。因此，专家提醒大家，雾霾天气里还是应该开窗通风，但要注意方法和技巧。

雾霾天气开窗要注意时间段

雾霾天气里，我们还是应该适当开窗更换室内的空气，使之含氧量增加。那么，什么时候开窗好呢？最佳的开窗时间就是看见有太阳的时候。在雾霾天气里，正午 12 时左右阳光最强，雾霾多少会散去一部分，其浓度也会降低。这时候开窗的效果最好。其次，夜间 9 时以后，感觉到有阵阵凉风时，$PM_{2.5}$ 的浓度也会随之降低，这个时候开窗也能有效地更换新鲜空气。

雾霾天气开窗要注意时长

雾霾天气里，我们开窗的时间要稍微短一些，不能像往常一样长时间保持室内外通风的状态。因此，专家建议在雾霾天气里可以选择在正午 12 时左右和夜间 9 时以后各开窗约 30 分钟，也可选择在每天每隔 2 个小时打开窗户让其通风 15 分钟。

雾霾天气不宜把窗户完全打开

雾霾天气里，开窗除了要注意时间段外，也不宜把窗户完全打开。正确的方法是将窗户开一条拳头宽的小缝，然后用风扇或通过抽风机在小缝边上抽风，把室内沉闷的空气给抽出室外。

雾霾天气最好使用空气净化器

雾霾天气里，如果家里有空气净化器，可以在关闭门窗的时候使用净化器来净化室内的空气。因为空气净化器带有过滤网，把室外空气抽送到室内的时候，已经最大程度地把有害的颗粒物过滤在网上，从而达到净化空气的目的。没有空气净化器的

家庭可以选择打开空调，开启抽湿功能，也能避免室内氧气含量低、空气不流通的现象。

雾霾天气结束后要清洁窗帘

窗帘作为室内与室外的隔离层，无论在平常的日子里，还是雾霾天气里，都是污染物袭击的首要对象。每次雾霾天气结束后，大量的颗粒污染物都会滞留在窗帘上。这时候，只要稍微一阵微风拂过，这些颗粒就会随风飘浮在我们周围的环境中，其中包括大量的 $PM_{2.5}$。因此，为了避免室内的二次污染，每次阴霾天气结束后，我们都要及时清洁窗帘，还给家人一个健康的生活环境。

11. 及时收洗干净的衣服

由于洗过的衣服在晾晒的过程中会附着灰尘和粉尘，因此应及时将洗干净的衣服收起来，这样可以减少衣物上附着的有害物质，避免增加衣服接触灰霾污染物的机会。

12. 雾霾天出行巧选时间段

在雾霾天气里，除了必须按时上下班的上班族外，其他一些人也会为了购置生活用品、办某些事情而外出。那么，这些人该如何科学选择出行的时间呢？

避开上下班的高峰期

上下班高峰期，车辆拥挤，汽车尾气排放量远远高于其他时间段。这个时候的空气质量是一天中最差的。加之，人口密度高，每个人的平均吸氧量大幅度下降，此时佩戴着口罩出门容易出现头晕目眩的情况，并非出行的好时机。因此，外出购物应该尽可能选择错开人们上下班的高峰期。

晨练晚练时间不外出

晨练时间，太阳还没彻底冲破迷雾，周围灰蒙蒙一片。这个时候的空气质量最差，$PM_{2.5}$ 的浓度最高。加之，晨练时人体需要的氧气量剧增，随着呼吸的加深，雾霾中的有害物质会更多地被吸入呼吸道，从而危害健康。因此，雾霾天中，应该在太阳出来后，约 9 时时再外出。同样，傍晚时间约 17 ~ 20 时也不太适合出行。这个时候，太阳下山，大量的雾霾再次聚集起来，加之车辆尾气的排放，使 $PM_{2.5}$ 的浓度急剧上升，这个时候出行也不利于身体健康。

大型车辆解禁时间不宜出行

大部分城市在白天是不允许通过大型车辆、泥罐车的。因为大型车辆、运载砂石和建筑材料的泥罐车经过，不仅会扬起大量灰尘，车上的建筑材料也会随之悬浮在空气中。所以，大部分城市要到晚间 10 时后才对这些车辆解禁，允许它们通过市区。而这个时间段的空气质量也会随之下降，除了 $PM_{2.5}$ 之外，还会有大量的石灰粉尘、水泥颗粒物等。在雾霾天气里，这些灰尘和颗粒物会更加难以散开，因此大型车辆解禁的时间后也是不适合出行的。

雾霾天巧选时间段出行

雾霾天气里，正午 12 ～ 13 时，下午 15 ～ 16 时是最适合出行的。这两个时间段里的空气质量相对于其他时间段要好，$PM_{2.5}$ 的值也相对比较低。其次，晚间 21 ～ 22 时这个时间段，也是比较适合外出的。

13. 雾霾天开车出行有讲究

从环保角度考虑，在雾霾天气里，要尽量少开车或不开车以降低空气的污染指数。当然，从个人安全角度出发，雾霾天气也不适合开车。首先，雾霾天气的可视范围非常小，常常容易导致事故的发生。其次，雾霾天气容易使人产生压抑的心情，从而影响开车时的判断。因此，建议大家在雾霾天气里，用搭乘公交、地铁等来代替开车。如果必须开车出行，也应特别注意以下几点。

尽量不开车窗

雾霾天气里，应尽量减少与外界空气的接触，所以尽量少打开车窗和天窗。虽然把车窗或天窗开启一条小缝隙能起到换气的效果，但这样同样会把可吸入的颗粒物带到车里，直接被人体吸入。

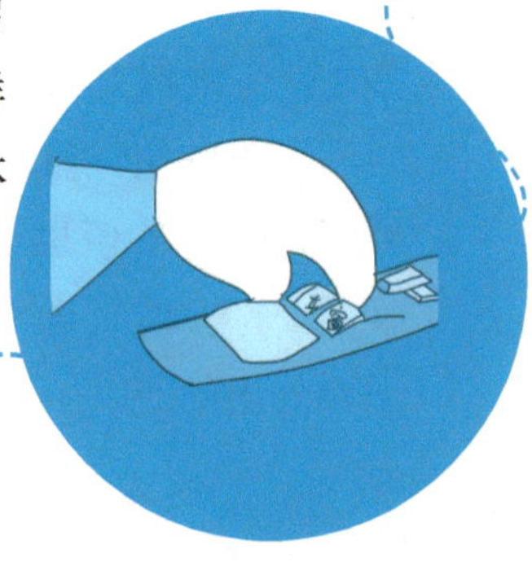

开启内循环

除了车窗，空调系统是直接与外界对接的通道，外界空气会通过空调系统进入车内影响到车内空气质量。所以，在雾霾天气中，正确的做法是将空调设定为内循环，这样可以有效减少可吸入颗粒物的进入。

打开车灯

雾霾天气，空气的能见度会比较差，飘浮在空气中的微小颗粒会阻碍视线。所以，为了自己和他人的安全，务必在行车时打开车灯，至少要打开示宽灯提示其他车辆你的位置，如果能见度非常差，则应该打开前、后雾灯。

调整开车心态

能见度差，车速变慢，交通变得拥堵。在这样的行车环境下，人很容易产生焦急、烦闷和压抑的心情。因此，应该调整好自己的心态。当车辆受阻不能前行时，不妨选播几首自己平时喜欢的歌曲以放松心情，切勿长按喇叭或加塞抢行，否则除了使心情变得更加焦急外，不会有其他任何益处。

清理空气滤芯

雾霾天气结束后，车辆应该送入专业的汽修厂里进行检修。如果不能做到这点，起码也应该及时清理一下空气滤芯和空调滤芯，以免微小颗粒沉积在滤清器上引发出气流量不畅，造成发动机瘫痪和影响空调出风等现象。

14. 雾霾天外出应做好防护

雾霾天气对人体健康的影响很大，因此，在雾霾天请尽量减少外出。如果实在必须外出，则也应积极做好防护工作。具体包括以下几点。

请务必佩戴防霾口罩

在雾霾天气里外出，首先要选择一款专业的防霾口罩。如果口罩已经使用过，则应在取出时检查一下有没有破损，洁净程度是否能达到再次使用的标准。检查确认后，先进行洁面，再按照口罩佩戴步骤戴上口罩。

必要时准备雾霾外出服

部分雾霾天气里，空气湿度大，人从室外到室内会带着一身雾水和吸附在衣服上的$PM_{2.5}$。这时，衣物上附着的$PM_{2.5}$就会给室内造成“二次污染”。因此，在雾霾天气里，可以选择一款雾霾外套或雨衣穿上。等到了上班场所或回到家里时，先别急着摘掉口罩，应先轻轻地脱下雾霾外套，移至卫生间，再抖动外套上的雾水和颗粒物或直接进行清洗。离开卫生间后，再开启抽风系统并关上卫生间的门。

为自己准备温热的饮用水

在雾霾天气里外出，必须为自己准备一个可以装温水的保温瓶用以饮水。在这个保温瓶里，我们可以为自己准备一壶简单的温水或百合糖水、沙参玉竹茶、罗汉果茶等能帮助我们肺部清污的茶水。

有哮喘、心脏病等疾病的特殊人群，外出前应该针对自身情况带一些能预防疾病发生和用于急救的药物，以免意外发生。

15. 雾霾天外出归来先做清洁

雾霾天气外出，回家后第一件事就应该做好清洁工作，即使是赶着要给家人做饭的主妇也一样。因为在雾霾天气里外出，人的头发、身体各处和衣物上沾有大量的 $PM_{2.5}$，这个时候再匆匆忙忙给家人做饭，不仅容易给家居环境和自己带来二次污染，还会把污染物带到食物中去，影响家人的健康。因此，为了减少 $PM_{2.5}$ 带来的二次污染，我们回家后应该做到以下几步。

第一步 轻轻移步浴室

回家后第一件事情应该是尽可能减少动作的幅度、轻轻地移步浴室，避免身上的污染物随着自己的动作而大量遗落在地上，以免造成二次污染。

第二步　清洁头发

我们在浴室对自己进行清洁的时候，应该遵循由上至下的顺序。第一个清洁的对象是头发。这个时候口罩还不能摘除。我们取专用于雾霾天气的毛巾轻轻擦拭头发，长发女性应该将头发披散开，轻轻抖动头发。我们也可以借助吹风机清洁头发。当然，条件允许的话，我们可以摘掉口罩进行全身上下的洗浴。

第三步 清洁脸部

摘掉口罩，用手捧清水，让鼻腔轻轻吸进清水，然后再迅速擤鼻涕。此外，我们还可以用干净的棉签反复蘸水来清洁我们的鼻腔。接着，我们用毛巾或洁面乳来帮助我们清洁面部，最后是刷牙和漱口。在做饭前，可以用专业的消毒洗手液进行手部清洁。

第四步 清理衣物

将外套轻轻脱下，放入洗衣篮子里或直接放入洗衣机里清洗。必须提醒的是，雾霾来袭时千万不要把洗净的衣物晾在屋外，否则衣服上将沾满灰尘、细菌、$PM_{2.5}$ 等污染物。

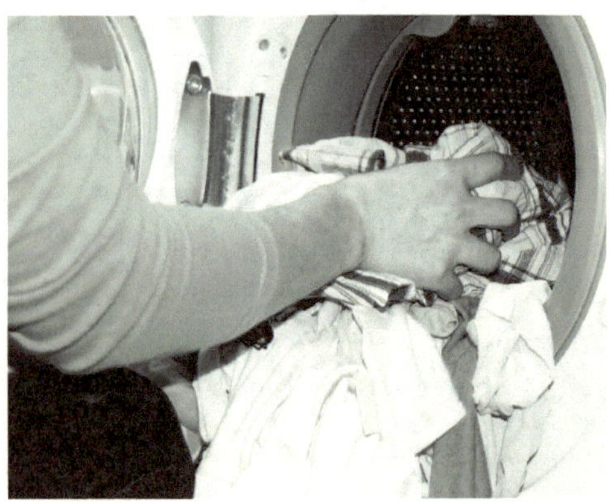

第四章
重点关注人群的防护

1. 老年人的防护
2. 儿童的防护
3. 室外作业人员的防护
4. 孕妇的防护
5. 慢性疾病人群的防护

1. 老年人的防护

老人在室内时间较多，要格外注意清洁卫生，习惯用笤帚扫地的老人不妨改用吸尘器，地毯、抹布、沙发套等应及时清洗。

煎、炒等传统的烹饪方式易产生大量油烟，污染室内空气，建议在家做饭多用蒸、煮等方式。

高龄人群和体弱多病者是呼吸系统和心血管系统疾病的易感人群，在污浊空气到来时，他们往往最先受损。建议这类人群可以在平时根据自身需要使用吸氧机来改善健康状况。不过老年人在用吸氧机改善健康状况时，若空气中的污染物增多，将会导致含氧量下降，单次呼吸的氧气将会减少，机体始终处于低氧环境下，不利于健康。

因此，平时有晨练习惯的老年人，最好在雾霾天将室外的晨练转移至室内。同时，饮食要尽量清淡，少吃刺激性食物，多喝水。

2. 儿童的防护

儿童身体发育不完全，灰霾天气灰尘、颗粒会通过孩子们的呼吸道直接侵害其健康，容易引起呼吸道疾病如感冒、咳嗽、鼻炎、支气管炎、哮喘等发生。对儿童的防护从以下几个方面进行。

首先，通过学校的宣传和知识普及，让儿童对灰霾天气以及对健康的影响有直接和感官认识。学校可以通过形象的视频、生动的图片以及浅显易懂的语言来给孩子们上“灰霾防护”的教育课。

其次，提高家长自身对孩子的防护意识。例如，可以随时关注天气状况及未来天气变化，以便在接送孩子上下学时给孩子做好防护措施。在这里，还要特别注意，灰霾较大时，尽量避免由老年人来接送孩子上下学，因为老年人的心血管和呼吸系统都很脆弱，若在灰霾严重时出行健康风险较大。

再次，减少室外活动。灰霾严重时，尽量减少儿童在室外的活动时间，改为室内活动，从而减少灰霾对儿童的影响，减少吸入空气中的颗粒物。

此外，在平时的生活中，毛绒玩具表面的灰尘、细菌较多，尽量少给孩子玩或尽量常清洗；让孩子的活动远离污染严重的交通干道；临街住的，避免在交通高峰期开窗通风。在冬春季传染性疾病，例如，流感等高发季节，可以提前给儿童注射疫苗。

爸爸，我不要打针！
不打针的话会有小细菌让你生病，然后就不能出去玩耍啦！
那快点打吧，小丽还在等我玩呢。

3. 室外作业人员的防护

灰霾天气持续发生会让不少人在室外感到不舒服，不过一般来说，我们在室外的时间较少，多数时间待在室内。但对于需要长时间在室外工作的作业人员例如建筑工人、环卫工人、交警等，他们暴露在灰霾中的时间更长，对灰霾的接触量更大。因此，强调和关注室外作业人员对灰霾天气的防护是十分必要的。

（1）

佩戴防护工具，例如防霾口罩。参照前面提到的口罩的选择原则、佩戴方法及清洗事项。

（2）

回家后，脱掉被污染的衣物，清洗脸部、头发和裸露的皮肤，最好洗个澡，将附着在身上的有害物质颗粒冲洗干净。

（3）

增加换班次数来减少室外暴露时间。

4. 孕妇的防护

【注意休息】

孕妇要适当休息，避免过度劳累，保证充足的睡眠，减少心理压力。同时，孕妇也不能一味休息，仍应适当活动，保持乐观的情绪。

【营养搭配合理】

（1）多吃含锌食物

缺锌时，呼吸道防御功能下降，孕妇需要比平时摄入更多的含锌食物，如海产品、瘦肉、花生仁、葵花子和豆类等食品都富含锌。

（2）补充维生素C

维生素C是体内有害物质过氧化物的清除剂，还具有提高呼吸道纤毛运动和防御的功能。建议多吃富含维生素C的食物，如番茄、柑橘、猕猴桃、西瓜等，或适当补充维生素C片剂。

【提高室内空气的相对湿度】

尤其是冬季，室内要注意保湿。多喝水对于预防呼吸道黏膜受损、感冒和咽炎有很好的效果，每天最好保证喝600～800毫升水。在地面洒水或放一盆水在室内，使用空气加湿器或负氧离子发生器等，以增加空气中的水分含量。

5. 慢性疾病人群的防护

灰霾，对于患有哮喘、慢性支气管炎、慢性阻塞性肺病等呼吸系统疾病的人群会引起气短、胸闷、喘憋等不适，可能造成肺部感染，或出现急性加重反应。糖尿病患者因自身抵抗力较弱，更易患感冒。$PM_{2.5}$ 对心脑血管疾病等慢性病患者有较大的破坏力，会增加心脏病患者的心脏负担，诱发心肌梗死等。

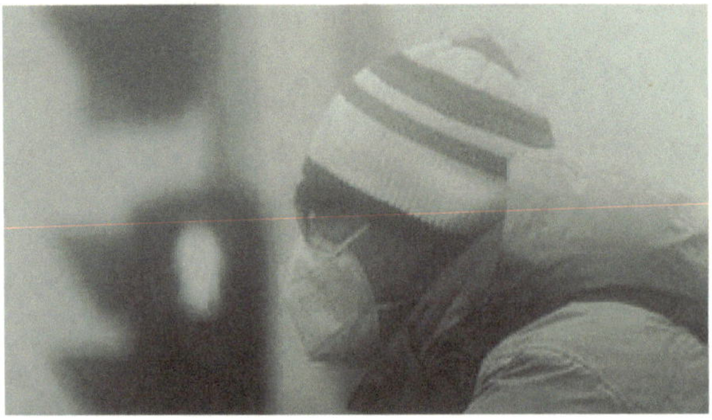

灰霾天最好减少外出，外出时建议佩戴防护效果相对较好的口罩。但是，不是人人都适合戴口罩。

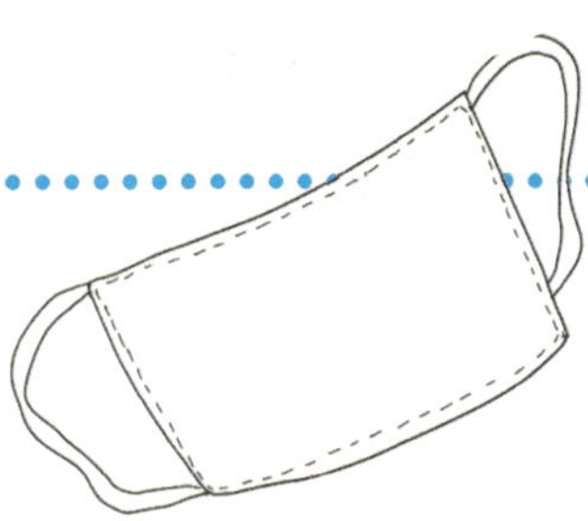

呼吸道疾病患者特别是呼吸困难的人，戴上口罩后反而人为地制造了呼吸障碍；心脏病、肺气肿、哮喘患者不适合长时间戴口罩。有慢性病的患者，建议避免在清晨雾气正浓时出门购物、参加各种户外活动，要多饮水，注意休息。若身体出现不适，要尽快前往医院就医。由于大雾天气压较低，高血压和冠心病患者不要剧烈运动，避免诱发心绞痛、心衰。

第五章 国家应对雾霾的举措及未来工作

1. 城市空气质量监测和预报的“进化”
2. 大气污染防治行动计划
3. 开展雾霾天气人群健康影响监测工作
4. 开展雾霾天气人群健康影响评估预警工作

1. 城市空气质量监测和预报的“进化”

2012 年 3 月 2 日，环境保护部发布了新修订的《环境空气质量标准》（GB 3095—2012）。在新的环境空气质量国家标准中，增加了“臭氧”和“颗粒物（粒径小于或等于 2.5 微克 / 米^3，即 $PM_{2.5}$）”两项新的污染物浓度的环境监测项目，规定 $PM_{2.5}$ 的 24 小时平均浓度限值为 35 微克 / 米^3（一级）和 75 微克 / 米^3（二级），年平均浓度限值为 15 微克 / 米^3（一级）和 35 微克 / 米^3（二级）。与此同时，国家对影响大气质量的相关污染物最高浓度限值提出了更为严格的要求。

《环境空气质量标准》（GB 3095—2012）已首先在京津冀、长江三角洲、珠江三角洲等重点区域以及其他直辖市和省会城市、113 个环境保护重点城市和国家环保模范城市相继实施；2015 年，全国所有地级及以上城市也已全部实施。

2. 大气污染防治行动计划

2013 年 9 月 12 日，国务院发布了《大气污染防治行动计划》。国务院提出，全国上下通过五年努力，“到 2017 年，全国地级及以上城市可吸入颗粒物浓度比 2012 年下降 10% 以上，优良天数逐年提高；京津冀、长江三角洲、珠江三角洲等区域细颗粒物浓度分别下降 25%、20%、15% 左右，其中，北京市细颗粒物年均浓度控制在 60 微克 / 立方米左右”。这是当前和今后一个时期全国大气污染防治工作的行动指南，也是国家减少雾霾天气发生所采取的重大举措。

为了实现这个艰巨的目标，《大气污染防治行动计划》确定了十项具体措施，包括加大综合治理力度、减少污染物排放、调整优化产业结构、加快企业技术改造、加快调整能源结构、严格投资项目节能环保准入、健全法律法规体系、严格依法监督管理、建立区域协作机制等。这些措施对于改善我们的生活环境质量将有重大的帮助。

3. 开展雾霾天气人群健康影响监测工作

随着我国经济的高速发展、机动车数量的增加及城市化进程的加快，雾霾天气呈现明显的增加趋势。雾霾发生时，不仅会导致大气能见度降低，影响交通运输和人们的正常生活，而且由于空气污染加重，对人体健康也会产生严重危害。

治理空气污染是一项长期而困难的工作，雾霾天气下 $PM_{2.5}$ 等空气污染的健康危害已成为公共卫生领域的突出问题。因此，非常有必要针对不同地区污染类型及水平、不同气象条件、不同暴露人群等，开展城市雾霾天气人群健康影响监测、风险评估及预警工作。在此基础上，筛选出易感人群和敏感疾病，提出有针对性的干预措施，保护人群健康，降低由此导致的相关疾病的负担。

4. 开展雾霾天气人群健康影响评估预警工作

此项工作的主要内容包括：识别雾霾天气主要特征污染物、建立雾霾天气人群健康影响综合监测与评价体系；分析环保、气象、死因监测及医院门急诊监测数据；监测不同活动方式下人群的暴露水平；提出不同污染类型城市中的不同人群在雾霾天气下的暴露评价模式；获得雾霾天气主要污染物对不同城市超额总死亡、心血管疾病死亡及呼吸疾病死亡的暴露－反应关系系数；定量评价人群的健康风险，并在此基础上开展分级预警。

开展城市雾霾等空气污染人群健康影响评估和预警工

作，需要利用空气污染监测数据、气象数据、死因监测数据，以及医院门诊、急诊、住院等数据，这些数据分别来源于环保、气象、卫生（包括疾控机构和临床医院）等部门。

为了充分利用这些监测数据，必须建立环保、气象、卫生多部门协调的合作机制，实现数据资源的共享；加强雾霾天气人群健康影响监测能力建设，逐步建立雾霾天气人群健康影响监测网络，才能开展系统全面的雾霾天气人群健康影响监测、风险评估及预警工作，为国家制定相应的政策提供基础数据。

附：几款常用的护肺养肺药膳

（1）秋梨蜜膏

【禁忌】

痰湿者不宜食用。

【配方】

鸭梨 1500 克，生姜 250 克，蜂蜜适量。

【制法】

先将鸭梨、生姜分别切碎，取汁；再将梨汁放入锅内，用温火煮至黏稠如膏，加入一倍量的蜂蜜及姜汁，继续加热至沸后停火，待凉后装瓶备用。

【效用】

养阴清肺。

【服法】

每次取 1 汤匙，以沸水冲化，代茶饮服，一日数次。

（2）胡桃仁粥

【禁忌】

痰湿者不宜食用。

【配方】

胡桃仁 50 克，粳米 100 克。

【制法】

将胡桃仁切成细米粒大小，备用。粳米淘洗干净，放入锅内，加清水，旺火烧沸后改用小火煮至粥成，然后加入胡桃仁，继续煮两三沸即可。

【效用】

补益肺肾。

（3）五汁饮

【禁忌】

脾胃虚寒者不宜多服。

【配方】

梨 1000 克，鲜藕 500 克，鲜芦根 100 克，鲜麦冬 500 克，荸荠 500 克。

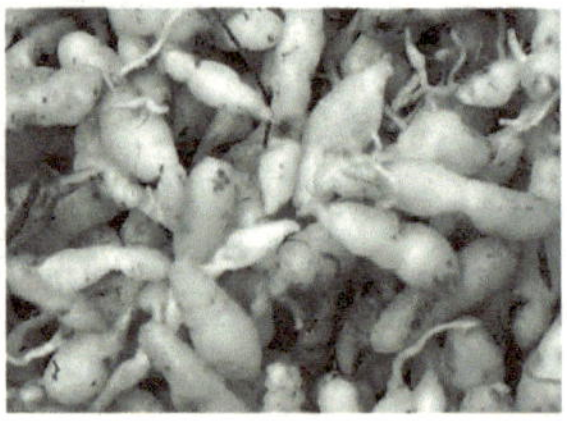

【制法】

鲜芦根洗净，梨去皮核，荸荠去皮，鲜藕去节，加鲜麦冬，一起切碎，以洁净的纱布绞挤取汁。

【效用】

清热润肺。

【服法】

不拘量，冷饮或温饮，每日数次。

（4）花生冰糖汤

【禁忌】

痰湿者不宜。

【配方】

落花生 100 克，冰糖适量。

【制法】

落花生洗净，放入锅中，加清水、冰糖，煮约半小时即成。

【效用】

清燥润肺。

（5）海参鸭羹

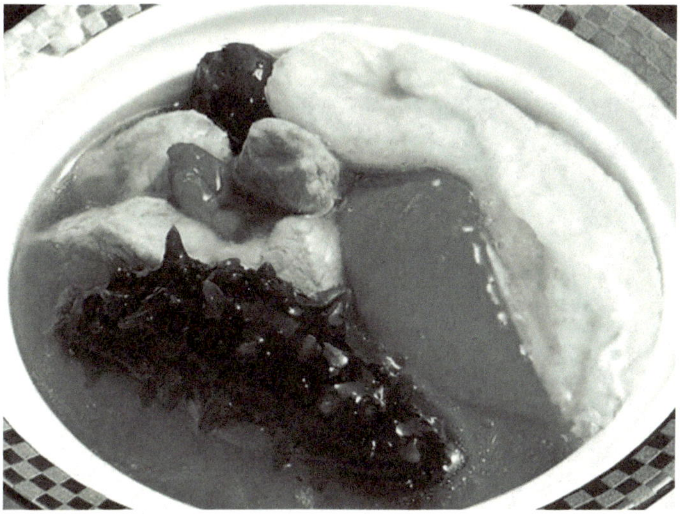

【配方】

鸭脯肉、海参各 250 克，黄酒、食盐各适量。

【制法】

鸭脯肉和海参冲洗干净，切细，放入锅内，加清水、黄酒、食盐，小火煮做羹食。

【效用】

滋阴润肺。

（6）虫草蒸老鸭

【禁忌】

外感未清者不宜食用。

【配方】

冬虫夏草5枚，老雄鸭1只，黄酒、生姜、葱白、食盐各适量。

【制法】

老雄鸭去毛、内脏，冲洗干净，放入锅中煮开至水中起沫捞出，将鸭头顺颈劈开，放入冬虫夏草，用线扎好，放入大钵中，加黄酒、生姜、葱白、食盐、清水适量，再将大钵放入锅中，隔水蒸约2小时。

【效用】

补虚益精、滋阴助阳。

（7）蜜蒸百合

【禁忌】

痰湿者不宜食用。

【配方】

百合 50 克，蜂蜜 50 克。

【制法】

将百合洗净，脱瓣，清水中浸泡半小时后捞出，放入碗内，加入蜂蜜，隔水蒸约 1 小时即成。

【效用】

滋阴润肺。